（典藏版）

百部国学传世经典

中华国学经典盛宴 / 获取先贤核心智慧

商君书·列子

【战国】商鞅　列子 / 著
谭新颖 / 主编

漓江出版社

图书在版编目（CIP）数据

商君书／（战国）商鞅著；谭新颖主编. 列子／（战国）列子著；谭新颖主编. -- 桂林：漓江出版社，2022.3
（百部国学传世经典）
ISBN 978-7-5407-8992-3

Ⅰ. ①商… ②列… Ⅱ. ①商… ②列… ③谭… Ⅲ. ①商鞅变法②道家 Ⅳ. ①B226.21②B223.21

中国版本图书馆 CIP 数据核字(2021)第 222757 号

商君书 · 列子 SHANGJUNSHU · LIEZI

作　　者 【战国】商鞅　列子　著
主　　编 谭新颖

出 版 人 刘迪才
策划编辑 陈植武　林晓鸿
责任编辑 李浩清
装帧设计 林晓鸿　宋双成
责任监印 杨　东

出版发行 漓江出版社有限公司
社　　址 广西桂林市南环路 22 号
邮　　编 541002
发行电话 010-65699511　0773-2583322
传　　真 010-85891290　0773-2582200
邮购热线 0773-2582200
电子信箱 ljcbs@163.com
微信公众号 lijiangpress

印　　制 北京飞达印刷有限责任公司
开　　本 710mm×1000mm　1/16
印　　张 28
字　　数 433 千字
版　　次 2022 年 3 月第 1 版
印　　次 2023 年 5 月第 2 次印刷
书　　号 ISBN 978-7-5407-8992-3
定　　价 45.00 元

前言

中华民族有着数千年的文明历史，创造了光辉灿烂的古代文化，其中中国传统国学是我国辉煌灿烂的文化典籍的核心部分，它博大精深、源远流长，显示出中华文化的深厚根基，给人类留下了丰富的精神财富。它塑造了我们中华民族的民族精神，开启心智，滋润生命，陶冶人格，塑造灵魂。

开卷有益，忙碌的人们闲暇之时，应该用传统国学来陶冶自己的情操，开阔自己的心胸，提高自己的人文修养，用先人的哲思来涤荡自己忙碌的心灵。我们应该坚持阅读的爱好，在潮流文化的强大攻势下，让传统文化永驻我们的心田。“复兴国学，从根本上讲，是复兴中华民族的自尊心、自信心。”我们要甄选传世经典著作中最经典的部分来读，要以开放的胸襟和燃烧的激情去承接古人的经典大论与哲思华章，以自豪而不狂妄、执着而不僵化的精神风貌来直面当今社会的竞争与挑战。

为了弘扬中国传统文化，帮助读者深刻了解我们的历史与文化，用经典历史文学知识陶冶情操、提高文化修养，同时使国学得到承传，得以弘扬光大，我们精心编排了本书。

本书选取了国学经典著作中很多优秀的作品及资料，博采各类经典作品的长处，并有所创新，以使得本书风格迥异、卓然超群，相信会给读者带来全新感受。

由于时间仓促，书中难免有不尽之处，恳请读者朋友提出宝贵意见，在此深表谢意。

导读

《商君书》，也称《商子》，是商鞅及其后学的著作的汇编。商鞅作为家喻户晓的政治家，他的哲学思想却长期被束之高阁。随着近现代法治思想的普及和完善，《商君书》才逐渐引起人们的重视。

商鞅（约公元前 390—前 338 年），战国中期卫国人，是卫国国君之后，姬姓，公孙氏，所以又被称为卫鞅、公孙鞅。他从小喜欢刑名法术，后来到魏国成为魏相公叔痤的门客。公叔痤临终前向魏惠王举荐商鞅，并说如果不重用他一定要杀死他，魏惠王对公叔痤的话不以为意。

当时，国力虚弱的秦国换了新国君，即年仅二十余岁的秦孝公。秦孝公求贤若渴，商鞅就来到秦国，向秦孝公提出变法的建议。公元前 359 年，秦孝公力排众议，全力支持商鞅进行变法。变法从发布重农抑商的《垦草令》开始，很快取得了成效。商鞅被任命为左庶长，开始实行第一次变法，包括推行户籍改革和连坐法、废除世卿世禄、建立军功爵制、严禁私斗等。这一系列改革政策的实行，促使秦国迅速强大。六年之后，商鞅被任命为大良造，开始第二次变法，这一次推行了开阡陌封疆、废除井田制、允许土地买卖、推行县制、统一度量衡等改革措施。这次改革让秦国更加强大，商鞅更是亲率大军攻打当年屡次战胜秦国的魏国，取得大胜，秦孝公把商地（今陕西省商洛市）封给了他。

公元前338年，秦孝公去世，一直与商鞅有嫌隙的太子嬴驷继位，就是秦惠文王。秦惠文王迅速开始清算商鞅，商鞅逃到封地，组织人马反抗，兵败被杀，他的尸体被带到咸阳，遭车裂之刑，全家也被杀害。商鞅虽死，他的新法却没有被废除。一百余年后，秦始皇能够统一中国，与商鞅变法奠定的坚实基础有着紧密的联系。

《商君书》二十四篇中，有没有商鞅亲自创作的已不得而知，但此书是商鞅变法思想的总结是毫无疑义的。全书的第一篇《更法》及后面的《算地》《开塞》《修权》等篇，举尧、舜、禹的例子来说明“三代不同礼而王，五霸不同法而霸”“治世不一道，便国不必法古”“不法古，不修今”等道理，解决了变法的理论支撑问题。其他篇章则介绍了变法的具体措施，《垦令》《农战》《赏刑》等篇都强调法令必须贯彻始终，并要让百姓的思想统一。

农业与军事，是《商君书》的重中之重，“国之所以兴者，农战也”（《农战》）是这种思想的集中论述。实行重农抑商、全民皆兵政策的目的就是“入令民以属农，出令民以计战”（《算地》），从而避免人人经商逐利而导致田地荒芜，这是在生产力落后的时代保持国家稳定的核心手段。

对“法”的重视也是《商君书》的核心内容。“法令者，民之命也，为治之本也”（《定分》）、“重罚轻赏，则上爱民，民死上”（《去强》）等都强调法令的重要，而且有着“刑无等级，自卿相、将军以至大夫、庶人，有不从王令、犯国禁、乱上制者，罪死不赦”（《赏刑》）的进步思想，既重视法律的普及和严格执行，也一定程度上体现出“法律面前人人平等”的进步意义。

由于不是一时、一人之作，《商君书》的体例较为芜杂。全书多数篇章延续了法家一贯的风格冷峻、朴实无华的务实特点，但《徕民》《禁使》等篇也有一定的文学色彩，譬喻贴切、语言风趣。古奥的文笔加上传抄时脱文错简的情况让《商君书》一向以难读著称，受到的重视程度不及《管子》《韩非子》等法家著作。但经过很多学者的校释、订正，这本内容庞杂，涉及经济、政治、军事、法治等重大问题的著作越来越受重视。

与难读的《商君书》不同，道家经典著作《列子》以易读著称，但“易读而难懂”。《列子》中有很多家喻户晓的寓言，例如《愚公移山》《夸父逐日》《两小儿辩日》《高山流水》《杞人忧天》《疑邻盗斧》……诸如此类的寓言使得《列子》成为一本妙趣横生的著作。趣味性强，哲学性却丝毫不受影响，其内容之丰富、思想之深刻，与另一本道家杰作《庄子》几乎不相伯仲，甚至“多出《庄子》之右”（洪迈《容斋续笔》），以至于蒲松龄在《聊斋文集》中感叹：“千古奇文，至庄、列止矣！”

对于这本千古奇书的作者，人们知之甚少，甚至一度质疑该书是伪书，列子则像《庄子》中的鸿蒙、啮缺等人一样，是庄子杜撰出来的人物，更有甚者认为《列子》一书也是庄子“寓名”创作的。今天，学术界已经基本否定了这些说法，认为列子是实有其人的，《列子》一书就算不是列子本人创作的，也是其后学根据其言行整理的。

列子，生卒年不详，郑国人，生活在战国时代，早于庄子，晚于孔子。名御寇，道教将其尊称为冲虚真人，《列子》一书也随之被尊称为《冲虚真经》。关于列子的生平几乎没有任何史籍资料，根据《庄子》《列子》《吕氏春秋》等书推测，列子曾师从道家学者壶丘子和关尹子，隐居郑国以讲学为生，弟子众多，去见南郭子时竟挑选“弟子四十人同行”（《列子·仲尼》），每日向他学习的弟子在百人以上。但是，列子的生活却比较贫穷，《列子·说符》中说“子列子穷，容貌有饥色”，尽管如此，他却坚决拒绝了郑国宰相子阳的资助，不久子阳被百姓杀死，列子没有受到牵连。

列子的“崇拜者”庄子，在其著作中将列子视为神仙一般的人物，能够“御风而行”。《吕氏春秋》和《尸子》等书都说“列子贵虚”，《列子·天瑞》中也说：“静也虚也，得其居矣；取也与也，失其所矣。”核心就是强调“无为”以及“无用之用”等，这些思想都被庄子继承下来了。

列子其人虽然事迹多不传，但其丰富而深刻的思想却通过《列子》一书流传了下来。《列子》原本共二十篇，因秦朝焚书之祸，保存下来的共八篇，原本的十余万字也仅剩下三万余字。其中，《天瑞》阐述了列子的自然观和人生观，是全书的总纲。此篇认为客观世界存在着统一的本质和规律，其先进的辩证法思想将中国哲学的运动理论提高到了新的层次；《黄帝》论述了养生、体道的思想，推崇“黄老学派”的清虚无为的主张；《周穆王》宣扬浮生如梦的思想，认为唯有保持虚静坦荡的内心才不会被纷纭变幻的外部世界迷惑；《仲尼》假托孔子，讲述只有遵循道才能认识世界的道理；《汤问》一篇最为恢诡奇崛，包含《愚公移山》《夸父逐日》《两小儿辩日》等十五个寓言故事，气象万千、无奇不有，极言天地之广阔无垠、万物之繁冗驳杂，告诉人们学无止境、不可急功近利等道理；《力命》论证的是天命与人力的矛盾关系，认为自然之道决定人的命运，有宿命论之嫌，但“当死不惧、在穷不戚、知命安时”等思想有一定的积极意义；《杨朱》是研究道家学者杨朱的重要资料，详细介绍了杨朱“贵己乐生”的思想；《说符》与第一篇《天瑞》遥相呼应，《天瑞》讲天道，《说符》讲人道，要求人道必须合于天道，否则必然会灭亡。此篇中的“心合于道”也是全书的指导思想。

列子其人，才华横溢而性情淡泊；《列子》一书，汪洋恣肆而简劲宏妙。《列子》不仅是一部哲学名作，也是文学、美学、艺术、审美学的智慧结晶。阅读《列子》，我们既能感受到作者对天道、自然、生命的独特认识，也能领会到学海无涯、坚持不懈的道理，而这些道理又多数是通过言简意赅的寓言来讲述的，读来饶有趣味。

目录

商君书

列　子

商君书

更法第一

原文

孝公平画[1]，公孙鞅、甘龙、杜挚三大夫御于君[2]。虑世事之变，讨正法之本[3]，求使民之道。

注释

①孝公：即秦孝公，姓嬴，名渠梁，公元前361—前338年在位。平画：评议，谋划。平，通“评”。画，通“划”。

②甘龙、杜挚：皆为秦孝公时大臣，其事迹不详。御：侍奉。

③正：修正。

译文

秦孝公同大臣谋划强国的大策，公孙鞅、甘龙、杜挚三位大夫侍奉在孝公的两侧。他们研析社会形势的变化，探讨整顿法制的根本原则，寻求统治百姓的办法。

原文

君曰："代立不忘社稷[①]，君之道也；错法务明主长[②]，臣之行也。今吾欲变法以治，更礼以教百姓[③]，恐天下之议我也[④]。"

注释

①代立：接替君位。

②错法：实施法令。错，通"措"。长：权威。

③教：教化。

④议：批评。

译文

秦孝公说："接替先王的君位做了国君后不能忘记国家，这是国君应该遵行的道义；实施变法一定要展现出国君的威严，这是做臣子的行为准则。现在我想变更法度来治国，更改礼仪制度来教导百姓，但又害怕天下的人会批评我。"

原文

公孙鞅曰："臣闻之：'疑行无名[①]，疑事无功。'君亟定变法之虑[②]，殆无顾天下之议之也[③]。且夫有高人之行者，固见负

于世[4]；有独知之虑者，必见骜于民[5]。语曰：'愚者暗于成事，知者见于未萌。' '民不可与虑始，而可与乐成。' 郭偃之法曰[6]：'论至德者不和于俗，成大功者不谋于众。' 法者，所以爱民也；礼者，所以便事也[7]。是以圣人苟可以强国，不法其故；苟可以利民，不循其礼。"

孝公曰："善！"

注释

①疑：犹豫不定。

②亟：赶快，极速。

③殆：表示希望的语气副词。无：通"毋"。议：议论，此指非议。

④负：背，背离，不赞同。

⑤骜（áo）：通"謷"，诋毁，怨恨。

⑥郭偃：晋文公时期的大臣，掌卜筮之事，曾辅佐文公变法。

⑦便：方便，便利。事：做事，处理政务。

译文

公孙鞅说："我听说过这样一句话：'行动迟疑不定就一定不会有什么功绩，做事犹豫不决就一定不会有什么成效。' 国君要快点儿下定更改法度的决心，不用顾虑天下人怎么议论您。何况做出比普通人更高明的行为的人，本来就会被世俗所非议；具有独一无二见识思考的人，也一定会遭到周围人的嘲笑。俗语说：'愚笨的人在事情成功之后还不明白，有智慧的人对那些还没有显露萌芽的事情就能够先预测到。' '不可以同百姓讨论开创某件事，然而能够同他们一起庆祝事情的成功。' 郭偃的法书上说：'讲究崇高道德的人不去刻意迎合世俗，成就大事的人不去同民众商量。' 法度，是用来守护民众的；礼制，是用来方便办事的。所以圣明的人治国，如果能够让国家富裕强大，就不用去沿袭旧的法制；如果能够对百姓有利，就不用去遵循旧的礼法制度。”

孝公说：“好！”

原文

甘龙曰：“不然。臣闻之：‘圣人不易民而教①，知者不变法而治。’因民而教者，不劳而功成；据法而治者，吏习而民安②。今若变法，不循秦国之故，更礼以教民，臣恐天下之议君，愿孰察之③。”

注释

①易：改变。民：指民俗。

②习：通晓，熟悉。

③孰：同“熟”，仔细，认真。察：考虑。

译文

甘龙说：“不对。我也听说过这样一句话：‘圣明的人不用改变旧有的民俗去教导百姓，有智慧的人不改变旧有的礼法制度去治国。’顺应民众原有的民俗来施行教导的，不用辛劳事情就能成功；根据原有的法度治国的，官吏熟悉礼法且百姓安乐。现今如果变更法度，不遵循秦国原有的制度，更改礼法去教导民众，我担忧天下人要非议君主了，希望君主认真考虑这件事。”

原文

公孙鞅曰："子之所言，世俗之言也。夫常人安于故习，学者溺于所闻①。此两者，所以居官而守法②，非所与论于法之外也。三代不同礼而王③，五霸不同法而霸④。故知者作法，而愚者制焉⑤；贤者更礼，而不肖者拘焉⑥。拘礼之人不足与言事，制法之人不足与论变。君无疑矣。"

注释

①溺：沉溺，此指拘泥。

②居官：担任官职。

③三代：指夏、商、周三个朝代。王（wàng）：成就王业。

④五霸：即春秋五霸，一般指齐桓公、宋襄公、晋文公、秦穆公、楚庄王。后一"霸"字作动词，称霸。

⑤制：受制，此处指被控制。

⑥不肖者：指没有作为的人。

译文

公孙鞅说："您说的这些话，正是世俗的言论。平庸的人守着旧的习俗，死读书的人拘泥于他们听说过的事情上。这两种人，只能让他们居于官位上遵守法度，但是不能同他们商讨变革法制的事情。夏、商、周这三个朝代的礼制都不同却能称霸天下，春秋五霸的法制都不同却能称霸各个诸侯。所以有智慧的人能创造法制，而愚蠢的人只能被法度所控制；贤能的人变更礼法，而没有作为的人只能被礼法所拘束。被原有的法度所控制的人不足以同他商谈国家大事，被原有的礼法所拘束的人不足以同他商论变法。君主不要犹豫了。”

原文

杜挚曰：“臣闻之：‘利不百，不变法；功不十，不易器。’臣闻：‘法古无过，循礼无邪①。’君其图之②！”

注释

①邪：偏斜，不正。

②图：思考。

译文

杜挚说：“我听说过这样的话：‘如果没有百倍的利益不要改变法度，如果没有十倍的功效不要更换使用工具。’我还听说：‘效法古代法制不会有过错，遵循旧的礼制不会有偏差。’国君应该仔细思考这件事！”

原文

公孙鞅曰：“前世不同教①，何古之法？帝王不相复②，何礼之循？伏羲、神农教而不诛③，黄帝、尧、舜诛而不怒④，及至文、武，各当时而立法⑤，因事而制礼。礼、法以时而定，制、令各顺其宜⑥，兵甲器备各便其用。臣故曰：治世不一道，

便国不必法古。汤、武之王也，不循古而兴⑦；殷、夏之灭也，不易礼而亡。然则反古者未必可非，循礼者未足多是也。君无疑矣。”

注释

①教：政教。

②复：重复。

③诛：施用刑罚。

④怒：猛烈，过分。

⑤当（dàng）：顺应。

⑥宜：事宜。

⑦循：严万里将“循”改作“修”。修，遵循，学习。

译文

公孙鞅说：“以前的朝代政教各不相同，应该效法哪个朝代的古法呢？历朝历代的帝王的法度不相重复，应当遵循哪一种礼制呢？伏羲、神农施行教化而不施行刑罚，黄帝、尧、舜虽然施行惩罚却不过度，到了周文王、周武王的时代，他们各自顺应时代变化而建立法度，根据国家的实际情况而制定礼制法度。礼制和法令都是根据国家的实际情况来制定，法条、命令都应该顺应当时的社会事宜来制定，就像兵器、铠甲、器具、装备的制造都要方便使用。所以我说：不一定需要都用一种方式来治理国家，只要对国家有利的，不一定非要效法古代。商汤、周武王成就王业，并不是因为他们遵循古代制度才兴旺昌盛的；殷朝和夏朝的灭亡，也不是因为他们改变旧的礼制法度才亡国的。既然这样的话，那么违反旧的礼制法度的人不一定要受到谴责批判，遵循旧的礼制法度的人不一定予以肯定与称赞。请国君不要再犹豫变法的事情了。”

原文

孝公曰："善！吾闻'穷巷多怪①，曲学多辨②'。愚者笑之，智者哀焉；狂夫乐之③，贤者丧焉。拘世以议，寡人不之疑矣。"于是遂出垦草令④。

注释

①穷巷：地处偏僻的里巷。

②曲学：指孤陋寡闻的人。辨：通"辩"，争论。

③狂夫：放荡不羁的人。

④垦草令：秦孝公颁布的法令，指鼓励农民开垦荒地的法令，详见下篇。

译文

孝公说："好！我听说'住在偏僻小巷的人都少见多怪，孤陋寡闻的人都喜欢与他人争辩'。愚笨的人所嘲笑的事情，正是聪明人所感到悲哀的事情；狂妄的人所感到愉快的事情，正是贤能的人所担忧的事情。那些拘泥于世俗偏见的言论，我不会再因为它们而感到疑惑和犹豫不决了。"于是，孝公颁布了《垦草令》。

垦令第二

原文

无宿治[1]，则邪官不及为私利于民[2]，而百官之情不相稽[3]。百官之情不相稽，则农有余日[4]。邪官不及为私利于民，则农不败[5]。农不败而有余日，则草必垦矣。

注释

①无：通“毋”，表示禁止的副词。宿（sù）：隔夜的，此处指拖延。

②邪官：不正直、有私心的官吏。

③情：事情。稽：滞留。

④余日：空闲。

⑤败：毁坏，此处指农民被搜刮、盘剥。

译文

不允许官吏拖延政务，那么有私心的官吏没有任何机会从百姓那里谋求私人利益，大臣之间的政务就不会拖延。大臣之间的政务不拖延，那么农民就会有空闲时间。有私心的官吏没有机会从百姓那里谋取私利，那么农民就不会遭受盘剥。农民既没有遭受盘剥，又有空闲时间，那么荒地就一定能够得到开垦了。

原文

訾粟而税[①]，则上壹而民平[②]。上壹则信[③]，信则官不敢为邪。民平则慎[④]，慎则难变。上信而官不敢为邪，民慎而难变，则上不非上，中不苦官。上不非上，中不苦官，则壮民疾农不变[⑤]。壮民疾农不变，则少民学之不休[⑥]。少民学之不休，则草必垦矣。

注释

①訾（zī）：衡量，计算。粟：一种粮食作物，北方通称“谷子”，去皮后称“小米”。古代泛称谷类。

②壹：统一。

③信：明确。

④慎：通“顺”，心情舒畅。

⑤壮民：指老一辈的人。疾：积极。

⑥少民：指少一辈的人。

译文

根据粟米的产量来收税，那么国家的政策就能够稳定、统一，并且百姓感觉公平。国家的政策统一了，就能够使百姓对政策有明确的理解，百姓明确地理解了国家的政策，那么大臣官吏们就不敢谋私利。百姓觉得公平就会心情舒畅，百姓心情舒畅就不会生出异心。国家的田赋制度明确而官吏不敢谋私利，百姓心情舒畅而不易生出变乱。如此一来，百姓不会对处于上位的君主不满，中间也不会担忧官吏的盘剥。百姓不对处于上位的君主不满，中间不担忧官吏的盘剥，那么老一辈人就会积极从事农业生产而不从事其他行业。老一辈的人积极从事农业生产，那么年轻一代的人一定会一辈接一辈地效仿前人。后人不断地效仿前人，那么荒地一定能得到开垦了。

原文

无以外权任爵与官①，则民不贵学问，又不贱农②。民不贵学则愚，愚则无外交。无外交，则国安而不殆③。民不贱农，则勉农而不偷④。国安不殆，勉农而不偷，则草必垦矣。

注释

①外权：指其他诸侯国的势力。

②贱：轻视。

③殆：危险。

④勉：努力。偷：怠惰。

译文

不允许因外国的势力给予某些人封官职和爵位，那样百姓就不会重视学问，也不会轻视农业。百姓不看重学问，就会愚昧。百姓愚昧无知，就不会与外国交游。百姓不与外国交游，那么国家就安定没有危险。百姓不轻视农业，就会努力生产而不怠惰。国家安定没有危险，百姓努力从事农业生产而不怠惰，那么荒地就一定能得到开垦了。

原文

禄厚而税多，食口众者[①]，败农者也。则以其食口之数，赋而重使之[②]，则辟淫游惰之民无所于食[③]。无所于食则必农，农则草必垦矣。

注释

①食口：指依附于贵族的食客。

②赋：收税。使：指役使。

③辟淫游惰之民：指游手好闲的人。辟，邪。淫，放纵，过度。

译文

贵族们的俸禄丰厚并且收取的租税又多，依附于他们的食客数量就会众多，这是对农业生产有害的。那就要按照他们所养的食客的数量来征收赋税，并且从重役使他们，这样那些游手好闲的人就没有地方混饭吃了。他们没有地方混饭吃，就一定会去务农。去务农的话，那么荒地一定能得到开垦了。

原文

使商无得粜[①]，农无得籴[②]。农无得籴，则窳惰之农勉疾[③]。商无得粜，则多岁不加乐[④]。多岁不加乐，则饥岁无裕利[⑤]。无

裕利，则商怯[6]。商怯，则欲农。窳惰之农勉疾，商欲农，则草必垦矣。

注释

①粜（tiào）：卖出谷物。

②籴（dí）：买入谷物。

③窳（yǔ）惰：懒惰。

④多岁：丰年。乐：乐岁之乐，指丰厚的收入。

⑤饥岁：荒年。裕：充裕。

⑥怯：担忧。

译文

下令不准商人出售粮食，农民不准购买粮食。农民不准购买粮食，那么懒惰的农民就会积极努力从事农业生产。商人不准出售粮食，那么到了丰年就不能牟取丰厚的利润。丰年不能牟取丰厚的利润，那么饥荒年就更加没有过多的利润可图。没有过多的利润可图，那么商人就会担忧。商人担忧，就会想去从事农业生产。懒惰的农民积极从事农业生产，商人也想去务农，那么荒地就一定能得到开垦了。

原文

声服无通于百县[1]，则民行作不顾[2]，休居不听[3]。休居不听，则气不淫[4]；行作不顾，则意必壹[5]。意壹而气不淫，则草必垦矣。

注释

①声服：淫声异服。县：地方行政区划之一。

②行作：外出行走劳作。顾：观看。

③休居：居家休息。“行作不顾，休居不听”互文见义。

④淫：精神涣散。

⑤壹：专一。

译文

禁止淫声异服流行于各郡县，那么农民在劳作、居家休息时就看不见奇装异服，听不见靡靡之音。休息时听不到靡靡之音，那么精神就不会涣散；劳作时看不见奇装异服，那么他的心思一心一意都在农业生产上。心思一心一意而且精神不涣散，那么荒地就一定能得到开垦了。

原文

无得取庸①，则大夫家长不建缮②。爱子不惰食③，惰民不窳，而庸民无所于食，是必农。大夫家长不建缮，则农事不伤。爱子惰民不窳，则故田不荒。农事不伤，农民益农，则草必垦矣。

注释

①庸：同“佣”，雇佣。

②家长：家主。建缮：建造、修葺房屋。

③爱子：指大夫、家主的子女。

译文

不许雇用劳动力，那么大夫、家主就不会建房修屋。他们那些娇生惯养的子女不能不劳而食，懒惰的人也不能偷懒，那些靠给人做佣工生活的人就无法靠出卖自己的劳动力而去找地方混饭吃，那么他们就一定会去务农。大夫、家主不建房修屋，那么农业生产就不会被损害。卿大夫的子女和懒惰的人不再偷懒，那么原本就应该他们耕种的农田就不会荒芜。农业生产不会被损害，农民更加努力生产，那么荒地就一定能得到开垦了。

原文

废逆旅[①]，则奸伪、躁心、私交、疑农之民不行[②]。逆旅之民无所于食，则必农。农则草必垦矣。

注释

①逆旅：客舍。

②奸伪：奸诈狡猾。躁心：心思活泛。私交：私下交游。疑农：犹豫不定，不专心务农。

译文

取缔客栈，那么奸诈狡猾、心思活泛、私下交游、不专心务农的人就不会到处去周游。那些开客栈的人无法谋生，那么他们一定会去务农。都去务农的话，那么荒地就一定能得到开垦了。

注释

①重刑：加重刑罚力度。连其罪：连坐。

②褊（biǎn）急：气量狭隘、性情急躁。讼：争辩。

③很刚：凶残暴戾。

④费资之民：挥霍钱财的人。

⑤巧谀：巧言令色。恶（è）心：心怀叵测。变：巧变诡诈。

译文

加重刑罚的力度，并且实行连坐制度，那么那些气量狭隘、性情急躁的人就不敢争辩斗嘴，那些暴戾的人就不敢打架斗殴，懒惰的人也不敢四处闲逛，浪费奢靡的人就不敢挥霍无度，善于巧言令色、心怀叵测的人就不敢再巧辩诡诈。这五种人不在国家乱生事端，那么荒地就一定能得到开垦了。

原文

使民无得擅徙①，则诛愚②。乱农之民无所于食而必农③。愚心躁欲之民壹意，则农民必静④。农静诛愚，乱农之民欲农，则草必垦矣。

注释

①徙：迁徙。

②诛愚：愚昧无知。

③乱：扰乱，不安心。

④静：稳定，安定。

译文

让百姓不敢擅自迁徙，那么他们就会愚昧迟钝。而那些不安心务农的人就没有地方混饭吃，他们就一定会去务农了。愚昧、浮躁的人都能专心从事农业生产，那么农民也一定会安心务农。农民安心务农，愚昧、浮躁的人也想去务农，那么荒地就一定能得到开垦了。

原文

均出余子之使令①，以世使之②。又高其解舍③，令有甬官食④，概⑤。不可以辟役⑥，而大官未可必得也，则余子不游事人⑦，则必农。农则草必垦矣。

注释

①余子：卿大夫嫡长子以外的子弟。

②世：世系，家世。

③解舍：免除兵役和徭役。

④有：取。甬官：古代掌管徭役的官吏。

⑤概（gài）：量米粟时刮平斗斛用的木板。量米粟时，放在斗斛上刮平，不使过满。

⑥辟：通“避”，躲避。

⑦游：结交，交游。事人：指做高门的家臣，以求逃避徭役。

译文

统一颁布有关卿大夫、贵族嫡长子之外的子弟担负徭役赋税的法令，根据他们的家世背景让他们服徭役。提高他们免除徭役和兵役的条件，让他们去掌管徭役的官吏那里领取粮食，但不付给他们过多的粮食照顾他们。让他们不能逃避徭役，也不能通过游历结交权贵而做高官，那么那些贵族子弟就不会再四处依附权贵，就一定会去务农。这些人去务农的话，那么荒地就一定能得到开垦了。

原文

国之大臣诸大夫，博闻、辩慧、游居之事[①]，皆无得为；无得居游于百县，则农民无所闻变见方[②]。农民无所闻变见方，则知农无从离其故事[③]，而愚农不知，不好学问。愚农不知，不好学问，则务疾农。知农不离其故事，则草必垦矣。

注释

①辩慧：能言善辩。游居：周游。

②变：通“辩”，争辩。方：广博。

③知：同“智”，智慧，才智。故事：旧事。

译文

国家的大臣诸大夫们，不允许他们做那些提高见闻、辩论、周游居住外乡之类的事，不准许他们到各郡县去闲居和游说，那么农民就无从听到奇谈怪论来增长见识。农民没有地方听到奇谈怪论增长见识，那么有智慧的农民就没有办法脱离他们原本从事的农业生产，而愚昧的农民就会无知，不爱好学问。愚昧的农民无知，不爱好学问，那么就会积极地从事农业生产。有智慧的农民不脱离他们原来所从事的农业生产，那么荒地就一定能得到开垦了。

原文

令军市无有女子①，而命其商令人自给甲兵，使视军兴②。又使军市无得私输粮者，则奸谋无所于伏③，盗粮者无所售④，输粮者不私稽⑤，轻惰之民不游军市。盗粮者无所售，送粮者不私稽，轻惰之民不游军市，则农民不淫，国粟不劳⑥，则草必垦矣。

注释

①军市：战国时期，在军队驻地附近出现了军市。军市上征收的市租可以供给军官和军队享用，士兵能够在军市上买到所需的生活日用品。

②兴：动向。

③伏：隐藏。

④售：卖出去。

⑤稽：囤积。

⑥劳：损耗。

译文

命令军队附近的集市上不能有女子，还要命令商人自己为军队准备好铠甲兵器，让他们时刻注意军队的动向。要让军市上不能有私自运输粮食的人，那么那些打粮食主意的阴谋举动就无处隐藏，偷窃军粮的人没有地方销售出去，运粮食的人也不能私自囤积粮食，那些浮荡懒怠的人就不到军市上去游荡。偷窃军粮的人没有地方销售出去，运送粮食的人不能私自囤积粮食，浮荡怠惰的人不到军市上游逛，那么农民就不会被惑乱，国家的粮食就不会损耗，那么荒地就一定能得到开垦了。

原文

百县之治一形，则徙迁者不饰①，代者不敢更其制②，过而废者不能匿其举③。过举不匿，则官无邪人。迁者不饰，代者不更，则官属少而民不劳④。官无邪，则民不敖⑤。民不敖，则业不败。官属少，则征不烦⑥。民不劳，则农多日。农多日，征不烦，业不败，则草必垦矣。

注释

①徙迁：迁移，此处指升迁。饰：掩饰，粉饰。

②代者：指继任的官员。

③过：犯错。废：免官。

④官属：属吏，从属人员。

⑤敖：出游，此处指离开故土。

⑥烦：通“繁”，繁多。

译文

各郡县的政令和管理必须一致，那么那些到期离任和升迁的官员就无法粉饰自己的政绩，继任的官员也不敢随意更改既定的制度，犯了错误被免官的人也无法隐藏自己的错误行为。错误行为无法隐藏，那么官员中就不会有心术不正的人。升迁的官员不能粉饰自己，继任的官员不敢更改制度，那么官吏的从属人员就会减少，百姓的负担就不会太重。官员中没有心术不正的人，那么百姓就不用离开故土四处躲避。百姓不用离开故土，那么农业就不会受到妨害。官员的从属人员少，那么赋税就不会太多。百姓的负担不重，那么农民的闲暇时间就多。农民的闲暇时间多，赋税也不繁多，农业不受妨害，那么荒地就一定能得到开垦了。

原文

重关市之赋①，则农恶商，商有疑惰之心②。农恶商，商疑惰，则草必垦矣。

注释

①关市：指位于交通要道的市场。

②疑：怀疑，缺少信心。惰：不积极。

译文

加重交通要道的市场上商品的税收，那么农民就会不敢经商，商人也会对经商产生怀疑。农民不敢经商，商人也对经商产生怀疑，那么荒地就一定能得到开垦了。

原文

以商之口数使商①，令之厮、舆、徒、童者必当名②，则农逸而商劳③。农逸则良田不荒；商劳则去来赍送之礼无通于百县④。则农民不饥，行不饰⑤。农民不饥，行不饰，则公作必疾⑥，而私作不荒，则农事必胜。农事必胜，则草必垦矣。

注释

①使：役使，指分派徭役。

②厮、舆、徒、童：都是仆役的别称。当名：与户口所登记的相符合。

③农逸而商劳：按照古代的规定，除为官者，只有做仆役的人可以不按照户口的登记去服徭役。而商鞅规定商人家的仆役还需要按照户口去服徭役，商人的负担就加重了。

④赍（jī）：赠送。

⑤饰：装饰。

⑥作：耕种。疾：努力。

译文

根据商人家庭的人口数量来摊派徭役，让商人家中的厮、舆、徒、童等仆役都一定要按照户口登记的实际情况服徭役，那么农民就负担轻而商人就负担重。农民负担轻，那么良田就不会荒芜；商人负担重，那么人们交际往来所需要赠送的礼物就无法在各地流通。那么农民就不会挨饿，出门也无须装饰。农民不挨饿，出门无须装饰，就一定会积极努力地耕作公田，并且自家的农田也不会荒废，那么农业生产一定会得到好的发展。农业有好的发展，那么荒地就一定能得到开垦了。

原文

令送粮无得取僦①，无得反庸②。车牛舆重③，役必当名。然则往速徕疾，则业不败农④。业不败农，则草必垦矣。

注释

①僦（jiù）：租赁。

②反庸：指车辆在回程时揽载私人的货物。反，通“返”。庸，通“佣”。

③舆重：指车子的载重量。

④业：指运粮。

译文

下令运送粮食不能租赁别人的车子，更不准运粮车辆在返程时揽载私人货物。车子、拉车的牛、车子的载重量，服役时必须和官方登记的相符合。如果这样，那么运粮的车辆就会往返迅速，运粮的环节就不会耽误农业生产。运粮环节不耽误农业生产，那么荒地就一定能得到开垦了。

原文

无得为罪人请于吏而饷食之[①]，则奸民无主。奸民无主，则为奸不勉[②]。为奸不勉，则奸民无朴[③]。奸民无朴，则农民不败。农民不败，则草必垦矣。

注释

①饷（xiǎng）：送饭。食（sì）：使……吃。

②勉：受到鼓励。

③朴：根。

译文

不准为犯人向官吏求情并私自给他们送食物吃，那么乱法犯禁的人就失去了倚仗。乱法犯禁的人失去了倚仗，那么他们做坏事就没了劲头。做坏事没了劲头，那么乱法犯禁的人就没了根儿。乱法犯禁的人没了根儿，那么农民就不会被他们妨害。农民不会被妨害，那么荒地就一定能得到开垦了。

农战第三

原文

凡人主之所以劝民者[1]，官爵也。国之所以兴者，农战也。今民求官爵，皆不以农战，而以巧言虚道[2]，此谓劳民[3]。劳民者，其国必无力。无力者，其国必削。

注释

①劝：勉励，鼓励。

②虚道：空泛无用的说教。

③劳：懒惰，使懒惰。

译文

通常君主用来勉励百姓的是官职和爵位。国家之所以能够强大的根本是农业和军事。现在百姓求取官职和爵位，都不是依靠农耕和作战的功绩，而是靠阿谀奉承和空泛无用的说辞，这叫作使百姓懒惰。使百姓懒惰的国家，统治一定软弱无力。统治软弱无力，那么国力就一定会被削弱。

原文

善为国者，其教民也，皆作壹而得官爵[①]。是故不作壹，不官无爵[②]。国去言则民朴，民朴则不淫[③]。民见上利之从壹空出也[④]，则作壹。作壹，则民不偷营[⑤]。民不偷营，则多力。多力，则国强。今境内之民皆曰："农战可避，而官爵可得也。"是故豪杰皆可变业[⑥]，务学《诗》、《书》，随从外权[⑦]，上可以求显[⑧]，下可以求官爵；要靡事商贾[⑨]，为技艺，皆以避农战。具备[⑩]，国之危也。民以此为教者，其国必削。

注释

①作壹：劳作专一，指专心于农战。

②不：无。

③淫：放纵。

④利：赏禄。壹空（kǒng）：一孔，一途。空，通"孔"。

⑤偷营：私下从事农战以外的事。

⑥可：肯。

⑦随从：追随。

⑧显：显赫，显达。

⑨要靡：社会地位低微的人，平庸的人。要，通"幺"。

⑩具备：意谓以上的情况都出现。

译文

善于治理国家的人，他教化百姓都是要求他们通过专心于农战来获取官职和爵位。因此不专心于农战的人就不会得到官职和爵位。国家去除空谈，那么百姓就会变得朴实，百姓朴实就不会有放纵的行为。百姓看见国家给赏赐的官职和爵位都是来自农战这一条途径，那么就会专心于农战。百姓专心于农战，那么就不会私下从事农战之外的行业。百姓不私下从事农战以外的行业，那么民力就会增强。民力增强，国家就会强大。现在国内的百姓都说："农耕和作战可以逃避，而官职和爵位同样都能得到。"所以那些才能出众的人都愿意改变自己的本行，而专门学习《诗》《书》，追随外国的势力，好的可以求取贤达，差一点儿的也能得到官职和爵位；而那些平庸的人便去经商，从事手工业，凭借这些方式来逃避农战。以上情况如果都出现，国家就危险了。君主用以上的方式来教化民众，那么国家就一定会被削弱。

原文

善为国者，仓廪虽满，不偷于农①；国大民众，不淫于言，则民朴壹②。民朴壹，则官爵不可巧而取也。不可巧取，则奸不生。奸不生，则主不惑。今境内之民及处官爵者，见朝廷之可以巧言辩说取官爵也，故官爵不可得而常也③。是故进则曲主④，退则虑所以实其私⑤，然则下卖权矣⑥。夫曲主虑私，非国利也，而为之者，以其爵禄也；下卖权，非忠臣也，而为之者，以末货也⑦。然则下官之冀迁者皆曰⑧："多货，则上官可得而欲也。"曰："我不以货事上而求迁者，则如以狸饵鼠尔，必不冀矣。若以情事上而求迁者⑨，则如引诸绝绳而求绳枉木

也[10]，愈不冀矣。二者不可以得迁，则我焉得无下动众取货以事上，而以求迁乎？”百姓曰：“我疾农，先实公仓，收余以食亲[11]。为上忘生而战，以尊主安国也。仓虚，主卑，家贫，然则不如索官！”亲戚交游[12]，合[13]，则更虑矣。豪杰务学《诗》、《书》，随从外权；要靡事商贾，为技艺，皆以避农战。民以此为教，则粟焉得无少，而兵焉得无弱也！

注释

①偷：怠惰。

②朴：专心。

③常：规则，常法。

④曲主：曲意奉承君主。

⑤实其私：满足自己的私欲。

⑥卖权：玩弄权术。

⑦末货：追逐财利。

⑧冀迁：希望升迁。

⑨情：实情。

⑩绳：前一个“绳”为名词，墨线。后一个“绳”为动词，使……直。枉：弯曲。

⑪食（sì）：供养。

⑫交游：聚在一起。

⑬合：统一，一致。

译文

善于治国的君主，粮仓即使装满了，也不放松农业生产；国家广大、人口众多，不让空谈的言论泛滥，那样百姓就会朴实专心于农战。百姓专心于农战，那么官职和爵位就不能靠阿谀奉承来取得。不能靠阿谀奉承来取得官爵，那么奸邪的人就不会产生。奸邪的人不产生，君主就不会被迷惑。现在国内的百姓以及居于官位的人，看见朝廷中能依靠巧妙的言辞、诡辩的说教来获取官爵，所以他们认为官职和爵位不可能通过国家制定的用人制度来获得。因此他们上朝时便曲意奉承君主，回家后就想着如何满足自己的私欲，这样他们在下面就会玩弄权术。曲意逢迎君主，一心谋取私利，对国家不利，他们这样做是为了得到官爵和厚禄；私下玩弄权术的不是忠臣，而这样做是为了追求财利。如果这样，那么下面希望升迁的官员就会说："财产多了，就能得到想要的高官。"又说："我如果不用财货贿赂上级官员来求得升迁，就好比用猫做诱饵引诱老鼠上钩一样，一定不会有升迁的希望。如果用我的实际政绩呈给上级来取得升迁，那么就好比拉着已经断了的墨线想矫正弯木一样，更加没有希望了。这两种办法都不能取得升迁，那我怎能不压榨下面的百姓去搜刮钱财来贿赂上级，从而谋求升迁呢？"百姓说："我努力耕种，先把国家的粮仓装满，再用剩下的粮食供养家人。替君主舍生忘死去打仗，来使君主尊贵、国家安定。现在，国家粮仓空虚，君主地位卑微，自己家庭贫穷，这样还不如谋取官职和爵位！"和亲戚朋友们聚在一起时，大家达成的意见一致，就会改变从事农战的想法。才能出众的人专心学习《诗》《书》，追随外国的势力；平庸的人去经商，从事手工业，以此来逃避农耕和作战。用这些来教化百姓，那么粮食怎么会不减少，军队的实力怎么会不被削弱呢！

原文

善为国者，官法明，故不任知虑[①]；上作壹，故民不偷营，则国力抟[②]。国力抟者强，国好言谈者削。故曰：农战之民千人，而有《诗》、《书》辩慧者一人焉[③]，千人者皆怠于农战矣。

农战之民百人，而有技艺者一人焉，百人者皆怠于农战矣。国待农战而安，主待农战而尊。夫民之不农战也，上好言而官失常也。常官，则国治；壹务，则国富。国富而治，王之道也。故曰：王道非外，身作壹而已矣。

注释

①知虑：智慧和谋略，这里指有智慧而能言善辩的人。知，同“智”。

②抟（tuán）：聚集，凝聚。

③焉：于此，在这里。

译文

善于治国的君主，任用官员的法规制度严明，因此不任用那些有智慧而能言善辩的人；君主专心于农战，所以百姓就不会私下经营农战以外的行业，那么国力就会凝聚。国力凝聚就会强大，国家崇尚空谈的风气国力就会被削弱。所以说：从事农耕和作战的百姓有一千人，但其中出现一个学《诗》《书》并且能言善辩的人，那么这一千人也都会对农耕和作战懈怠。从事农耕和作战的百姓有一百人，但其中出现一个从事手工业的人，那么这一百人也都会对农耕和作战懈怠。国家依靠农耕和作战而安定，君主依靠农耕和作战而尊贵。百姓不从事农耕和作战，是因为君主喜好空谈而不按照法规任用官吏。按照法规任用官吏，那么国家就会政治清明；专心于农战，那么国家就会富强。国家富强并且政治清明，这就是称王天下的途径。所以说：称王天下的途径没有别的，就是君王自身专心于从事农战罢了。

原文

今上论材能知慧而任之，则知慧之人希主好恶[1]，使官制物以适主心[2]。是以官无常，国乱而不壹，辩说之人而无法也。如此，则民务焉得无多[3]？而地焉得无荒？《诗》、《书》、礼、乐、善、修、仁、廉、辩、慧，国有十者，上无使守战[4]。国以十者治，敌至必削，不至必贫。国去此十者，敌不敢至。虽至，必却；兴兵而伐，必取；按兵不伐，必富。国好力者以难攻[5]，以难攻者必兴；好辩者以易攻[6]，以易攻者必危。故圣人明君者，非能尽其万物也，知万物之要也。故其治国也，察要而已矣。

注释

①希：通“睎”，观望。

②制：处理，决断。

③务：事务，这里指行业。

④守战：防守和进攻。

⑤难：指“好力”之“力”，即加强农战，因为这种事做起来不易，所以称作“难”。

⑥易：指“好辩”之“辩”，即崇尚空谈，因为这种事做起来不费力气，所以称作“易”。

译文

现在君主根据才能和智慧来任用官吏，那么这些聪明的人就会观察君主的好恶去做事，为官处理政务也会想方设法迎合君主。因此君主任用官吏不遵循用人的法规，国家就会混乱而没有统一的法度，那些能言善辩的人就更加肆无忌惮了。这样的话，百姓从事的其他行业怎么会不多？而土地又怎么会不荒芜呢？《诗》、《书》、礼制、音乐、为善、修德、仁爱、廉洁、善辩、聪慧，国家有这十种事务，君主就无法让百姓防守和进攻。国家用这十种事物来治理，敌人进犯，国土就一定会被侵占，即使敌人不进犯，国家也必定会贫穷。如果国家去除这十种事物，敌人便不敢来进犯。即使敌人来进犯了，也一定会失败而撤退；如果发兵去征伐他国，一定会获胜；如果按兵不动不去征伐，国家必会富足。重视农战的国家以农战的优势进攻，以农战优势进攻的国家一定会繁荣昌盛；崇尚空谈辩论的国家以空泛的言辞去进攻，以空泛的言辞去进攻的国家就必定会危险。因此圣人和明君，并不是能随意地利用万物，而是掌握了万事万物的规律和要领。因此他们治国的方法，就是辨明要领罢了。

原文

今为国者多无要。朝廷之言治也，纷纷焉务相易也[1]。是以其君惛于说[2]，其官乱于言，其民惰而不农。故其境内之民，皆化而好辩乐学，事商贾，为技艺，避农战。如此，则不远矣。国有事，则学民恶法[3]，商民善化，技艺之民不用，故其国易破也。夫农者寡而游食者众，故其国贫危。今夫螟、螣、蚼蠋春生秋死[4]，一出而民数年不食。今一人耕而百人食之，此其为螟、螣、蚼蠋亦大矣。虽有《诗》、《书》，乡一束[5]，家一员[6]，

犹无益于治也，非所以反之之术也[7]。故先王反之于农战。故曰：百人农一人居者，王；十人农一人居者，强；半农半居者，危。故治国者欲民者之农也[8]。国不农，则与诸侯争权不能自持也[9]，则众力不足也。故诸侯挠其弱[10]，乘其衰[11]，土地侵削而不振，则无及已。

注释

①纷纷焉：众说纷纭的样子。易：改变。

②惛（hūn）：糊涂，迷惑。

③学民：指有学识的人。

④螟、螣（tè）：两种专吃小苗的害虫。蚼（qú）蠋（zhú）：一种危害农作物的害虫。

⑤乡：古代居民单位，大约两千家为一乡。一束：一捆。

⑥员：卷，物的数量。

⑦反：改变，指改变现状。

⑧之：到，此谓从事。

⑨自持：自守，自保。

⑩挠：侵扰。

⑪乘：侵犯。

译文

现在治国的人很多都没有掌握要领。朝廷在讨论治理国家的方法时，大家众说纷纭都想改变对方的观点。因此君主被这些不同的说法弄得迷惑不已，而官吏被这些言谈弄得迷乱不堪，国中的百姓也懒散不愿意耕作。所以那些国家的百姓，都变得喜好空谈、乐于学习，经商，从事手工业，逃避农耕和作战。这样，国家距离灭亡就不远了。国家动荡，那些有知识的人厌恶法令，商人善变，手工业者又无法派上用场，因此这个国家就容易被攻破。从事农耕的人少而不务农靠能言善辩游说吃饭的人多，所以这个国家就贫困而危险。就像螟、螣、蚼蠋这些危害庄稼的害虫一样，虽然春生秋死，但只要它们一出现就会让百姓多年歉收而没有粮食吃。现在一个人耕种却要供应一百个人吃饭，这要比螟、螣、蚼蠋这些害虫的危害更大。如果这样，即使《诗》《书》每个乡都有一捆，每一家都有一卷，对治国也没有一点儿帮助，这不是改变现状的办法。因此古代的君主转而依靠农耕和作战。所以说：一百人耕作一个人休息，国家就能称王天下；十个人耕作一个人休息，国家就会强大；有一半人耕作一半人休息，那么国家就危险了。因此治理国家的人都想让百姓去务农。国家不重视农耕，那么与其他诸侯国争霸时就无法自保，这是由于民力不足。因此，其他诸侯国就趁国家衰弱时来侵扰，趁国家衰微来进犯，国土被侵占而一蹶不振，到那时再挽回就来不及了。

原文

圣人知治国之要，故令民归心于农。归心于农，则民朴而可正也，纯纯则易使也[①]，信可以守战也。壹，则少诈而重居[②]；壹，则可以赏罚进也；壹，则可以外用也。夫民之亲上死制也[③]，以其旦暮从事于农。夫民之不可用也，见言谈游士事君之可以尊身也、商贾之可以富家也、技艺之足以糊口也。民见此三者之便且利也，则必避农。避农，则民轻其居，轻其居则必不为上守战也。凡治国者，患民之散而不可抟也。是以圣人作壹，抟之也。国作壹一岁者，十岁强；作壹十岁者，百岁强；作壹百岁者，千岁强；千岁强者王。君修赏罚以辅壹教[④]，是以其教有所常[⑤]，而政有成也。

注释

①纯纯：质朴。

②重居：重视田宅，不轻易迁徙。

③死制：死心塌地地遵从。

④壹教：农战政策。

⑤常：常法。

译文

圣明贤德的君主懂得治国的要领，因此命令百姓专心务农。专心务农，那么百姓就朴实而容易管理，淳朴就容易役使，一定可以用他们来守城作战。百姓专心于农耕和作战，就很少有奸诈之事而重土难迁；百姓专心于农耕和作战，就能用奖励和惩罚的办法来鼓励他们上进；百姓专心于农耕和作战，就可以让他们对外作战。百姓亲附君主并且死心塌地地遵从，是因为他们从早到晚从事农耕的缘故。百姓之所以不听从国家的役使，是由于他们看见了那些空谈游说的人以阿谀奉承君主而显贵、商人也可以发财致富、手工业者也可以养家糊口。百姓看到这三种人的职业轻松而且又赚钱，就一定会逃避农耕。逃避农耕，那么民众就会轻易地迁徙。轻易地迁徙，那么就一定不会为君主守城作战。但凡治理国家的人，都害怕民心涣散无法凝聚。因此，圣明的君主实行农战政策，就是为了凝聚百姓的力量。百姓专心于农战一年，国家就能强大十年；百姓专心于农战十年，国家就能强大一百年；百姓专心于农战一百年，国家就能强大一千年；强大一千年就能称王天下。君主制定赏罚制度来辅助农战政策，因此对百姓的教化有常法，而治理国家也就会有成效。

原文

王者得治民之至要，故不待赏赐而民亲上，不待爵禄而民从事，不待刑罚而民致死。国危主忧，说者成伍，无益于安危也。夫国危主忧也者，强敌大国也。人君不能服强敌破大国也，则修守备，便地形[①]，抟民力，以待外事[②]，然后患可以去，而王可致也。是以明君修政作壹，去无用，止浮学事淫之民，壹之农，然后国家可富，而民力可抟也。

注释

①便地形：谓占领有利地形。便，有利。

②外事：指外来侵犯。

译文

君主掌握了治理百姓的最关键原则，因此不用等君主赏赐百姓，百姓就会亲附君主；不用等君主赐予百姓爵禄，百姓就会追随君主；不用等君主使用刑罚，百姓就会为君主拼死效命。在国家危亡、君主担忧时，巧言善辩的游说之人成群，却对国家的安危没有任何帮助。国家之所以危难、君主之所以忧虑，是因为遇上了强劲的敌国。君主无法战胜强敌、攻破大国，那么就要整饬防御设施，占据有利地形，凝聚百姓的力量来应对敌人外侵，这样可以消除祸患了，也就达到称王天下的目的了。因此，圣明的君主治国专心于农耕和作战，去除那些无用的东西，禁止百姓学习那些空谈的学问和从事游说等奸邪不正的职业，让他们专心于农耕，这样国家就能富强，百姓的力量也可以凝聚。

原文

今世主皆忧其国之危而兵之弱也，而强听说者[①]。说者成伍，烦言饰辞而无实用[②]。主好其辩[③]，不求其实。说者得意，道路曲辩，辈辈成群[④]。民见其可以取王公大人也，而皆学之。夫人聚党与，说议于国，纷纷焉。小民乐之，大人说之[⑤]。故其民农者寡而游食者众。众，则农者殆；农者殆，则土地荒。学者成俗[⑥]，则民舍农从事于谈说，高言伪议。舍农游食而以言相高也，故民离上而不臣者成群。此贫国弱兵之教也。夫国庸民以言[⑦]，则民不畜于农[⑧]。故惟明君知好言之不可以强兵辟土也，惟圣人之治国作壹，抟之于农而已矣。

注释

①强：坚定，坚决。

②烦：多，烦琐。

③辩：言辞华美。

④辈辈：指一批一批，一伙一伙。

⑤说：通“悦”，高兴。

⑥成俗：形成风气。

⑦庸：任用。

⑧畜：喜爱。

⑨千乘之国守千物：指平均用一辆兵车守一物，物少，所以被削弱。

⑩事：治理。用：效力。

译文

运用礼乐等强民政策来清除不听从命令的百姓，君主的统治会被削弱；用弱民政策来清除不听从命令的百姓，君主的统治就会得以加强。国家施行儒家的仁政，那么奸诈之人一定会多。国家富足却用勤俭节约来治理国家，这样的国家会加倍富足，加倍富足的国家一定会强大。国家贫穷却用奢靡浪费来治理国家，这就叫作加倍贫穷，加倍贫穷的国家一定会衰弱。军队在打仗时，能做敌人所不敢做的事，国家就强大。在国家大事上，能做敌人认为羞耻而不愿意去做的事，对国家就有利。君主以多谋善变为贵，国家以法制稳定为贵。国家财物少，就会被削弱；国家财物多，就会强大。有一千辆兵车只守卫有一千件财物的国家就会被削弱。用兵作战时指挥有方、士兵拼死作战的国家就强大，用兵作战时指挥混乱、士兵懈怠的国家就会被削弱。

原文

农、商、官三者，国之常官也[①]。三官者，生虱害者六[②]：曰岁、曰食、曰美、曰好、曰志、曰行[③]。六者有朴[④]，必削。三官之朴三人，六害之朴一人[⑤]。以法治者，强；以政治者[⑥]，削。常官治省，迁官治大[⑦]。治大，国小；治小，国大[⑧]。强之，重削；弱之，重强。夫以强攻强者亡，以弱攻强者王。国强而不战，毒输于内[⑨]，礼乐虱害生，必削；国遂战，毒输于敌，国无礼乐虱害，必强。举劳任功曰强[⑩]，虱害生必削。农少、商多，贵人贫、商贫、农贫，三官贫，必削。

注释

①常官：常见的职业。

②虱害：像虱子一样的危害。

③岁：岁的害处指农民游惰，使年岁歉收。食：食的害处指农民不务本业，白吃粮米。美：美的害处指商人贩卖华丽的东西。好：好的害处指商人贩卖珍好的物品。志：志的害处指官吏营私舞弊的思想。行：行的害处指官吏贪赃枉法的行为。

④朴：根源。

⑤一人：指君王。

⑥政：政教。

⑦大：多，烦琐。

⑧国小、国大：指国家力量的大小。

⑨毒：指虱害。输：输送。

⑩举：推举，任用。

译文

农民、商人、官吏这三种人，从事的是国家常见的职业。这三种人能够产生六种像虱子一样的危害："岁"害、"食"害、"美"害、"好"害、"志"害、"行"害。这六种危害一旦生了根，国力就会被削弱。务农、经商、做官这三种职业的根源在于农民、商人和官吏这三种人身上，而六种危害的根源出现在君主一个人身上。用法律来治理国家，国家就强大；用政教来治理国家，国家就弱小。任用官吏长久，统治就简省；频繁调动官员，统治就烦琐。统治烦琐，国家就弱小；统治简省，国家就强大。使百姓变得强大，不听从命令，国家就会越来越弱小；使百姓变得弱小，听从命令，国家就会越来越强大。实行强民政策来整治不服从命令的百姓的国家就会灭亡，采用弱民政策来整治不服从命令的百姓的国家就能称王于天下。国家强大而不去发动战争，虱害就会流毒于国内，礼乐等虱害产生了，国家力量必然会削弱；国家发动战争，虱害会流毒于敌国，国内没有礼乐等虱害，国家必然会强大。任用有功劳的人，国家就强大，胡乱用人就会产生虱害，国家就削弱。农民少商人多，那么官吏贫穷了，商人贫穷了，农民贫穷了。从事这三种职业都贫穷了，国家必定会被削弱。

原文

国有礼、有乐、有《诗》、有《书》、有善、有修、有孝、有弟、有廉、有辩①。国有十者，上无使战，必削至亡；国无十者，上有使战，必兴至王。国以善民治奸民者，必乱至削；国以奸民治善民者，必治至强。国用《诗》、《书》、礼、乐、孝、弟、善、修治者，敌至，必削国；不至，必贫。国不用八者治，敌不敢至，虽至必却。兴兵而伐，必取，取必能有之；按兵而不攻，必富。国好力，曰以难攻；国好言，曰以易攻。国以难攻者，起一得十；国以易攻者，出十亡百。

注释

①修：贤良。弟（tì）：同“悌”，敬爱兄长。

译文

国家有礼制、音乐、《诗》、《书》、仁善、贤德、孝顺父母、敬爱兄长、廉洁、智慧。国家有了这十种东西，君主就是不命令百姓去征战，国家也必定会削弱直至灭亡；国家如果没有这十种东西，君主即使让百姓去征战，国家也必定会兴盛以至于称王天下。国家用所谓善良的人来治理所谓奸恶的人，就一定会动乱，以至于被削弱；国家用所谓奸恶的人来治理所谓善良的人，就一定会治理好，以至于强大。国家采用《诗》、《书》、礼制、音乐、孝顺父母、敬爱兄长、仁善、贤德等儒家思想来治理，敌人进犯，国土必定会被侵占；敌人不来进犯，国家必定会穷困。国家不采用这八种儒家思想治理国家，敌人就不敢来进犯，即使来进犯也必定会被击败而撤退。如果发兵去攻打其他国家，一定能够夺取土地，而且夺取土地之后还能占有它；如果按兵不动，不去攻打其他国家，也必定会富足。国家崇尚实力，就叫以农战的优势进攻；国家崇尚空谈，就叫以虚言空谈的方式进攻。以农战的优势进攻的国家，只花一分力气就能获得十倍的利益；以虚言空谈的方式进攻的国家，花十分的力气，却会损失百倍的利益。

原文

重罚轻赏，则上爱民，民死上；重赏轻罚，则上不爱民，民不死上。兴国行罚，民利且畏①；行赏，民利且爱。国无力而行知巧者②，必亡。怯民使以刑，必勇；勇民使以赏，则死。怯民勇，勇民死，国无敌者，强。强，必王。贫者使以刑，则富；富者使以赏，则贫③。治国能令贫者富，富者贫，则国多力，多力者王。王者刑九赏一，强国刑七赏三，削国刑五赏五。

注释

①利：喜欢，喜爱。

②知巧：智谋巧诈。

③“贫者”四句：即《说民》篇之“贫者益之以刑，则富；富者损之以赏，则贫”。

译文

如果加重刑罚而减少赏赐，那么君主就会爱护百姓，百姓也就会为君主拼死效命；如果加重赏赐而减轻刑罚，那么君主不会爱护百姓，百姓也不为君主拼死效命。强盛的国家施行刑罚，百姓喜欢又畏惧；施行赏赐，百姓喜欢又贪图。国家没有实力，而且使用智谋巧诈，必定会灭亡。胆怯的百姓用赏赐来役使他们，就必定会拼死效命；勇敢的百姓用赏赐来役使他们，他们必定会拼死效命。胆怯的百姓勇敢，勇敢的百姓拼死效命，国家就没有对手，那么就会强大。国家强大，就必定能成就王业。贫穷的百姓用刑罚来役使，让他们去务农，这样他们就会富足；对富足的人用赏赐来役使他们，让他们花钱去买官，这样他们就会变穷。治理国家能让穷人变富，让富人变穷，那么这个国家的实力就强大，国家实力强大就能成就王业。称王天下的国家使用九成刑罚一成赏赐，强大的国家使用七成刑罚三成赏赐，弱小的国家使用五成刑罚五成赏赐。

原文

国作壹一岁[1]，十岁强；作壹十岁，百岁强；作壹百岁，千岁强；千岁强者，王。威，以一取十，以声取实，故能为威者王。能生不能杀[2]，曰自攻之国，必削；能生能杀，曰攻敌之国，必强。故攻害、攻力、攻敌[3]，国用其二舍其一，必强；令用三者，威，必王。

注释

①作壹：指专心于农战。

②生：积聚实力。杀：攻杀，指征伐。

③攻害：消灭虱害。攻力：消耗实力。

译文

国家专心于农战一年，就能强大十年；专心于农战十年，就能强大一百年；专心于农战一百年，就能强大一千年；强大一千年的国家，就能成就王业。国家有威势，就能花一分的力气取得十倍的利益，凭借声势就能取得实际效果，因此有威势的国家就能成就王业。能积蓄实力却不能使用实力去征伐他国的国家，叫作“攻打自己”的国家，必定会被削弱；能积蓄实力也能使用实力去征伐他国的国家，叫作“攻打敌国”的国家，必定会强大。所以消灭虱害、使用实力、攻打敌国这三点，国家使用其中的两项而不用其中的一项，必定会强大；如果三项都使用，国家就一定会有威势，必定能成就王业。

原文

十里断者①，国弱；五里断者，国强。以日治者王，以夜治者强，以宿治者削。

注释

①里：古代居民行政单位，通帝五家为邻，五邻为里。断：决断。

译文

政事在十个里之内才能做出决断的，国家就弱小；在五个里之内能做出决断的，国家就强大。在当日就能处理好政务的国家就能称王天下，在当夜才能处理好政务的国家就强大，第二天才能处理好政务的国家就会被削弱。

原文

举民众口数，生者著[①]，死者削[②]。民不逃粟[③]，野无荒草，则国富，国富者强。

注释

①著：记录。

②削：消除。

③逃粟：逃避赋税。

译文

全国的人口数量，凡是活着的人就都登记在册，去世的人就要从户口上消除。这样的话，百姓就不能逃避赋税，田野上就没有荒草，那么国家就会富足，国家富足也就会强大。

原文

以刑去刑①，国治；以刑致刑②，国乱。故曰：行刑重轻③，刑去事成，国强；重重而轻轻④，刑至事生，国削。刑生力，力生强，强生威，威生惠。惠生于力。举力以成勇战，战以成知谋。

注释

①以刑去刑：指用严峻的刑罚让百姓不敢犯法，就是以刑罚杜绝了犯罪。

②以刑致刑：指刑罚轻让百姓不畏惧犯罪，就是以刑罚导致了犯罪。

③重轻：轻罪重罚。

④重重而轻轻：重罪重罚而轻罪轻罚。

译文

用严峻的刑罚杜绝犯罪，国家就能安定；用轻微的刑罚导致犯罪，国家就会混乱。所以说：使用刑罚时轻罪重罚，即使不用刑罚事情也能成功，这样国家就能强大；重罪重罚、轻罪轻罚，即使使用刑罚，犯罪的行为还是一再发生，这样国家就会被削弱。刑罚能够产生力量，力量能产生强大，强大能产生威势，威势能产生恩惠。所以，恩惠是从力量中产生的。崇尚实力就能用来成就勇敢作战，作战就能成就智慧和权谋。

原文

金生而粟死[1]，粟生而金生。本物贱[2]，事者众，买者少，农困而奸劝[3]，其兵弱，国必削至亡。金一两生于竟内[4]，粟十二石死于竟外[5]；粟十二石生于竟内，金一两死于竟外。国好生金于竟内，则金粟两死，仓府两虚[6]，国弱；国好生粟于竟内，则金粟两生，仓府两实，国强。

注释

①金生而粟死：意谓钱赚来了，而自己的粮食却卖出去了。

②本物：指粮食。

③劝：鼓励。

④竟：通“境”，国境。

⑤石：古代计量单位，十斗为一石。

⑥仓：粮仓。府：钱库。

译文

赚了金钱却没了粮食，有了粮食就等于有了金钱。粮食的价格低廉，从事农耕的人多，买粮食的人少，农民生活困苦，奸诈的商人就受到了鼓励，如果这样，兵力就弱，国家一定会被削弱以至于灭亡。国内赚了一两黄金，就有十二石粮食输送到国外；国内购入十二石粮食，就有一两黄金输送到国外。国家喜好赚取黄金，那么黄金和粮食都会损失，粮仓和钱库都会空虚，国家会弱小；国家喜欢囤积粮食，那么黄金和粮食都能获得，粮仓和钱库都会充实，国家就会强大。

原文

强国知十三数：竟内仓府之数，壮男壮女之数，老弱之数，官士之数①，以言说取食者之数，利民之数②，马、牛、刍藁之数③。欲强国，不知国十三数，地虽利，民虽众，国愈弱至削。

注释

①官：官吏。士：知识分子。

②利民：指从事农业的生产者。

③刍（chú）藁（gǎo）：指喂牲口的干草。

译文

强大的国家要知道十三种事物的数目：国内粮仓、钱库的数目，青壮年男女的数目，老人和小孩的数目，官吏和学者的数目，靠游说养活自己的人的数目，农民的数目，马、牛以及喂养牲口的干草的数目。想要让国家强大，却不了解国家这十三种事物的数目，即使土地肥沃，百姓众多，国家也会越来越弱小。

原文

国无怨民曰强国。兴兵而伐，则武爵武任①，必胜。按兵而农，粟爵粟任②，则国富。兵起而胜敌、按兵而国富者王。

注释

①武爵武任：按照军功来赏赐爵位和官职。

②粟爵粟任：按照种粮的多少来赏赐爵位和官职。

译文

国内没有抱怨君主的百姓就叫强国。如果发兵去攻打其他国家，那么就按照军功的多少来赏赐给他们官职和爵位，就一定会取胜。如果按兵不动从事农耕，那么按照粮食的产量授予官职和爵位，那么国家就一定会富足。发兵进攻就能战胜敌人、按兵不动就富足的国家就能成就王业。

说民第五

原文

辩慧，乱之赞也[①]；礼乐，淫佚之征也[②]；慈仁，过之母也；任举，奸之鼠也[③]。乱有赞则行，淫佚有征则用，过有母则生，奸有鼠则不止。八者有群，民胜其政。国无八者，政胜其民。民胜其政，国弱；政胜其民，兵强。故国有八者，上无以使守战[④]，必削至亡。国无八者，上有以使守战，必兴至王。

注释

①赞：辅佐，帮助。

②征：召，引来。

③鼠：处，居处。

④守战：守城作战。

译文

能言善辩和聪明有智慧，是违法乱纪的帮手；礼乐，是放荡行为的引子；仁慈，是产生错误的根源；保护和赞扬他人，是奸邪的藏身之所。违法乱纪有了辅助就会盛行，放荡有了引导就能做起来，错误有了根源就会产生，奸邪有了藏身之所就不会停止。这八种事物聚集成群，百姓的力量就会胜过政令。国家没有这八种事物，政令就会胜过百姓的力量。百姓的力量胜过政令，国家就会弱小；政令胜过百姓的力量，军队就会强大。所以，国家有这八种事物，君主就无法命令百姓为国家守城作战，一定会被削弱直至灭亡。国家没有这八种事物，君主就能命令百姓为国家守城作战，国家就一定会兴盛直至称王天下。

原文

用善①，则民亲其亲；任奸②，则民亲其制。合而复者③，善也；别而规者④，奸也。章善则过匿⑤，任奸则罪诛。过匿，则民胜法；罪诛，则法胜民。民胜法，国乱；法胜民，兵强。故曰：以良民治，必乱至削；以奸民治，必治至强。

注释

①善：指仁善的人。

②奸：与“善”相对，指奸恶的人。

③合：联合。复：通“覆”，掩盖。

④规：通“窥”，窥视。

⑤章：通“彰”，彰明，表彰。

译文

任用所谓“仁善”的人，那么百姓就会亲近他们的亲人；任用所谓“奸恶”的人，那么百姓就会遵守法令。百姓联合起来互相掩盖过失，这就是任用所谓“仁善”的人造成的结果；百姓疏远并且互相监督，这就是任用所谓“奸恶”的人造成的结果。表彰善民，那么百姓的过失就会被隐藏起来；任用奸民，那么有罪的百姓就会受到惩罚。百姓的过失被隐藏起来了，那么百姓就会凌驾于法规之上；有罪的百姓受到惩罚，那么法规就制服了百姓。百姓凌驾于法规之上，国家就会产生动乱；法规制服了百姓，国家的兵力就会强大。所以说：用所谓的“善民”治国，一定会使国家动乱直至被削弱；用所谓的“奸民”治国，一定会使国家太平直到强大。

原文

国以难攻①，起一取十；国以易攻②，出十亡百。国好力曰以难攻，国好言曰以易攻。民易为言，难为用。国法作民之所难③，兵用民之所易，而以力攻者，起一得十；国法作民之所易，兵用民之所难，而以言攻者，出十亡百。

注释

①难：难于做到的事，指农战。

②易：容易做到的事，指空谈。

③作：鼓励。

译文

国家依靠农耕和作战积累的实力去攻打他国，花一分力气能取得十倍利益；国家依靠空谈去攻打他国，用十分力气会损失百倍利益。国家崇尚实力叫作依靠“难”去进攻，国家崇尚空谈叫作依靠“易”去进攻。让百姓空谈很容易，让他们去为国家从事农耕和作战却很难。国家的法令如果鼓励百姓做难以做到的农耕和作战，打仗时即使让他们做容易做的空谈，他们也会用实力进攻，这样用一分力气，就能获得十倍的利益；国家的法规如果鼓励百姓去做容易做到的空谈，打仗时役使他们就会觉得困难，而用空谈去进攻，这样花了十分的力气就会损失百倍的利益。

原文

罚重，爵尊；赏轻，刑威①。爵尊，上爱民；刑威，民死上。故兴国行罚，则民利；用赏，则上重②。法详，则刑繁；刑繁，则刑省。民不治则乱，乱而治之又乱。故治之于其治，则治；治之于其乱，则乱。民之情也治，其事也乱。故行刑，重其轻者，轻者不生，则重者无从至矣，此谓治之于其治者。行刑，重其重者，轻其轻者，轻者不止，则重者无从止矣，此谓治之于其乱也。故重轻，则刑去事成③，国强；重重而轻轻，则刑至而事生，国削。

注释

①威：威势。

②重：受尊重。

③事成：国家安定。

译文

刑罚重，爵位就显得尊贵；赏赐轻，刑罚就更显得威严。爵位尊贵，君主才能以此爱护百姓；刑罚威严，百姓因此为君主拼死效命。所以强大的国家使用刑罚，百姓能够受益；使用奖赏，君主能够受到尊重。法令详尽，那么刑罚就繁多；刑罚繁多，那么需要受到刑罚的人就会减少。不治理百姓，国家就会混乱，混乱后再去治理会更加混乱。因此在国家太平的时候去治理，国家就会太平；在国家混乱时去治理，国家就会更加混乱。百姓也真心希望国家安定太平，但他们做的事情往往使国家混乱。因此使用刑罚时，对百姓所犯的轻罪处以重刑，那么轻的罪过不犯，就不会产生重罪，这就叫在太平时去治理国家。施用刑罚时，重罪重罚，轻罪轻罚，那么轻微犯罪无法杜绝，严重的犯罪就更加无法制止了，这就叫在混乱时去治理国家。所以轻罪重罚，就能不用刑罚而使国家安定，国家就会强盛；重罪重罚而轻罪轻罚，那么施用刑罚也会使国家动乱，国家就会被削弱。

原文

民勇，则赏之以其所欲；民怯，则杀之以其所恶①。故怯民使之以刑，则勇；勇民使之以赏，则死。怯民勇，勇民死，国无敌者，必王。

注释

①杀：消除，减少。

译文

百姓勇敢，那么君主就应该把他们想要的东西赏赐给他们；百姓胆小，那么君主就应该用他们害怕的东西来消除他们的恐惧。因此，对胆小的百姓使用刑罚来役使他们，那么他们就会变得勇敢；对勇敢的百姓使用赏赐来役使他们，那么勇敢的百姓就会以死效忠。胆小的百姓变得勇敢，勇敢的百姓以死效忠，国家就没有对手可以与之抗衡，就一定能够称王天下。

原文

民贫，则国弱；富，则淫。淫则有虱，有虱则弱。故贫者益之以刑[①]，则富；富者损之以赏[②]，则贫。治国之举，贵令贫者富，富者贫。贫者富，国强；富者贫，三官无虱[③]。国久强而无虱者，必王。

注释

①故贫者益之以刑：用刑罚来迫使贫穷的百姓从事农战，增加他们的财富。

②富者损之以赏：意谓用赏赐诱使富裕百姓捐献财物来减少财产。

③三官：指农民、商人、官吏。虱：虱害，危害。

译文

百姓贫穷，那么国家就弱小；百姓富裕，那么就会放纵自己。百姓放纵就会对国家产生危害，国家受到危害就会被削弱。因此，用刑罚迫使贫穷的百姓从事农耕和作战，就可以增加他们的财富，那么百姓就会富裕；用赏赐诱使富裕的百姓捐献财物，以此来减少他们的财富，那么富人就会变得贫穷。治国的措施，最重要的是能够让贫穷的百姓变得富裕，富裕的百姓变得贫穷。贫困的百姓变富裕了，国家就强大；富裕的人变贫困了，农民、商人、官吏这三种职业就不会产生危害。国家长时间强大并且没有产生危害，一定能称王天下。

原文

刑生力，力生强，强生威，威生德，德生于刑[①]。故刑多，则赏重；赏少，则刑重。民之有欲有恶也，欲有六淫[②]，恶有四难[③]。从六淫[④]，国弱；行四难，兵强。故王者刑于九而赏出一[⑤]。刑于九，则六淫止；赏出一，则四难行。六淫止，则国无奸；四难行，则兵无敌。民之所欲万，而利之所出一。民非一，则无以致欲，故作一。作一，则力抟；力抟，则强。强而用，重强。故能生力能杀力，曰攻敌之国，必强。塞私道以穷其志[⑥]，启一门以致其欲。使民必先行其所恶，然后致其所欲，故力多。力多而不用，则志穷；志穷，则有私；有私，则有弱。故能生力[⑦]，不能杀力，曰自攻之国，必削。故曰：王者，国不蓄力，家不积粟。国不蓄力，下用也；家不积粟，上藏也[⑧]。

注释

①德：恩惠。

②六淫：指《去强》篇中所说的六种虱害。

③四难：指务农、力战、出钱、告奸四种人们厌恶的事。

④从：通“纵”，放任。

⑤九：虚数，意谓多。一：唯一，即农战。

⑥穷：断绝。志：私欲，私心。

⑦生力：积累实力。

⑧上：官仓。

译文

刑罚产生实力，实力产生强大，强大产生威势，威势产生恩惠，恩惠从刑罚而来。所以刑罚繁多，那么赏赐就显得丰厚；赏赐少，那么刑罚就显得严峻。百姓有喜欢的事也有憎恶的事，百姓喜欢的事有六种危害，百姓憎恶的事有四种。国家放任六种危害，国家就会弱小；国家推行百姓憎恶的四件事，兵力就强盛。所以能称王天下的君主将刑罚运用到各个方面，赏赐却来自农战一个方面。将刑罚用在多方面，那么就能制止六种危害；赏赐只来自农战一个方面，那么就能推行四种百姓憎恶的事。制止了六种危害，那么国家就没有奸邪的事；四种百姓憎恶的事能推行，那么军队就无敌了。百姓的欲望成千上万，但赏赐只来自农战一个方面。百姓不认同这唯一的一条途径，那么就无法获得他们想要的，因此百姓专心从事农战。百姓专心从事农战，那么百姓的力量就能凝聚起来；力量凝聚起来，国家就强大。国家强大并且能使用力量，国家就会加倍强大。因此，能够积累力量也能消耗和使用力量的国家，叫作攻打敌人的国家，这样的国家一定强大。堵塞谋求私利的途径来断绝百姓的私心，只打开农战这唯一途径来满足百姓的欲望。役使百姓一定先让他们做所憎恶的事，然后满足他们的欲望，因此国家积累的力量就会多。积累的力量多而不使用，那么百姓的欲望就会落空；百姓的欲望落空了，那么百姓就会产生私心；百姓有了私心，那么国家就会被削弱。因此，能积累实力，而不能消耗和使用实力，叫作自己攻打自己的国家，一定会被削弱。所以说：称王天下的君主，国家不积蓄力量，百姓家里也不囤积粮食。国家不积蓄力量，是为了使用百姓的力量；百姓家里不囤积粮食，是国家把粮食储存在官仓中了。

原文

国治：断家王[①]，断官强，断君弱。重轻，刑去。常官，则治。省刑，要保[②]，赏不可倍也[③]。有奸必告之[④]，则民断于心。上令而民知所以应，器成于家而行于官[⑤]，则事断于家。故王者刑赏断于民心，器用断于家。治明，则同；治暗[⑥]，则异。同则行，异则止。行则治，止则乱。治，则家断；乱，则君断。治国者贵下断，故以十里断者弱，以五里断者强。家断则有余，故曰：日治者王。官断则不足，故曰：夜治者强。君断则乱，故曰：宿治者削[⑦]。故有道之国，治不听君，民不从官。

注释

①断：决断。

②要（yāo）：约定。保：指连保、连坐。

③倍：同“背”，违反，违背。

④告：告发。

⑤器：器物。

⑥暗：这里指黑暗的政治。

⑦宿：第二天。

译文

治国有三种情况：在百姓家中决断事务的国家能称王天下，由官府决断事务的国家就强大，到君主那里决断事务的国家就弱小。轻罪重罚，刑罚就能消除不用。按照国家的常法来选官，国家就能治理好。减少刑罚，就要在百姓当中建立连坐制度，对那些应该赏赐的不能失信。有奸邪的事情一定要告发，那么百姓就能明辨是非。君主发布命令，百姓知道如何响应，器物在百姓的家中做成，但是要得到官府的许可才能通行，那么事情就能在家中决断。所以称王天下的君主能让百姓心中明确赏罚，器物用具的标准在百姓家中就能明确。政治清明，那么百姓就会齐心；政治黑暗，百姓就会有异心。百姓齐心，国家的法令就能推行；百姓有异心，国家的法令就不能推行。法令能推行，国家就能治理好；法令不能推行，国家就会混乱。国家能治理好，百姓在家中就能决断；国家混乱，事务要到君主那里才能做决断。治理国家贵在事务在百姓那里做出决断，所以十个里以内做出事务决断的国家就弱小，在五个里以内做出决断的国家就强大。事务在百姓家就能做出决断，国家就有多余的时间，所以说：当天处理完政务的国家能称王。事务在官府做出决断，国家的时间就会不足，所以说：当夜处理完政务的国家强大。事务在君主那里才能做出决断，国家就会混乱，所以说：第二天才处理好政务的国家会被削弱。因此，治理得好的国家，官吏不必听从君主的命令就能去处理政务，百姓也不必听从官吏的命令就能去处理事务。

算地第六

原文

凡世主之患[1]：用兵者不量力[2]，治草莱者不度地[3]。故有地狭而民众者，民胜其地[4]；地广而民少者，地胜其民。民胜其地，务开[5]；地胜其民者，事徕[6]。开徕，则行倍[7]。民过地，则国功寡而兵力少；地过民，则山泽财物不为用。夫弃天物遂民淫者[8]，世主之务过也。而上下事之，故民众而兵弱，地大而力小。故为国任地者[9]：山林居什一，薮泽居什一，溪谷流水居什一，都市蹊道居什一，恶田居什二，良田居什四，此先王之正律也。故为国分田数：小亩五百，足待一役，此地不任也。方土百里，出战卒万人者，数小也。此其垦田足以食其民，都邑遂路足以处其民，山林、薮泽、溪谷足以供其利，薮泽隄防足以畜[10]。故兵出，粮给而财有余；兵休，民作而畜长足[11]。此所谓任地待役之律也。

注释

①患：弊病。

②量：估量，衡量。

③草莱：荒芜之地。度（duó）：估计。

④胜：超过。

⑤务：致力，从事。开：开垦。

⑥徕：招徕。

⑦行：将。

⑧遂：顺从。淫：放纵。

⑨任：使用，利用。

⑩隄：同“堤”。

⑪作：劳作。畜（xù）：积蓄。

译文

通常君主犯的弊病是：用兵打仗时不估量军队的实力，开垦荒地时不计算土地的多少。因此有土地狭小而人口众多的情况，这是人口数量超过了土地面积；有土地广大而人口稀少的情况，这是土地面积超过了人口数量。人口数量超过了土地面积，就要致力于开垦荒地；土地面积超过了人口数量，就要致力于招徕外来人口开荒。开垦荒地、招徕外来人口，那么国力将成倍增加。人口数量超过了土地面积，那么国家取得的功绩少而且兵力也不够；土地面积超过了人口数量，那么国家的山林、湖泽出产的物资就不会被充分利用。放弃上天赐予的财物而放纵百姓游手好闲，这是君主在政治上的过失。但现在从上到下都这么做，所以百姓虽然众多但军队实力却很弱，土地虽然广阔但国家实力却很弱。因此君主治理国家利用土地的比例应该是：山地森林占据十分之一，湖泊沼泽占据十分之一，大河江流占据十分之一，城市、道路占据十分之一，薄地占据十分之二，良田占据十分之四，这些是前代帝王的明确规定。因此治理国家给百姓分配耕地的田赋数和兵役数是：五百小亩土地的税收，足以养活一个士兵，这是土地还没有充分利用。方圆百里的土地，派出士兵一万人，这个数目也小。所以，让开垦的土地足以养活那里的百姓，城乡道路足够那里的百姓居住，山林、湖泊、沼泽、河流、山谷足以供应百姓各种物资，湖泊、沼泽的堤防足以积蓄水源。所以一旦打仗，粮食能供应充足而且财力有余；不打仗时，百姓劳作而且积蓄财力长久富足。这就是以地养战的原则。

原文

今世主有地方数千里，食不足以待役实仓，而兵为邻敌，臣故为世主患之。夫地大而不垦者，与无地同；民众而不用者，与无民同。故为国之数①，务在垦草；用兵之道，务在壹赏。私利塞于外，则民务属于农②；属于农，则朴；朴，则畏令。私赏禁于下，则民力抟于敌③；抟于敌，则胜。奚以知其然也④？夫民之情，朴则生劳而易力⑤，穷则生知而权利⑥。易力则轻死而乐用，权利则畏罚而易苦⑦。易苦则地力尽，乐用则兵力尽。夫治国者，能尽地力而致民死者，名与利交至。

注释

①数：道理。

②属（zhǔ）：依托。

③抟（tuán）：聚集。

④奚：疑问副词，为何，如何。

⑤劳：劳作。易力：以出力为易。

⑥知：同“智”。权利：权衡利弊。

⑦苦：指农耕。

译文

现在君主拥有方圆数千里的土地，粮食却不足以供给士兵、装满粮仓，而军队却与邻国为敌，所以我为君主担心这件事。土地广大却不开垦，这与没有土地一样；百姓众多却不能使用，这与没有百姓一样。因此治国的道理，关键在于开垦荒地；用兵打仗的方法，关键在于统一赏赐的条件。谋求私利的途径被堵塞了，那么百姓就能专心从事农耕；专心从事农耕，那么百姓就会质朴；百姓质朴，就会畏惧法令。禁止官吏私自行赏，那么百姓的力量就会集中在对抗敌国上；百姓集中于对抗敌国，那么就一定能取胜。为什么知道会这样呢？人之常情，质朴就会劳作而不吝惜自己的力气，困窘就会产生智谋而权衡利弊。以干力气活儿为易，就会轻视死亡而乐于被君主役使，权衡利弊就会畏惧刑罚而以辛苦农耕为易。以辛苦农耕为易就能够尽力，乐于被君主役使就能最大程度发挥兵力。治国的人，能够充分使用土地，又能够让百姓为他效死，名誉和利益就都能够得到。

原文

民之性：饥而求食，劳而求佚[①]，苦则索乐，辱则求荣，此民之情也。民之求利，失礼之法；求名，失性之常。奚以论其然也？今夫盗贼上犯君上之所禁，而下失臣民之礼，故名辱而身危，犹不止者，利也。其上世之士，衣不煖肤[②]，食不满肠，苦其志意，劳其四肢，伤其五脏，而益裕广耳[③]，非生之常也[④]，而为之者，名也。故曰：名利之所凑[⑤]，则民道之。

注释

①佚：通“逸”，安逸。

②煖（nuǎn）：同“暖”。

③裕：多。

④生：同“性”，指天性、本性。

⑤凑：聚集。

译文

人的天性是：饥饿了就要寻找食物，辛苦了就渴求安逸，痛苦了就要寻找欢乐，屈辱了就寻求荣耀，这是人之常情。人追求私利，就会违背礼法；追求名誉，就会丧失天性。为什么这样说呢？现在盗贼对上违反君主的禁令，对下丧失了作为臣民应有的礼法，因此名声不好而且生命也有危险，即使这样，他们仍然不停止，这是为了利益。古代的名士，他们衣服穿不暖，食物吃不饱，磨炼自己的意志，让自己的身体劳苦，不惜伤害自己的五脏，即使这样，他们还要做更多辛苦的事，这违背正常的人性，但是他们却这样做，是因为名誉和利益。所以说：名誉和利益聚集的地方，百姓都会趋向它。

原文

主操名利之柄而能致功名者，数也。圣人审权以操柄，审数以使民。数者，臣主之术，而国之要也。故万乘失数而不危[①]，臣主失术而不乱者，未之有也。今世主欲辟地治民而不审数，臣欲尽其事而不立术。故国有不服之民，主有不令之臣[②]。

④处士：有才德而隐居不愿意做官的人。

⑤竞：强悍。

⑥剽：轻捷。

⑦缘：攀附。

⑧圜（huán）：环绕。

⑨偏：通“遍”，到处。

⑩偏：偏私。

⑪方傚：仿效。

⑫随：此处借为“堕”，毁坏。

译文

现在却不是这样。君主尽力所做的事，都不是国家的当务之急。君主有尧、舜一样的德行，但他们所建立的功绩却还不及商汤和周武王的建树，这是君主自己的过错。请让我谈谈他们的过错：治理国家舍弃统治方法而任用那些空谈的人，君主自身德行美好，但功绩却很少。所以任用喜好《诗》《书》的空谈之士，百姓就会四处游荡而轻视君主；任用有才德却隐居不做官的人，百姓就会疏远并且非议君主；任用勇士，百姓就会强悍而轻视禁令；任用手工业者，百姓就会轻浮好动，随意迁移；商人生活安逸且能够获利，任用他，百姓就会攀附他而议论君主。如果这五种人被国家任用，国家的土地就会荒芜而军队实力也会弱小。空谈之人凭借的是口才，隐士凭借的是心性高洁，勇士凭借的是勇气，手工业者凭借的是手艺，商人凭借的是自身。所以，他们四海为家，正是因为周身就是他们所凭借的资本。百姓把谋利的资本看得比自己的生命更重要，并且到处依托外国势力。携带重要的资本，依附于私家，即使是尧、舜也难以治理好国家。所以商汤、周武王禁止这种情况，因而功成名就。圣明的君主不是凭借世上容易做到的来驾驭难以做到的，而必定是凭借难以做到的来驾驭容易做到的。所以百姓愚昧，就用智谋驾驭他们；世人聪明，就用力量驾驭他们。百姓愚昧，就会以出力为易，而以技巧为难；世人有技巧，就会以智谋为易，而以出力为难。因此，神农氏教百姓耕种而称王天下，这是因为百姓要学习他的智慧；商汤、周武王强大并征服了诸侯，这是诸侯们屈服于他们的力量的缘故。现在世人有技巧而百姓放任，正是仿效商汤、周武王的时候，可是君主们却像神农氏那样行事，犯了治国的禁忌。因此有千辆兵车的大国也会混乱，这就在于君主尽力做的事情是错误的。

原文

民之生①：度而取长，称而取重，权而索利。明君慎观三者，则国治可立，而民能可得。国之所以求民者少，而民之所以避求者多。入使民属于农，出使民壹于战。故圣人之治也，多禁以止能②，任力以穷诈③。两者偏用，则境内之民壹；民壹，则农；农则朴；朴则安居而恶出。故圣人之为国也，民资藏于地，而偏托危于外④。资藏于地则朴，托危于外则惑。民入则朴，出则惑，故其农勉而战戢也⑤。民之农勉则资重，战戢则邻危。资重则不可负而逃，邻危则不归于外。无资归危外托，狂夫之所不为也。故圣人之为国也，观俗立法则治；察国事本则宜。不观时俗，不察国本，则其法立而民乱，事剧而功寡⑥。此臣之所谓过也。

注释

①生：天性，本性。

②能：能力，此指农耕以外的能力。

③穷：杜绝。

④偏：少。托：凭借。危：通“诡”，欺诈。

⑤戢（jí）：聚集。

⑥剧：繁多。

译文

人的天性是：用尺量的东西会选取长的，称重量的东西就会选取重的，权衡利害会选取对自己有利的。圣明的君主仔细地思考这三种情况，那么治理国家的方法就可以确立，而百姓的才能也可以得到利用。国家能从百姓那里索取的东西很少，但百姓用来逃避国家索求的方法却很多。对内让百姓专心务农，对外让百姓专心于作战。所以，圣明的君主统治国家，颁布很多禁令来限制百姓农战以外的才能，任用民力来杜绝诡诈行为。两种手段遍用，那么国内的百姓就会齐心协力；百姓齐心协力，就会专心务农；专心务农就会质朴；百姓质朴就会安居乐业而厌恶外出。所以圣明的君主治理国家，使百姓将用以谋生的资本寄托在土地上，而很少在外凭借欺诈安身。谋生的资本寄托在土地上，百姓就会质朴，而在外凭借欺诈安身就会感到疑惑。百姓在内质朴，在外感到疑惑，所以就会努力从事农耕而团结作战。百姓努力耕作，那么财富就会增多，作战团结一致，邻国就会很危险。财富太多就不便随身携带而出逃，邻国危险就不会去投靠。没有钱财投靠危险的外国，即使是无知妄为的人也不会这样做。因此，圣明的君主治理国家，考察民俗来确立法令就能将国家治理好；考察国情致力于根本之业就能治理得当。不观察当时的风俗，不考察国家的根本，那么国家法令即使确立，百姓也会混乱；政事繁忙而取得的功效却很少。这就是我所说的过失啊。

原文

夫刑者，所以禁邪也；而赏者，所以助禁也。羞辱劳苦者，民之所恶也；显荣佚乐者，民之所务也。故其国刑不可恶，而爵禄不足务也，此亡国之兆也。刑人复漏①，则小人辟淫而不苦刑②，则徼倖于上以利求③。显荣之门不一，则君子事势以成名。小人不避其禁，故刑烦④。君子不设其令，则罚舛。刑烦而罚行者，国多奸。则富者不能守其财，而贫者不能事其业，田荒而国贫。田荒，则民诈生；国贫，则上匮赏。故圣人之为治也，刑人无国位⑤，戮人无官任⑥。刑人有列，则君子下其位；衣锦食肉，则小人冀其利。君子下其位，则羞功；小人冀其利⑦，则伐奸⑧。故刑戮者所以止奸也，而官爵者所以劝功也。今国立爵而民羞之，设刑而民乐之。此盖法术之患也。故君子操权一正以立术⑨，立官贵爵以称之，论劳举功以任之。则是上下之称平。上下之称平，则臣得尽其力，而主得专其柄。

注释

①复：覆盖，引申为掩藏。漏：逃脱，遗漏。

②辟：邪僻，不老实。苦：惧怕。

③徼倖：侥幸。

④烦：繁多。

⑤刑人：受刑之人。

⑥戮人：受过刑罚的罪人。

⑦冀：希望。

⑧伐：夸耀。

⑨正：政。

译文

刑罚，是用来禁止奸邪的手段；奖赏，是用来辅助禁止奸邪的手段。羞辱劳苦，是百姓所憎恶的；显达荣耀、安逸快乐，是百姓所追求的。因此，如果国家的刑罚不令人害怕，而爵禄不足以吸引百姓去追求，这是亡国的征兆。如果受刑之人能被掩藏、逃脱，那么百姓就会放纵邪僻而不以刑罚为苦，对君主也会抱着侥幸心理去谋求私利。如果追求显达荣耀的途径不止一种，那么官吏就会攀附权贵来成就功名。百姓不躲避国家所禁止的，就会增加犯罪行为而导致用刑繁多。官吏不施行法令，就会导致刑罚错乱。刑罚名目繁多而且错乱，国家就会出现很多奸邪行为。那么富人就不能保有他们的财产，穷人也不能安心从事他们的本业，就会土地荒芜而国家贫困。土地荒芜，百姓就会变得诡诈；国家贫穷，君主就缺乏财物用以赏赐。因此圣明的君主治理国家，受刑之人在国家没有地位，犯过罪的人不能在朝廷担任官职。如果受过刑的人在朝廷做官，那么官吏们就会轻视自己的地位；如果犯过罪的人锦衣玉食，那么百姓们就会贪图不正当的利益。官吏轻视自己的地位，就会为忠于自己的职责而感到羞耻；百姓贪图不正当的利益，就会为自己的奸巧而自夸。所以刑罚是禁止奸邪的手段，官爵是用来鼓励人们立功的手段。现在国家设立爵位而百姓却以忠于职守为耻，设立刑罚而百姓却以犯法为荣。这是由于在法度上有弊病。因此，君主要把持权柄并统一政策来制定统治方针，封官授爵来嘉奖百姓，按照功劳大小来任用官吏。这样，上下就会平衡。上下平衡，臣子们就会为国尽力，君主也能牢牢掌握权柄。

开塞第七

原文

天地设而民生之。当此之时也，民知其母而不知其父，其道亲亲而爱私[①]。亲亲则别[②]，爱私则险[③]。民众，而以别险为务，则民乱。当此时也，民务胜而力征[④]。务胜则争，力征则讼，讼而无正，则莫得其性也[⑤]。故贤者立中正，设无私，而民说仁[⑥]。当此时也，亲亲废，上贤立矣[⑦]。凡仁者以爱利为务，而贤者以相出为道[⑧]。民众而无制，久而相出为道，则有乱。故圣人承之，作为土地、货财、男女之分。分定而无制，不可，故立禁；禁立而莫之司[⑨]，不可，故立官；官设而莫之一，不可，故立君。既立君，则上贤废而贵贵立矣[⑩]。然则上世亲亲而爱私，中世上贤而说仁，下世贵贵而尊官。上贤者以道相出也，而立君者使贤无用也。亲亲者以私为道也，而中正者使私无行也。此三者非事相反也，民道弊而所重易也，世事变而行道异也。

注释

①亲亲：爱亲人。

②别：别亲疏。

③险：邪恶。

④征：争夺。

⑤性：本心。

⑥说：同“悦”，高兴。

⑦上：通“尚”。

⑧出：推举。

⑨司：掌管。

⑩贵贵：尊重权贵。

译文

天地形成后人类就诞生了。在这个时候，人们只知道自己的母亲而不知道自己的父亲，他们的处世原则就是，爱自己的亲人而喜欢私利。爱自己的亲人就会区别亲疏，喜欢私利就会心存邪恶。百姓众多，又区别亲疏、心存邪恶，那么百姓就会混乱。在这个时候，百姓都想压制别人而尽力争夺物资。想要压制别人，就会产生争夺，尽力争夺就会发生争辩，争辩时没有一个公正的标准，那么人人都不会顺心。所以贤能的人制定了公正的标准，确立了无私的原则，因此百姓们都喜好仁爱。在这个时候，只爱自己亲人的原则被废除了，崇尚贤能的原则被确立了。凡是仁爱的人都以爱护别人、利他为本，而贤人把推举贤人当作道义。百姓众多却没有制度，长时间地以推举贤人为治理原则，就会产生混乱。所以圣人顺应了社会发展，确立了土地、财货、男女的名分。确定了名分而没有制度是不行的，因此又制定了法令；法令确立了却没有人掌管也不行，因此又设立了官职；官职设立了却没有人统一领导，这也是不行的，因此设立了君主。已经设立了君主，那么崇尚贤德的原则就被废除了，而尊重权贵的原则被确立了。这样看来，上古时代的人爱自己的亲人而喜欢私利，中古时代的人崇尚贤能而喜好仁爱，近世的人推崇权贵而尊重官吏。崇尚贤能的人按照道义推举贤人，而确立君主后，推举贤人的方法就没用了。爱自己的亲人是以自私自利为原则的，但确立公正的标准后，自私自利的原则就没用了。这三个时代，不是行事互相违背，而是社会风气变化了，人们所重视的东西变了，社会形势变了，处世原则也就不同了。

原文

故曰：王道有绳①。夫王道一端，而臣道亦一端，所道则异，而所绳则一也。故曰：民愚，则知可以王②；世知，则力可以王。民愚，则力有余而知不足；世知，则巧有余而力不足。民之生：不知则学，力尽而服。故神农教耕而王天下，师其知也；汤、武致强而征诸侯，服其力也。夫民愚，不怀知而问；世知，无余力而服。故以知王天下者并刑③，以力征诸侯者退德。

注释

①绳：准则。

②知：通“智”，智慧。

③并：通“摒”，排除。

译文

所以说：君主统治天下是有准则的。君主统治天下是一种途径，而臣子辅助君主治理天下又是一种途径，他们所行的途径不同，但他们遵循的准则却相同。所以说：百姓愚昧，那么用智慧就能称王天下；世人聪慧，那么凭借实力就能称王天下。百姓愚昧，民力虽会有余而智慧不足；世人聪明，就会智巧有余而力量不足。人的本性是：无知就要向他人学习，力量用尽了就会顺服。因此，神农氏教百姓农耕而称王天下，是因为百姓要学习他的智慧；商汤、周武王使国家实力强大而征服了诸侯，是因为诸侯屈服于他们的力量。百姓愚昧，心中没有智慧就要向他人学习；世人聪明，可是当力量用尽就会顺服。因此，用智慧称王天下的人就会摒除刑罚，用力量征服诸侯的人不用德政。

原文

圣人不法古，不修今①。法古则后于时，修今则塞于势。周不法商，夏不法虞。三代异势，而皆可以王。故兴王有道，而持之异理②。武王逆取而贵顺③，争天下而上让。其取之以力，持之以义。今世强国事兼并，弱国务力守，上不及虞、夏之时，而下不循汤、武。汤、武之道塞，故万乘莫不战，千乘莫不守。此道之塞久矣，而世主莫之能废也④，故三代不四。非明主莫有能听也，今日愿启之以效。

注释

①修：学习，遵循。

②持：守。

③逆取：周武王以诸侯的身份夺取君主之位，违背了古代的礼法，故曰“逆取”。

④废：通“发”。

译文

圣人不效法古人，也不学习今人。效法古人就会落后于时代，遵循今人就会被社会形势所限制。因此周代不效法商代，夏代不效法虞舜时代。三个朝代的时势不同，但都成就了王业。所以建立王业有一定的方法，但守护王业的方法却不相同。周武王以臣下的身份夺取君位违背了礼法，却推崇顺从君主，靠武力争夺天下，却崇尚礼让。周武王依靠武力获得天下，依靠礼制来守护天下。现在强国都致力于采取武力来兼并他国，弱国则尽力防守，远比不上虞、夏这两个时代，近又不遵循商汤、周武王的治国原则。商汤、周武王的治国之道被堵塞了，所以有万辆兵车的大国没有不征战的，有千辆兵车的国家没有不防守的。商汤、周武王的治国之道被阻塞很久了，但现在的君主没有谁能开启这一方法，所以没有出现过像夏、商、周三代那样的第四个朝代。不是圣明的君主就无法听取我的这些话，今天我想用实际效果来说明这个道理。

原文

古之民朴以厚，今之民巧以伪。故效于古者，先德而治；效于今者，前刑而法。此俗之所惑也。今世之所谓义者，将立民之所好，而废其所恶。此其所谓不义者，将立民之所恶，而废其所乐也。二者名贸实易[①]，不可不察也。立民之所乐，则民伤其所恶；立民之所恶，则民安其所乐。何以知其然也？夫民忧则思，思则出度[②]；乐则淫，淫则生佚[③]。故以刑治，则民威[④]；民威，则无奸；无奸，则民安其所乐。以义教，则民纵；民纵，则乱；乱，则民伤其所恶。吾所谓刑者，义之本也；而世所谓义者，暴之道也。夫正民者，以其所恶，必终其所好；以其所好，必败其所恶。

译文

我听说：古代的明君设置法度，百姓就没有奸邪行为；施行政事，人才自然就干练；实行赏赐，军队实力就强大。这三点是治国的根本。君主设置法度，百姓没有奸邪行为，是因为国家的法度严明而百姓认为对自己也有利。施行政事而人才干练，是因为职分明确；职分明确，百姓就会尽力，百姓尽力，人才自然就干练。施行奖赏军队就强大，是针对爵禄而言的。爵禄，是军队实质性的奖赏。因此，君主赏赐爵禄，一定要遵循公开的赏赐原则。遵循公开的赏赐原则，国家就会日益强盛；不遵循公开的赏赐原则，国家就会日益削弱。因此，爵禄赏赐所遵循的途径，是国家存亡的关键。那些弱小的国家、亡国之君，不是他们不赏赐爵禄，而是他们遵循的途径是错误的。三王五霸，他们所使用的治国方法也不过是赏赐爵禄，但获得了比他国高万倍的功效，这是由于他们遵循公开的赏赐原则。因此，贤明的君主役使臣下，一定要因功而重用他们，一定要因功而赏赐他们。论功行赏时原则明确，那么百姓就会争相为国立功。治理国家能让百姓竭尽全力而争相立功，那么军队一定会强大。

原文

同列而相臣妾者，贫富之谓也；同实而相并兼者，强弱之谓也；有地而君或强或弱者，乱治之谓也。苟有道，里地足容身，士民可致也；苟容市井，财货可聚也[①]。有土者不可以言贫，有民者不可以言弱。地诚任[②]，不患无财；民诚用，不畏强暴。德明教行，则能以民之有为己用矣。故明主者，用非其有，使非其民。明主之所贵，惟爵其实而荣显之。不荣则民不急。

列位不显[3]，则民不事爵。爵易得也，则民不贵上爵。列爵禄赏不道其门，则民不以死争位矣。人生而有好恶，故民可治也。人君不可以不审好恶。好恶者，赏罚之本也。夫人情好爵禄而恶刑罚，人君设二者以御民之志[4]，而立所欲焉。夫民力尽而爵随之；功立而赏随之。人君能使其民信于此如明日月，则兵无敌矣。

注释

①财货：财物。

②诚：确实。

③列位：指有爵位。

④御：驾驭，控制。

译文

处在同等地位却要被迫称臣，这是由于贫富不同；富裕程度相同，却被他国兼并，这是由于国家强弱不同；拥有土地且身为君主，而有的国家强大，有的国家弱小，这是政治混乱与政治清明的不同。如果统治有方，拥有方圆一里的土地足以安身，也能招致百姓和人才；即使苟且身居集市中，也可以聚积财富。拥有土地的人就不能说贫穷，拥有百姓的人就不能说弱小。土地确实被充分地利用，就不担心没有财富；百姓确实能被君主役使，就不用畏惧强大的敌人。君主品德圣明而教化得以施行，就能够让百姓为己所用。因此贤明的君主能利用的不仅仅是自己所拥有的东西，役使的不仅仅是自己的百姓。贤明君主所重视的，只是按照实际功劳赐予有功之人爵位并使他们荣耀。赏赐不令百姓感到荣耀，他们就不会急于得到赏赐。赏赐的爵位不尊贵，百姓就不会追求爵位。如果爵位很容易获得，百姓就不会看重上等爵位。分封爵位、给予俸禄经确立了，那么法令可以实施了。所以君主不能不慎重注意自身行为。离朱能够看见百步之外鸟兽身上的细小毫毛，却不能把自己的好眼力交换给别人；乌获能举起千钧重的东西，却不能将自己的大力气交换给别人。圣人自身拥有的特殊禀性，也不能交换给别人。但是可以建功立业，这是因为法治啊。

战法第十

原文

凡战法必本于政。政胜①，则其民不争。不争，则无以私意，以上为意。故王者之政，使民怯于邑斗②，而勇于寇战。民习以力攻，难，难故轻死。

注释

①胜：占优势。

②邑斗：与本邑人私斗。

译文

一般说来，军事作战策略一定要以政治为根本。政治上占有优势，百姓才不会与政府对抗。百姓不与政府对抗，就不会肆意妄逞个人意志，而是以君主的意志为意志。因此成就王业的君主的政治，使百姓害怕和乡里人打斗，而勇于和外敌作战。百姓习惯于依靠实力进攻，这是很难做到的，做到了很难做到的，所以不害怕死亡。

原文

见敌如溃[1]，溃而不止，则免[2]。故兵法："大战胜，逐北无过十里[3]。小战胜，逐北无过五里。"

注释

①溃：本意为大水冲破堤坝，引申为被打垮。

②免：不再追赶。

③北：败逃的军队。

译文

见到敌人溃败得像决堤一样，并且溃逃不止，那就不要再追赶他们了。因此兵法说："大战胜利了，追赶败军不超过十里。小战胜利了，追赶败军不超过五里。"

原文

兵起而程敌[1]。政不若者，勿与战；食不若者，勿与久；敌众勿为客[2]；敌尽不如，击之勿疑。故曰：兵大律在谨[3]，论敌察众，则胜负可先知也。

注释

①程：衡量。

②客：古代指战争中入侵的一方。

③大律：重要法则。

译文

开始作战时就要衡量敌国的实力。政治上不如敌国时，不要和对方作战；粮食供给不如敌国多时，不要和对方久战；敌军人数比我们多时，我们就不要做进攻的客军；敌国在各个方面都不如我们，就毫不犹豫地去攻打对方。所以说：用兵的重要法则在于谨慎，研究敌情、对比双方兵力的多少，那么胜负就可以提前知晓。

原文

王者之兵，胜而不骄，败而不怨。胜而不骄者，术明也；败而不怨者，知所失也。

译文

称霸天下的军队，战胜却不骄傲，战败了也不抱怨。战胜却不骄傲，是因为作战方法高明；战败却不抱怨，是因为知道了失败的原因。

原文

若敌强兵弱，将贤则胜，将不如则败。若其政出庙算者[①]，将贤亦胜，将不如亦胜。持胜术者，必强至王。若民服而听上，则国富而兵胜。行是久，必王。

注释

①庙算：由朝廷制定的作战策略。

译文

如果敌军强大而我军弱小，那么将领有能力就会获胜，将领无能就会失败。如果作战的计划出自朝廷的精心谋划，那么将领有能力也会获得胜利，将领无能也能获得胜利。掌握获胜战术的国家，一定会强大直至称王天下。如果百姓服从并听从君主的政令，那么国家就会富足，并且军队能打胜仗。这样做的话，时间长了就一定能称王天下。

原文

其过失[①]，无敌深入[②]，偕险绝塞[③]。民倦且饥渴，而复遇疾，此败道也。故将使民者，若乘良马者，不可不齐也[④]。

注释

①其：指用兵。

②无：借为“侮”，轻侮、轻视的意思。

③偝：同“背”。绝塞：度越边塞。

④齐：古“剂”字，调剂。

译文

用兵的错误，是轻敌冒进、背靠险地、越过边塞。兵士疲倦且饥渴交加，又遇到疾病流行，这是败军之道。所以将领役使士兵，就好像骑乘良马，不能不注意调剂他们的体力。

立本第十一

原文

凡用兵，胜有三等：若兵未起则错法；错法而俗成；俗成而用具[①]。此三者必行于境内，而后兵可出也。行三者，有二势[②]：一曰辅法而法行，二曰举必得而法立。故恃其众者，谓之葺[③]；恃其备饰者[④]，谓之巧[⑤]；恃誉目者[⑥]，谓之诈[⑦]。此三者恃一，因其兵可禽也[⑧]。故曰：强者必刚斗其意[⑨]，斗则力尽，力尽则备[⑩]，是故无敌于海内。治行则货积；货积则赏能重矣。赏壹则爵尊；爵尊则赏能利矣。故曰：兵生于治而异；俗生于法而万转；过势本于心而饰于备势[⑪]。三者有论[⑫]。故强可立也。是以强者必治，治者必强；富者必治，治者必富；强者必富，富者必强。故曰：治强之道三，论其本也。

注释

①用：器用。具：完备。

②势：情势。

③葺（qì）：用茅草覆盖房屋。此指徒有其众。

④备饰：战备修饰美好而不实用。

⑤巧：美丽，此言徒有其表。

⑥誉目：好名声。

⑦诈：欺骗，此言徒有其名。

⑧禽：通“擒”，擒获。

⑨刚：强健。

⑩备：无往不利。

⑪过：疑当作“运”。饰：显示。

⑫论：通“伦”，条理，秩序。

译文

但凡用兵作战，获胜有三个步骤：用兵之前就建立法度；建立法度使社会风气得以形成；社会风气形成了，那么作战所需要的一切就都具备了。这三个步骤一定要在国内都实现了，而后才能出兵作战。三个步骤要具备两个条件：其一是君主辅助推行法治，而法治得以实行，其二是君主措施得当，而法治得以确立。因此，倚仗人数众多叫作徒有其众，倚仗战备美观叫作徒有其表，倚仗虚名叫作徒有其名。这三者具备其中之一，听之任之，这样的军队就一定会被对方擒获。所以说：强大的军队一定要坚定斗志，斗志昂扬就一定会拼死作战，拼死作战就会无往不利，因此这样的军队才能无敌于天下。国家政策法令推行了，财富就会累积；财富累积起来，国家的赏赐就能丰厚。赏赐专门发给有战功的人，那么爵位就尊贵；爵位尊贵，赏赐就会产生有利的效果。因此说，军队由政治而生，又随政治的变化而变化；社会风气由法治而生，又随法度的变化而变化；出于精心考虑而运用权势，就能显示无往不胜的运势。这三个方面都有条理，那么国家强大就可以保证了。因此强大的国家必定社会稳定，社会稳定的国家必定强大；富足的国家必定社会稳定，社会稳定的国家必定富足；强大的国家必定富足，富足的国家必定强大。所以说，社会稳定、国家强大的原因有三个方面，一定要考察它的根本。

兵守第十二

原文

四战之国贵守战[1]，负海之国贵攻战。四战之国好兴兵以距四邻者[2]，国危。四邻之国一兴事[3]，而已四兴军，故曰国危。四战之国，不能以万室之邑舍钜万之军者[4]，其国危。故曰：四战之国务在守战。

注释

①四战之国：四面与他国接壤的国家。

②距：围困。

③事：战事，战争。

④舍：住宿。钜：大。

译文

四面与他国接壤的国家贵在防守，背靠大海的国家贵在进攻。四面与他国接壤的国家如果发兵进攻自己四面的邻国，那么国家就危险了。因为四面的邻国每用兵一次，自己就要用兵四次，所以说国家就危险了。四面与他国接壤的国家，如果不能有上万户居民的城邑驻守数以万计的军队，那么国家就危险了。所以说，四面与他国接壤的国家的重要任务是防御。

原文

守有城之邑，不知以死人之力与客生力战①，其城拔②。若死人之力也，客不尽夷城③，客无从入，此谓以死人之力与客生力战。城尽夷，客若有从人，则客必罢④，中人必佚矣⑤。以佚力与罢力战，此谓以生人力与客死力战。皆曰："围城之患，患无不尽死。"而亡此二者⑥，非患不足⑦，将之过也。

注释

①死人之力：指拼死作战的力量。客：指外来入侵者。生力：求生的力量。

②拔：攻下。

③夷：攻破。

④罢（pí）：同"疲"，疲惫。

⑤中人：指城中的军队。

⑥亡：通"无"。二者：指上文所言"以死人之力与客生力战"和"以佚力与罢力战"。

⑦患：弊端。

译文

守卫有城墙的城镇，不懂得用百姓拼死作战的力量和敌人的求生力量作战，那么城池一定会被攻下。如果守军拼死守卫，那么敌人就不能将城墙全部攻破，敌人就无法进入城池，这就叫用百姓拼死作战的力量和敌人的求生力量作战。城墙被全部攻破，敌人进入城内，但是他们一定极度疲惫，而城内的军队必定能以逸待劳。用以逸待劳的军队和疲惫的敌军作战，这就叫用精力充沛的力量和敌人疲倦的力量作战。因此都说："围攻城池的忧患，是担忧守军没有不拼死守卫城池的。"不是这两种情况，就并非自己实力不够，而是将领的失误。

原文

守城之道，盛力也。故曰客治簿檄①，三军之多，分以客之候车之数②。三军：壮男为一军，壮女为一军，男女之老弱者为一军，此之谓三军也。壮男之军，使盛食、厉兵③，陈而待敌。壮女之军，使盛食、负垒④，陈而待令。客至而作土以为险阻及阱格⑤。发梁撤屋⑥，给徙⑦，徙之⑧；不洽而⑨，熯之⑩，使客无得以助攻备。老弱之军，使牧牛马羊彘，草木之可食者收而食之，以获其壮男女之食。而慎使三军无相过⑪。壮男过壮女之军，则男贵女，而奸民有纵谋⑫，而国亡；喜与，其恐有蚤闻，勇民不战。壮男壮女过老弱之军，则老使壮悲，弱使强怜；悲怜在心则使勇民更虑⑬，而怯民不战。故曰：慎使三军无相过。此盛力之道。

注释

①客：通"愙（kè）"，谨也。簿檄（xí）：军中的簿册。

②客：指入侵的敌人。候车：侦察敌情的战车。

③盛（chéng）食：装好粮食。厉兵：磨利兵器。比喻做好战斗准备。

④垒：通"蔂"，笼子之类的装土的器物。

⑤作土：堆土。险阻：障碍。阱格：陷阱。

⑥发梁：摧毁桥梁。

⑦给：来得及。

⑧徙：搬走。

⑨洽：此处借作“给”，来得及。

⑩熯（hàn）：焚烧。

⑪过：访问，此处指往来。

⑫纵：乱也。

⑬虑：心思，想法。

译文

守卫城邑的基本原则，是壮大自己的力量。因此说，要仔细整理簿册，将众多士兵按照敌人侦察战车的数量进行编队。三军是指：壮年男子组成一支军队，壮年女子组成一支军队，年老体弱的人组成一支军队，这就叫三军。壮年男子组成的军队，让他们装好粮食、磨利兵器，列好阵势等待敌人进攻。壮年女子组成的军队，让她们装好粮食、背负盛土用的笼子，列好阵势等待上级的命令。敌人到了，就让她们堆积土堆作为障碍并挖好陷阱。摧毁桥梁，拆除城外的房屋，如果来得及，就将拆下的东西运进城；如果来不及，就把这些东西焚烧掉，使敌人无法使用这些东西来辅助攻城。年老体弱的人组成的军队，让他们管理好牛、马、羊、猪，将草木中可以吃的收集起来饲养这些牲畜，以便供给壮男壮女军队的食物。要注意不要让那三支军队相互来往。壮年男子去壮年女子的军队，那么男子就会爱慕女子，那些坏人就会图谋不轨，而国家就会灭亡；男女喜欢在一起，害怕有一天听到战争的消息，那么勇敢的士兵也不愿意作战了。壮年男子、壮年女子和老弱的军队来往，那么老人容易令壮年人感到悲伤，弱者容易让强者怜悯；有悲伤、怜悯的情绪，就会让勇敢的人改变心志，而胆怯的人就不敢作战了。所以说，注意让三支军队不要相互来往。这是增强防守力量的方法。

靳令第十三

原文

靳令，则治不留；法平，则吏无奸。法已定矣，不以善言害法。任功，则民少言；任善，则民多言。行治曲断①，以五里断者王，以十里断者强，宿治者削。以刑治，以赏战，求过不求善②。故法立而不革，则显。民变诛③，计变诛止。贵齐殊使④，百都之尊爵厚禄以自伐⑤。国无奸民，则都无奸市。物多末众⑥，农弛奸胜⑦，则国必削。民有余粮，使民以粟出官爵⑧，官爵必以其力，则农不怠。四寸之管无当⑨，必不满也。授官、予爵、出禄不以功，是无当也。

注释

①曲：乡曲，乡里。

②过：过错。

③变：通“辨”，明辨。诛：惩罚。

④贵齐：贵族和平民。

⑤伐：功劳。

⑥末：末业，指商业、手工业。

⑦弛：松懈。

⑧出：进。

⑨当：底。

译文

严格执行君主的法令，那么官府的政务就不会被耽误；执法公正，那么官吏就不会做奸邪的事情。法度已经确立，就不能用那些所谓仁义道德的空谈去妨害法度。任用在农耕和作战当中有功劳的人，那么百姓就会少说空话；任用那些满嘴讲仁义道德喜好空谈的人，那么百姓就会喜好空谈。处理政事要在乡里决断，能在五里之内就能决断事务的国家必定能称王天下，能在十里之内决断事务的国家一定强大，隔夜才能处理好事务的国家会被削弱。用刑罚治国，用赏赐激励百姓作战，追究百姓的过错而不追求良善。如果法度确立了而不再更改，那么就会显示出法度的地位，民众就会明辨处罚的法令，民众心中对处罚的法令弄明白了，处罚自然停止使用了。贵族和平民虽然差使不同，但各都市尊贵的爵位和优厚的俸禄都要凭各自的功劳获得。国家没有犯法的民众，那么城市里就没有违法的集市。产品数量众多，经商的人就多；农业生产松懈，邪恶的事就多，国家就会被削弱。百姓有多余的粮食，就让百姓用粮食换取官爵，官爵一定要靠自己出力多少获得，那么农民就不会懈怠。四寸长的管子如果没有底，一定总是装不满。授给官职、给予爵位、发放俸禄不依靠实际功劳，那么赏赐就像管子没有了底。

原文

国贫而务战，毒生于敌，无六虱，必强；国富而不战，偷生于内，有六虱，必弱。国以功授官予爵，此谓以盛知谋①，以盛勇战。以盛知谋，以盛勇战，其国必无敌。国以功授官予爵，

则治省言寡，此谓以治去治，以言去言。国以六虱授官予爵，则治烦言生，此谓以治致治，以言致言。则君务于说言②，官乱于治邪，邪臣有得志，有功者日退，此谓失。守十者乱③，守壹者治。法已定矣，而好用六虱者亡。民毕农，则国富。六虱不用，则兵民毕竟劝而乐为主用④，其竟内之民争以为荣，莫以为辱。其次，为赏劝罚沮⑤。其下，民恶之、忧之、羞之。修容而以言，耻食以上交⑥，以避农战，外交以备，国之危也。有饥寒死亡，不为利禄之故战，此亡国之俗也。

注释

①盛：众多。

②务：通“瞀”，眩惑。

③十者：指《去强》篇所言“国有十者”，即儒家仁义思想。

④竟：争相。劝：鼓励。

⑤沮：止，阻止。

⑥上交：地位低的人与地位高的人结交。这里指同君主交往，被君主任用。

译文

国家贫穷却致力于作战，把国家的危害转嫁给敌国，这样国家就没有六种虱害，国家必定强大；国家富足却不作战，国内百姓就会怠惰，这样就会产生六种虱害，国家必定弱小。国家按照功劳来授予官职、给予爵位，这就叫用众人的智慧来谋划，用众人的勇力来作战。用众人的智慧来谋划，用众人的勇力来作战，这样的国家一定会天下无敌。国家按照功劳来授予官职、给予爵位，那么政务就会减省，空谈就会减少，这就叫用政务去除政务，用空谈去除空谈。国家按照六种虱害授予官职、给予爵位，那么政务就会繁多，就会产生空谈，这就叫用政务招致政务，用空谈招致空谈。君主被空谈迷惑，官吏被奸邪的政治风气扰乱，奸邪的臣子就得逞了，功臣则日益被排挤出去，这就是治理国家的过失。君主坚守儒家的仁义道德就会使国家混乱，坚守农战政策就会使国家安定。法度已经确定，却又喜好任用六种虱害的国家就会灭亡。百姓都选择务农，那么国家就会富足。六种虱害不被任用，那么百姓和士兵都争相鼓励而愿意被君主任用，国内的百姓争相以从事农战为荣，没有人认为这样做是耻辱的。稍微差一点儿的情况是，百姓被赏赐所鼓励，被刑罚所阻止。再差一点儿的情况是，百姓厌恶农战，为从事农战而担忧，认为这样做是耻辱的。他们修饰自己的外表而四处游说，以被君主任用拿俸禄为耻辱，因此他们躲避农战，同外国势力交往，这样国家就危险了。有人宁愿挨饿冻死，也不愿意为利禄而战，这是亡国的风气啊。

原文

六虱：曰礼、乐，曰《诗》、《书》，曰修善[①]，曰孝弟，曰诚信，曰贞廉[②]，曰仁、义，曰非兵[③]，曰羞战[④]。国有十二者，上无使农战，必贫至削。十二者成群，此谓君之治不胜其臣，官之治不胜其民，此谓六虱胜其政也。十二者成朴[⑤]，必削。是故，兴国不用十二者，故其国多力，而天下莫能犯也。兵出，必取；取，必能有之。按兵而不攻，必富。朝廷之吏，少者不毁也[⑥]，多者不损也。效功而取官爵，虽有辩言，不能以相先也，此谓以数治[⑦]。以力攻者，出一取十；以言攻者，出十亡百。国好力，此谓以难攻；国好言，此谓以易攻。

注释

①修：美好，贤良。

②贞廉：正直廉洁。

③非兵：反对武力。

④羞战：以战争为耻。

⑤朴：根源。

⑥毂（bǐ）：此处借作“埤”，增加。

⑦数：定数。

译文

六种虱害：是礼、乐，是《诗》《书》，是善良、孝悌，是诚信、廉洁，是仁、义，是反对武力、以战争为耻。国家有这十二种东西，君主就无法让百姓从事农战，国家就一定会贫困以至于被削弱。如果有这十二种思想的人结成群，这就叫作君主的统治不能制服臣下，官吏的统治不能制服百姓，这就叫作六种虱害压制了国家政治。这十二种思想如果生了根，国家一定会被削弱。因此，兴盛的国家不使用这十二种思想治理国家，所以国家的实力雄厚，天下各国没有敢进犯它的。出兵作战就一定能夺取土地，夺取了土地必定能占有它。假如按兵不动，不去进攻他国也必定会富足。朝廷的官吏，应当少的不会增加，应当多的不会减少。有功绩就能获取官爵，即使有能言善辩的人，也不能因为这样而比别人优先，这就叫作治理国家有定法。依靠自己的实力去进攻别的国家，花一分力气能取得十倍收益；依靠空谈去进攻别的国家，花十分力气会损失百倍的利益。国家崇尚实力，这就叫用别人难以得到的东西去进攻别的国家；国家崇尚空谈，这就叫用容易得到的东西去进攻别的国家。

原文

重刑少赏，上爱民，民死赏。重赏轻刑，上不爱民，民不死赏。利出一空者其国无敌[①]，利出二空者其国半利，利出十空者其国不守。重刑，明大制；不明者，六虱也。六虱成群，则民不用。是故，兴国罚行则民亲；赏行则民利。行罚，重其轻者，轻者不至，重者不来。此谓以刑去刑，刑去事成。罪重刑轻，刑至事生。此谓以刑致刑，其国必削。

注释

①空：通“孔”，指途径。

译文

刑罚重而不滥加赏赐，这是君主爱护百姓，百姓会为了赏赐而效死。滥加赏赐而减轻刑罚，这是君主不爱护百姓，百姓也不会为了赏赐而效死。爵位利禄从一种途径而来，国家会无敌于天下；爵位利禄从两种途径而来，国家只能获得一半的好处；爵位利禄从十种途径而来，国家就难以自保了。刑罚重，可以申明重要的法度；法度不严明，是因为有六种虱害。六种虱害庞大成群，那么百姓就不能被君主役使。因此，兴盛的国家使用刑罚，百姓就亲近君主；实行赏赐，百姓就能被君主利用。实行刑罚，轻的罪行实施重的刑罚，那么轻罪就不会产生，重罪也就不会出现。这就用刑罚杜绝犯罪，最后不需要使用刑罚而大业可成。重的罪行实施轻的刑罚，虽然经常使用刑罚，但犯罪行为依然不断发生。这叫用刑罚招致犯罪，这样的国家必定会被削弱。

原文

圣君知物之要，故其治民有至要，故执赏罚以辅壹教①，仁者，心之续也②。圣君之治人也，必得其心，故能用其力。力生强，强生威，威生德，德生于力。圣君独有之，故能述仁义于天下③。

注释

①壹教：一贯的方针，指农战政策。

②续：连接。

③述：古通“遂”，成功推行。

译文

圣明的君主懂得掌握事物的要领，所以他治理百姓有最关键的要领，因此他们掌握赏罚来辅助引导百姓专一从事农耕和作战。仁，是上下民心的连接。圣明的君主治理百姓，一定要让百姓心悦诚服，所以能役使百姓的力量。力量能产生强大，强大能产生威势，威势能产生恩德，所以说恩德产生于力量。只有圣明的君主才明白这一点，所以能在天下成功推行仁义。

修权第十四

原文

国之所以治者三：一曰法，二曰信，三曰权。法者，君臣之所共操也；信者，君臣之所共立也；权者，君之所独制也。人主失守则危。君臣释法任私，必乱。故立法明分①，而不以私害法，则治。权制独断于君则威。民信其赏，则事功成；信其刑，则奸无端②。惟明主爱权重信，而不以私害法。故上多惠言而不克其赏③，则下不用；数加严令而不致其刑④，则民傲死⑤。凡赏者，文也；刑者，武也。文武者，法之约也⑥。故明主任法。明主不蔽之谓明，不欺之谓察。故赏厚而信，刑重而威必。不失疏远，不违亲近⑦。故臣不蔽主，而下不欺上。

注释

①分：职分。

②端：端由。

③克：能。

④致其刑：使用刑罚。

⑤傲死：倨傲而轻视死亡。

⑥约：纲领。

⑦违：避。

译文

国家之所以能治理好，有三个因素：一是法度，二是信用，三是权力。法度，是君臣共同执掌的；信用，是君臣共同建立的；权力，是君主独自掌握的。君主失去权力就会面临危险。君主和臣子抛开法度不用而放任私欲，国家必定混乱。因此确立法度，明确职分，不因私欲妨害法度，国家就会安定。君主独自把持权柄就能树立权威。百姓相信君主的赏赐，那么功业就能建立；百姓相信君主的惩罚，那么犯罪就无由发生。只有贤明的君主才珍惜权力、重视信用，不以私欲妨害公法。因此君主多次许诺赏赐却不能兑现，那么臣下就不愿意被他役使；多次颁布严厉的法令却不执行刑罚，那么百姓就会倨傲而轻视死亡。但凡赏赐，都是文治；惩罚，都是武治。奖赏与刑罚，是法律的纲领。因此贤明的君主实施法治。贤明的君主不被蒙蔽就叫作贤明，不被欺骗就叫作明察。因此厚赏树立了威信，重罚成就了威势。赏赐不遗漏关系疏远的人，惩罚不回避关系亲近的人。因此臣下就不会蒙蔽君主，百姓不会欺骗君主。

原文

世之为治者，多释法而任私议，此国之所以乱也。先王县权衡[①]，立尺寸，而至今法之，其分明也。夫释权衡而断轻重，废尺寸而意长短[②]，虽察，商贾不用，为其不必也。故法者，国之权衡也。夫倍法度而任私议[③]，皆不知类者也[④]。不以法论知、罢、贤、不肖者[⑤]，惟尧，而世不尽为尧。是故先王知自议誉私之不可任也，故立法明分，中程者赏之[⑥]，毁公者诛之。赏诛之法不失其议[⑦]，故民不争。授官予爵不以其劳，则忠臣不进；行赏赋禄不称其功[⑧]，则战士不用。

注释

①县：古“悬”字。权衡：称量物体轻重的器具。权，秤砣。衡，秤杆。

②意：料想，揣测。

③倍：古同“背”，违背。

④类：事理。

⑤罢：能力弱。

⑥程：法式，规章。

⑦议：此处借作“仪”，标准，准则。

⑧赋：授，给予。

译文

世上治理国家的人，大多数都抛弃法度而听任个人的主张，这是国家之所以混乱的原因。先王设置权衡，确立了尺和寸的丈量标准，到现在还效法沿用，是因为度量的标准明确。假如抛弃权衡而判断轻重，废除尺寸而揣测长短，即使估量得准确，商人也不会使用这种方法，因为不会次次都准确无误。所以法度，是国家的权衡。违背法度而听任个人主张，都是不懂事理。不依靠法度就能分辨人是聪明还是愚笨，是贤明还是无能的，只有尧能做到，但世上并非人人都是尧。因此先王知道评价自己、称赞他人的人不能任用，所以确立法度、明确职分，符合规章的就赏赐他，危害国家的就惩罚他。赏赐和惩罚的法度不失其标准，所以百姓就不会有争议。给予爵位不按照功劳大小，那么忠臣就不会被进用；实行赏赐、给予爵禄不与战功相当，那么战士就不会被役使。

原文

凡人臣之事君也，多以主所好事君。君好法，则臣以法事君；君好言，则臣以言事君。君好法，则端直之士在前；君好言，则毁誉之臣在侧。公私之分明，则小人不疾贤，而不肖者不妒功。故尧、舜之位天下也[①]，非私天下之利也，为天下位天下也。论贤举能而传焉，非疏父子亲越人也[②]，明于治乱之道也。故三王以义亲天下，五霸以法正诸侯，皆非私天下之利也，为天下治天下。是故擅其名而有其功[③]，天下乐其政，而莫之能伤也。今乱世之君臣，区区然皆擅一国之利而管一官之重[④]，以便其私，此国之所以危也。故公私之交，存亡之本也。

注释

①位天下：居天下之高位，指统治天下。

②越人：外人。

③擅：占有，据有。

④区区然：形容人自得的样子。

译文

但凡臣子侍奉君主，大多投君主之所好。君主喜好法度，那么臣子就以法度侍奉君主；君主爱听好话，臣子就以美言侍奉君主。君主喜好法度，那么正直之士就会聚集在身边；君主爱听好话，那么佞臣就会聚集在君主身边。公私界限分明，小人就不会忌妒贤才，无能之辈也不会忌妒功臣。因此尧、舜统治天下，不是将天下据为己有，而是为了天下百姓治理天下。选贤任能并传位给他，不是疏远父子亲情而亲近外人，而是明白治理国家的道理。因此三王依靠仁义得天下，五霸依靠法度匡正诸侯，他们都不是以天下为一己私利，而是为了天下百姓治理天下。因此他们独得美名又能建功立业，天下的百姓都以他们的统治为快乐，而没有人能诋毁、中伤他们。当今乱世的君臣，他们得意于独占一国之利而独擅一官之权，来满足自己的私欲，这是国家之所以危险的原因。所以公私是否分明，是国家存亡的根本。

原文

夫废法度而好私议，则奸臣鬻权以约禄[①]，秩官之吏隐下而渔民[②]。谚曰："蠹众而木析[③]；隙大而墙坏。"故大臣争于私而不顾其民，则下离上。下离上者，国之隙也。秩官之吏隐下以渔百姓，此民之蠹也。故有隙、蠹而不亡者，天下鲜矣。是故明王任法去私，而国无隙、蠹矣。

注释

①鬻（yù）：卖。约：求取。

②秩官：小官。

③蠹（dù）：蛀虫。

译文

废弃法度而喜好私议，那么奸臣就会卖官去求取钱财利益，而小官就会隐瞒下情鱼肉百姓。谚语说："蛀虫众多，大树就会折断；缝隙大了，墙壁就会坍塌。"因此大臣们争相谋取私利而不顾百姓，那么百姓就会远离君主。百姓远离君主，这是国家已经产生了裂痕啊。小官吏隐瞒下情鱼肉百姓，这就是百姓的"蛀虫"。而有了"蛀虫""裂隙"而不灭亡的国家，天下很少见到。所以贤明的君主执行法令摒去私利，国家就不会有"蛀虫""缝隙"了。

徕民[1]第十五

原文

地方百里者，山陵处什一，薮泽处什一，溪谷流水处什一，都邑蹊道处什一，恶田处什二，良田处什四。以此食作夫五万[2]。其山陵、薮泽、溪谷可以给其材，都邑蹊道足以处其民，先王制土分民之律也。

注释

①徕民：招徕民众。

②作夫：耕作之夫，农民。

译文

方圆百里的地方，山丘、高陵占国土的十分之一，湖泊、沼泽占国土的十分之一，山谷、河流占国土的十分之一，城镇、道路占国土的十分之一，薄田占国土的十分之二，良田占国土的十分之四。用这些可以养活约五万个农民。其中的山丘、高陵、湖泊、沼泽、山谷、河流可以提供各种生活物资，城镇道路足够安置百姓居住，这就是先代的君主制定的规划土地、分配人口的原则。

原文

今秦之地方千里者五[①]，而谷土不能处二，田数不满百万[②]，其薮泽、溪谷、名山、大川之材物货宝又不尽为用，此人不称土也[③]。秦之所与邻者三晋也[④]；所欲用兵者，韩、魏也。彼土狭而民众，其宅参居而并处。其寡萌贾息民[⑤]，上无通名[⑥]，下无田宅，而恃奸务末作以处。人之复阴阳泽水者过半[⑦]。此其土之不足以生其民也，似有过秦民之不足以实其土也。意民之情，其所欲者田宅也。而晋之无有也信，秦之有余也必。如此而民不西者，秦士戚而民苦也[⑧]。臣窃以王吏之明为过见。此其所以不夺三晋民者[⑨]，爱爵而重复也[⑩]。其说曰："三晋之所以弱者，其民务乐而复爵轻也。秦之所以强者，其民务苦而复爵重也。今多爵而久复，是释秦之所以强，而为三晋之所以弱也。"此王吏重爵、爱复之说也，而臣窃以为不然。夫所以为苦民而强兵者，将以攻敌而成所欲也。兵法曰："敌弱而兵强。"此言不失吾所以攻，而敌失其所守也。今三晋不胜秦，四世矣。自魏襄以来[⑪]，野战不胜，守城必拔，小大之战，三晋之所亡于秦者，不可胜数也。若此而不服，秦能取其地，而不能夺其民也。

注释

①方：古代田地面积单位。

②田：古代田地面积单位。

③称：相当，符合。

④三晋：指赵、魏、韩三国。春秋末年，赵、魏、韩三家分晋，故称三晋。

⑤寡萌：小民。萌，通“氓”，黎民。贾息：经商求利。

⑥通名：爵位。

⑦复：地窖，地室。

⑧戚：忧愁，悲伤。

⑨夺：争取到。

⑩重：看重，舍不得。复：免除徭役赋税。

⑪魏襄：魏襄王，姬姓，魏惠王之子。公元前318—前296年在位。

译文

现在秦国方圆千里的地方有五处，可是种庄稼的土地还占不到国土的十分之二，田地数量不到一百万，湖泊沼泽、山谷河流、名山大川中的物资与财宝又不能被充分利用，这就是人口没有和土地相称啊。与秦相邻的国家是春秋末期三家分晋后的韩、赵、魏三国；秦国想要用兵攻打的是韩国和魏国。这两个国家土地狭小、人口众多，百姓的房屋错杂聚集在一起。百姓大都通过经商获利来谋生，上无官职爵位，下无土地和房屋，只能靠耍奸欺诈的手段从事工商业来维持生活。百姓在山坡两侧和靠近湖泽的低洼处挖洞居住的超过半数。这是因为他们国家的土地不足以供养其百姓生存，似乎超过了秦国百姓不够用来充实他们的国土的程度。我们揣测百姓的心情，他们所向往的东西是土地和房屋。可是三晋匮乏是实情，而秦国富足有余也是实情。即使这样，韩、赵、魏三国的百姓也不愿意西迁到秦国来，是因为秦的士人阶层忧愁而百姓劳苦。我个人认为，所谓的大王的官吏高明是错误的见解。他们之所以不去争取三晋的百姓，是因为吝惜爵位和舍不得免除徭役赋税。他们认为：“三晋之所以弱小，是由于三晋的百姓追求安乐，而朝廷又轻易免除他们的徭役赋税、给予爵位。秦国之所以强大，是由于秦国人民甘愿劳苦，而朝廷又不轻易免除他们的徭役赋税、给予爵位。如果我们也多给百姓爵位，长久免除征收徭役赋税，就是放弃了秦国之所以强大的方法，而使用三晋之所以弱小的方法。”这就是大王的官吏吝惜爵位、舍不得免除徭役赋税的说辞，而我个人认为不是这样的。我们之所以让百姓劳苦而加强军队实力，是为了攻打敌国，实现自己的愿望。兵法说：“敌国兵力衰弱了，我们兵力自然就强大了。”这是说我们没有丧失进攻的能力，而敌人却丧失了防守的能力。现在三晋无法战胜秦国，已经经历四代君主了。自魏襄王以来，他们在野外作战打不过秦国，守卫的城池必定能被秦国攻下，大大小小的战役，三晋败给秦国的次数，数不过来。像这样，他们还不臣服，是由于秦国仅能取得他们的土地，却不能夺去他们的百姓。

原文

今王发明惠①，诸侯之士来归义者，今使复之三世，无知军事。秦四竟之内陵阪丘隰②，不起十年征③，者于律也④。足以造作夫百万⑤。曩者臣言曰⑥：“意民之情，其所欲者田宅也，晋之无有也信，秦之有余也必。若此而民不西者，秦士戚而民苦也⑦。”今利其田宅，而复之三世，此必与其所欲而不使行其所恶也。然则山东之民无不西者矣，且惠之谓也⑧。不然，夫实圹虚⑨，出天宝⑩，而百万事本⑪，其所益多也，其徒不失其所以攻乎？

注释

①明惠：大的恩惠。

②阪（bǎn）：山坡。隰（xí）：洼地，低湿之地。

③征：指征收赋税。

④者：通“著”，著录，书写。

⑤造：招徕。

⑥曩（nǎng）者：从前，以往。

⑦戚：忧愁。

⑧且（cú）悳：同“徂德”，即归德，因德而使百姓归附。且，通“徂”，往也。悳：“德”的古字。

⑨圹：空地。

⑩天宝：天然的宝物。此处指地产。

⑪本：本业，指农业。

译文

现在大王发布的优惠政策，凡是从其他诸侯国来归附的人，马上免除他们三代的徭役赋税，不用参加作战。秦国国境之内的山丘、坡地、洼地，十年不征收赋税，并把这些都写进法律。这样做足以招徕上百万农夫。以前我曾说：“揣测百姓的心思，他们所向往的是土地和住宅，可是三晋匮乏是实情，秦国富足有余也是实情。即使这样，韩、赵、魏三国的民众也不愿意西迁到秦国来，是因为秦国的士人阶层忧愁而百姓劳苦。”现在赐给他们田地和住宅，又免除他们三代的徭役赋税，这就是满足他们的愿望，又不让他们做所憎恶的事。这样的话，崤山以东的百姓没有不西迁入秦国的，这就是因德而使百姓归附啊。如果不是这样，从各国来的百姓充实了荒芜的土地，使那里土地有所产出，百万人从事农业生产，这样做的好处太多了，仅仅是不丧失进攻的能力吗？

原文

夫秦之所患者，兴兵而伐，则国家贫；安居而农，则敌得休息。此王所不能两成也。故三世战胜，而天下不服。今以故秦事敌，而使新民作本，兵虽百宿于外，竟内不失须臾之时[①]，此富强两成之效也。臣之所谓兵者，非谓悉兴尽起也，论竟内所能给军卒车骑。令故秦民事兵，新民给刍食[②]。天下有不服之国，则王以此春违其农[③]，夏食其食，秋取其刈[④]，冬冻其葆[⑤]，以《大武》摇其本[⑥]，以《广文》安其嗣[⑦]。王行此，十年之内，诸侯将无异民，而王何为爱爵而重复乎[⑧]？

注释

①须臾：片刻。

②刍（chú）食：粮草。

③违其农：违其农时，不让其按时耕种。

④刈（yì）：收割的庄稼。

⑤葆：聚藏，指储存的物资。

⑥《大武》：《逸周书》中的篇章。“春违其农”诸句皆出于此篇。

⑦《广文》：《逸周书》中的《允文》篇。

⑧爱：吝惜。

译文

秦国所担忧的，是出兵去征伐他国，本国就会贫穷；安居务农，敌人就得到休养生息。这就是大王所不能两全其美的事。过去三代的君主都打了胜仗，可天下的诸侯国却不顺服。现在用秦国原有的百姓作战，而让新来的百姓从事农业生产，军队即使驻扎境外上百天，国内也不会有片刻耽误农时，这就是富国强兵的两全其美的效果。我所说的用兵，不是要全部发动尽数使用，而是要根据国内所能供给军队的士兵、马匹和车辆来用兵。让秦国原有的百姓去作战，让新来的百姓供给粮草。天下如果有不臣服的诸侯国，那么大王就用这些军队在春天搅扰他们耕种田地，夏天去吃掉他们所储藏的粮食，秋天夺取他们收割的庄稼，冬天冰冻他们储存的物资，用《大武》篇所说的动摇他们的根本，用《允文》篇所说的安抚他们的后代。大王如果这么做，十年之内，其他各诸侯国中将没有不和秦国同一条心的百姓，那么大王为什么还要吝惜爵位，舍不得免除徭役赋税呢？

原文

周军之胜[①]，华军之胜[②]，秦斩首而东之。东之无益，亦明矣，而吏犹以为大功，为其损敌也。今以草茅之地，徕三晋之民而使之事本，此其损敌也，与战胜同实。而秦得之以为粟，此反行两登之计也[③]。且周军之胜、华军之胜、长平之胜[④]，秦所亡民者几何？民客之兵不得事本者几何？臣窃以为不可数矣。假使王之群臣，有能用之，费此之半，弱晋强秦，若三战之胜者，王必加大赏焉。今臣之所言，民无一日之繇[⑤]，官无数钱之费，其弱晋强秦，有过三战之胜，而王犹以为不可，则臣愚不能知已。

注释

①周军之胜：即伊阙之战，周赧王二十二年（公元前293年），秦国大将白起率军在伊阙（今河南洛阳龙门）大破韩、魏联军，夺取魏城数座及韩国安邑以东大部分地区。

②华军之胜：即华阳之战。周赧王四十二年（公元前273年），白起大破魏、赵联军于华阳（今河南上蔡），斩首十五万。此役是秦国“示天下要（腰）断山东之脊”（《战国策·魏策》）的一次成功尝试。

③两登：两得，两成。登，通“得”，取得，获得。

④长平之胜：公元前260年，白起率军攻赵，大破赵军于长平（今山西高平西北），全歼赵军四十五万，使赵国元气大伤，再无力与秦国抗衡。

⑤繇：同“徭”，徭役。

译文

伊阙之战和华阳之战的胜利，秦国军队斩获颇多并且又向东挺进。向东进攻没有什么好处是很明显的，而官吏们还认为能建立伟大的功业，因为这样能损伤敌国。现在我们凭借长满荒草的土地招徕三晋的百姓，让他们从事农业生产，这样也是损伤了敌人，同战胜敌人有相同的效果。而秦国得到他们的百姓而让他们生产粮食，这是从反面行事又能在军事和生产两方面一举两得的妙计。况且伊阙之战、华阳之战、长平之战中的胜利，秦国损失了多少百姓啊？秦国的百姓在外征战而不能从事农业生产的又有多少呢？我个人认为数不胜数了。如果大王的臣子中，有能够使用这些兵力，只耗费这些兵力的一半，就能削弱三晋的实力而让秦国的实力强大，取得像三次战役一样胜利的人，大王一定会重重奖赏他。现在我所说的办法，百姓不需要服一天的徭役，官府不需要花费多少钱财，就能削弱三晋的实力而使秦国强大，远远超过那三次战役的胜利，而大王却还是认为不可行，那么我实在愚笨，对此感到无法理解。

原文

齐人有东郭敞者，犹多愿，愿有万金。其徒请赒焉①，不与，曰："吾将以求封也②。"其徒怒而去之宋③。曰："此爱于无也④，故不如以先与之有也⑤。"今晋有民，而秦爱其复，此爱非其有以失其有也，岂异东郭敞之爱非其有以亡其徒乎？且古有尧、舜，当时而见称；中世有汤、武，在位而民服。此四王者万世之所称也，以为圣王也，然其道犹不能取用于后。今复之三世，而三晋之民可尽也。是非王贤立今时，而使后世为王用乎？然则非圣别说，而听圣人难也。

注释

①赒（zhōu）：救济，接济。

②求封：求取爵位。

③去：离开。之：前往。

④无：还没有得到的东西。

⑤有：已经拥有的东西。

译文

有个叫东郭敞的齐国人，贪欲非常大，希望自己能拥有万金。他的徒弟请求救济，他不给，说："我打算用这万金求取爵位。"他的徒弟很生气，就离开他去宋国了。有人说：“这个人吝惜还没有得到的东西，倒不如把已经拥有的东西先给他的徒弟。”现在三晋有百姓，而秦国却还吝惜免除徭役赋税，这也是吝惜还没有得到的东西，而失去了原本可以得到的东西，这和东郭敞吝惜没有得到的爵位而失去自己的徒弟有什么不同呢？况且上古的时候有尧、舜，在当时就被人们所称道；中古的时候有商汤、周武王，他们在位时百姓都很顺服。这四位帝王世世代代都受到百姓的称赞，被视为圣明的帝王，但是他们治国的方法却还是不能被后代的帝王使用。现在免除三代的徭役赋税，那么三晋的百姓就能全被招徕了。这不是以大王现在的贤明，而让三晋百姓的后代为大王效力吗？那么看来，不是圣人的说法特别，而是听从圣人的教导很难啊。

刑约第十六

本篇已亡佚。

赏刑第十七

原文

圣人之为国也，壹赏，壹刑，壹教。壹赏，则兵无敌；壹刑，则令行；壹教，则下听上。夫明赏不费，明刑不戮，明教不变，而民知于民务，国无异俗。明赏之尤至于无赏也①，明刑之尤至于无刑也，明教之尤至于无教也。

注释

①尤：极致，最。

译文

圣人治理国家，统一奖赏，统一刑罚，统一教化。统一奖赏，那么军队就会天下无敌；统一刑罚，那么君主的命令就能执行；统一教化，那么百姓就会听从君主的役使。奖赏得当就不会浪费财物，刑罚严明也不是任意杀戮，教化修明不会随意改变风俗，百姓知道自己该做什么，国家也没有异样有害的风俗。奖赏得当的极致是达到可以不用奖赏的境界，刑罚严明的极致是达到可以不用刑罚的境界，教化修明的极致是达到可以不用教化的境界。

原文

所谓壹赏者，利禄官爵抟出于兵[1]，无有异施也。夫固知愚、贵贱、勇怯、贤不肖[2]，皆尽其胸臆之知，竭其股肱之力，出死而为上用也。天下豪杰贤良从之如流水。是故兵无敌而令行于天下。万乘之国不敢苏其兵中原[3]，千乘之国不敢捍城[4]。万乘之国，若有苏其兵中原者，战将覆其军；千乘之国，若有捍城者，攻将凌其城[5]。战必覆人之军，攻必凌人之城，尽城而有之，尽宾而致之[6]。虽厚庆赏，何费匮之有矣[7]？昔汤封于赞茅[8]，文王封于岐周[9]，方百里。汤与桀战于鸣条之野[10]，武王与纣战于牧野之中[11]，大破九军，卒裂土封诸侯。士卒坐陈者[12]，里有书社[13]。车休息不乘，从马华山之阳[14]，从牛于农泽[15]，从之老而不收[16]。此汤、武之赏也。故曰：赞茅、岐周之粟，以赏天下之人，不人得一升；以其钱赏天下之人，不人得一钱。故曰：百里之君而封侯其臣，大其旧；自士卒坐陈者，里有书社。赏之所加，宽于牛马者，何也？善因天下之货，以赏天下之人。故曰：明赏不费。汤、武既破桀、纣，海内无害，天下大定。筑五库[17]，藏五兵[18]，偃武事[19]，行文教。倒载干戈[20]，搢笏[21]，作为乐以申其德。当此时也，赏禄不行，而民整齐。故曰：明赏之犹至于无赏也。

注释

①抟（zhuān）：同“专”，专一，集中。

②固：同“故”。

③苏：通“傃”，朝向。

④捍：护卫。

⑤凌：升，登上。

⑥宾：宾服。

⑦匮：匮乏。

⑧赞茅：汤早期的封地，一说在今河南修武境内，一说在今山东菏泽境内。

⑨封：建国。岐周：地名。在今陕西岐山境内，周朝建国于此，故称。

⑩鸣条：地名。一说在今山西夏县，一说在今河南洛阳，一说在河南封丘。鸣条之战是商灭夏的战争中取得决定性胜利的一次战役。

⑪牧野：地名，在今河南新乡境内。牧野之战是武王伐纣的战争中取得决定性胜利的一次战役。

⑫坐陈：临阵，参战。陈，通“阵”。

⑬书社：古代二十五家为一社，把社内人名登录簿册，故曰“书社”。

⑭从：通“纵”，放。

⑮农泽：地名，其址不详。

⑯收：收回。

⑰五库：指车库、兵库、祭器库、乐库和宴器库。见《初学记》卷二十四引蔡邕《月令章句》。

⑱五兵：指弓、矢、殳、矛、戈五种兵器，后泛指各种兵器。

⑲偃：停止。

⑳倒载干戈：即“倒置干戈”，比喻战争结束。

㉑搢笏：古代大臣朝见天子，插笏板于腰上。

译文

所说的统一奖赏，就是指利禄官爵都来自战功，没有其他途径的赏赐。因此无论是聪慧还是愚昧、富贵还是低贱、勇敢还是怯懦、贤能还是无能的人，他们都用自己全部的智慧，竭尽自己全力，拼死为君主效力。天下的英雄豪杰追随君主，就好比流水往低处流一样。因此军队无敌而君主的政令得以在天下实行。即使拥有万辆兵车的国家，也不敢在野外迎战他的军队，拥有千辆兵车的国家，不敢守卫自己的城池。拥有万辆兵车的国家，如果有敢在野外向他的军队迎战的，一旦打起来就会全军覆没；拥有千辆兵车的小国，如果有敢防守自己的城池的，一旦敌人进攻城池就会被攻下。一开战就会消灭别人的军队，一进攻就会占领别人的城池，那么所有的城池都能占领，天下所有的诸侯都会宾服来朝。这样，即使给出的赏赐丰厚，财物怎么会有不足呢？从前商汤在赞茅建立国家，周文王在岐山下的周原建立国家，方圆也只有百里。商汤与夏桀在鸣条的原野上开战，周武王与商纣王在牧野地区交战，他们打败了天子和诸侯的军队，最后都划分了土地，分封了诸侯。凡是参战的士兵，回到家乡后都会被登记在簿册上。兵车停放一旁不再乘坐，到华山的南坡上放马，将牛放到农泽一带的地里，直到老死也不收回来。这就是商汤和周武王的赏赐啊。所以说：赞茅、岐周的粮食，用来赏赐给天下的人，每个人还分不到一升；用赞茅、岐周的钱赏赐给天下的人，每个人还分不到一文钱。所以说：拥有方圆百里土地的君主，却能封自己的大臣为诸侯，这些大臣的封地比他们原有的土地还要大；参加作战的士兵，回到家乡后都会被登记在簿册上。他们的奖赏所及，甚至包括牛和马，这是为什么呢？是因为他们善于借助天下的财物，来赏赐天下的百姓。所以说：赏赐得当并不会浪费财物。商汤、周武王已经攻破了夏桀、商纣王，四海之内没有什么危害，天下十分太平。他们修建了各种专门的仓库，把各种兵器都储藏起来，停止战争，实行文教。将兵器倒置放在车上，诸侯朝见天子，又创制了乐曲来彰显自己的功德。在这个时候，奖赏和利禄都不实行，可是百姓却安定而有秩序。所以说：赏赐运用得当的最高境界，就是不用赏赐。

原文

所谓壹刑者，刑无等级，自卿相、将军以至大夫、庶人，有不从王令、犯国禁、乱上制者，罪死不赦。有功于前，有败于后，不为损刑[①]。有善于前，有过于后，不为亏法[②]。忠臣孝子有过，必以其数断[③]。守法守职之吏有不行王法者，罪死不赦，刑及三族[④]。同官之人[⑤]，知而讦之上者[⑥]，自免于罪，无贵贱，尸袭其官长之官爵田禄[⑦]。故曰：重刑，连其罪，则民不敢试。民不敢试，故无刑也。夫先王之禁，刺杀，断人之足，黥人之面[⑧]，非求伤民也，以禁奸止过也。故禁奸止过，莫若重刑。刑重而必得，则民不敢试，故国无刑民。国无刑民，故曰：明刑不戮。晋文公将欲明刑以亲百姓，于是合诸卿大夫于侍千宫[⑨]，颠颉后至[⑩]，吏请其罪，君曰："用事焉。"吏遂断颠颉之脊以殉[⑪]。晋国之士，稽焉皆惧[⑫]，曰："颠颉之有宠也，断以殉，况于我乎！"举兵伐曹、五鹿[⑬]，又反郑之埤[⑭]，东卫之亩[⑮]，胜荆人于城濮[⑯]。三军之士，止之如斩足，行之如流水。三军之士，无敢犯禁者。故一假道重轻于颠颉之脊，而晋国治。昔者，周公旦杀管叔、流霍叔[⑰]，曰："犯禁者也。"天下众皆曰："亲昆弟有过不违[⑱]，而况疏远乎！"故天下知用刀锯于周庭，而海内治，故曰：明刑之犹至于无刑也。

注释

①损：减少。

②亏：减损，减少。

③数：指所犯罪行的轻重。

④三族：三种亲属关系。一说指父、子、孙；一说指父族、母族、妻族；一说指父母、兄弟、夫妻。

⑤同官之人：指同僚。

⑥讦（jié）：揭发，揭露。

⑦尸：古代祭祀时替死者受祭的人，此指代替。

⑧黥（qíng）：古代肉刑的一种，即墨刑。用刀刺人脸并涂墨。

⑨侍千宫：应为宫室名，于史无考。

⑩颠颉（jié）：人名，晋文公大臣。

⑪断颠颉之脊：即腰斩颠颉。殉：示众。

⑫稽（qǐ）：叩头至地。

⑬曹：战国时诸侯国，在今山东定陶西。五鹿：战国时卫国地区，在今河南濮阳东北。晋文公五年（公元前632年），晋文公率领晋军讨伐曹国，借道于卫，没有获得允许，晋攻曹而占领了卫的五鹿。

⑭反：推倒。郑：战国时诸侯国。埤（pì）：城墙上呈凹凸形状的矮墙，用于防守。

⑮东：作动词用，向东。亩：田垄。晋国在卫国西，晋文公把田垄改为东西向，便于自己的军队行军。

⑯荆：战国时楚国的别称。城濮：古卫邑，在今山东鄄城西南。

⑰周公旦：西周政治家。周武王的弟弟，名旦，因采邑在周，故称周公。管叔：周武王的弟弟，名鲜，因封于管，又称管叔。霍叔：周武王的弟弟，名处。武王死后，其子成王年幼，由周公旦摄政。管叔、蔡叔和霍叔等人勾结商纣之子武庚和徐、奄等东方夷族反叛。周公奉命平

叛，杀死管叔，流放蔡叔，贬黜霍叔。

⑱昆：兄。违：避免。

译文

所说的统一刑罚，是指用刑没有等级差别，从卿相、将军直到大夫和百姓，有不遵从君主命令的，触犯国家禁令的，破坏君主制定的国家法律的，都处以死罪，决不赦免。从前立过战功，但后来犯罪，也不因从前的功劳而减轻刑罚。从前做过好事，后来犯了过错，也不因从前做的好事而减轻刑罚。忠臣孝子犯了罪，也一定根据他们所犯的罪行的大小来决判。遵行法令和安于职守的相关官吏有不遵从君主法令的，判其死罪，决不赦免，而且刑罚株连到他的父、母、妻子。官吏的同僚，有知道他们的罪行并且能向君主告发检举的，不仅自己能免受刑罚，而且无论他地位的高低，都能代替被揭发的官吏的官爵、土地和俸禄。所以说：加重刑罚，株连他们的亲人，那么百姓就不敢以身试法。百姓不敢以身试法，也就等于没有刑罚了。古代君主制定的法令，或将人处死，或砍断犯人的脚，或在犯人的脸上刺字并涂墨，这并非是想要伤害百姓，而是要禁止奸邪、阻止犯罪。因此禁止奸邪、阻止犯罪，没有什么办法能比得上加重刑罚。刑罚重并且坚决执行，那么百姓就不敢以身试法，因此国家就没有犯罪受刑的百姓。国家没有犯罪受刑的百姓，所以说：刑罚严明不是为了杀人。晋文公想要严明刑罚使百姓亲近他，于是把所有的大臣都招集在侍千宫，颠颉迟到了，官吏请求晋文公处罚他，晋文公说："按照法规办吧。"官吏于是腰斩了颠颉并且示众。晋国的百姓都害怕得叩头至地，说："颠颉是君主宠爱的大臣，触犯了刑律都腰斩来示众，更何况我们！"后来，晋文公发兵攻打曹国及卫国的五鹿，回师时又击毁了郑国的城墙，命令卫国的田垄一律改为东西方向，在城濮大胜楚人。晋国的三军将士，命令他们停止前进，他们就像被砍断脚一样立即停止不前；命令他们进攻，他们就像流水一样迅速前进。三军的将士没有谁敢违反命令。因此晋文公只借颠颉犯轻罪而处以重刑腰斩的办法，就让晋国安定太平了。从前，周公旦杀死了管叔，流放了霍叔，说："他们是触犯法令的人。"天下的百姓都说："亲兄弟犯了罪都不能避免制裁，更何况我们这些关系疏远的人啊！"因此天下人都知道周公将刑罚用在了朝廷内，国家得到了治理。所以说：刑罚公正严明的最高境界，就是没有刑罚。

原文

所谓壹教者，博闻、辩慧、信廉、礼乐、修行、群党、任誉、请谒①，不可以富贵，不可以辟刑②，不可独立私议以陈其上。坚者被③，锐者挫。虽曰圣知、巧佞、厚朴④，则不能以非功罔上利⑤。然富贵之门，要存战而已矣。彼能战者，践富贵之门。强梗焉⑥，有常刑而不赦。是父兄、昆弟、知识、婚姻、合同者，皆曰："务之所加，存战而已矣。"夫故当壮者务于战，老弱者务于守，死者不悔，生者务劝，此臣之所谓壹教也。民之欲富贵也，共阖棺而后止⑦。而富贵之门必出于兵，是故民闻战而相贺也，起居饮食所歌谣者，战也。此臣之所谓明教之犹至于无教也。

注释

①群党：结党。任誉：任侠，美誉。

②辟：通"避"。

③被：同"披"，劈开，裂开。

④圣知：聪明睿智。巧佞：善于言辞。厚朴：忠厚朴实。

⑤罔：获取。

⑥强梗：骄横跋扈。

⑦阖：关闭。

译文

所说的统一教化，是指见闻广博、聪明善变、诚实廉洁、精通礼乐、德行美好、结成朋党、任侠有声誉、私下告求，百姓不因为这些而富贵，不因为这些而逃避刑罚，不能让他们独自创立学说而凌驾于国家法令之上。对那些顽固的人要击垮他，对那些锋芒毕露的人要挫败他。即使所谓的聪明睿智、阿谀奉承、忠厚朴实的人，也不能用军功之外的其他途径从君主那里获得好处。这样，那些想要通往富贵大门的人也只能将希望放在战场上了。只有那些积极作战的人，才能踏进富贵的大门。那些骄横跋扈的人，触犯了法律就不能被赦免。这样，那些父亲伯叔、兄弟、相识的朋友、儿女亲家、志同道合的人，都说："我们要加倍努力做的，只有在战场上作战而已。"因此，那些年轻力壮的人都努力作战，年老体弱的人都努力防守，那些死在战场的人不后悔，活着的人互相劝勉，这就是我所说的统一教化。百姓想要富贵，这个念头直到死后盖上棺材才会停止。而通向富贵大门一定都是出自作战，因此百姓听说要打仗就会互相庆贺，百姓日常生活中所唱的歌谣，全都是打仗的事。这就是我所说的：教化修明的最高境界，就是没有教化。

原文

此臣所谓参教也[①]**。圣人非能通，知万物之要也。故其治国举要以致万物，故寡教而多功。圣人治国也，易知而难行也。是故圣人不必加**[②]**，凡主不必废；杀人不为暴，赏人不为仁者，**

国法明也。圣人以功授官予爵，故贤者不忧。圣人不宥过[3]，不赦刑，故奸无起。圣人治国也，审壹而已矣。

注释

①参：通“叁”，三。

②加：赞美。

③宥：宽容，饶恕。

译文

这就是我所说的三种教化。圣明的人不是能通晓一切，而是明白万事万物的要领。因此他治理国家，掌握要领而推及万物，所以教化简单而功绩卓越。圣人治理国家的方法，道理容易明白而实行起来却很困难。因此圣人未必要称赞，平凡的君主未必要废掉；杀人不算残暴，赏赐不算仁爱，这是因为国家法律严明。圣人按照功劳、功绩赏赐官职和爵位，因此贤德的人不用担忧。圣人不会宽恕别人的错误，不会赦免罪犯的罪行，因此那些犯罪行为无法发生。圣明的人治理国家，只是考虑统一奖赏、统一刑罚、统一教化罢了。

画策第十八

原文

昔者昊英之世[1]，以伐木杀兽，人民少而木兽多。黄帝之世，不麛不卵[2]，官无供备之民，死不得用椁[3]。事不同皆王者，时异也。神农之世，男耕而食，妇织而衣，刑政不用而治，甲兵不起而王。神农既没，以强胜弱，以众暴寡[4]。故黄帝作为君臣上下之义，父子兄弟之礼，夫妇妃匹之合[5]。内行刀锯，外用甲兵，故时变也。由此观之，神农非高于黄帝也，然其名尊者，以适于时也。故以战去战，虽战可也；以杀去杀，虽杀可也；以刑去刑，虽重刑可也。

注释

①昊英：传说中的古代帝王名。

②麛（mí）：幼鹿，此处泛指幼兽。卵：鸟蛋。

③椁（guǒ）：外棺，套在棺材外面的大棺材。古代礼制规定，地位越高，死后所椁的层数越多，这是遵循礼制中以多为贵的原则。

④暴：欺凌。

⑤妃：配。

译文

以前在昊英氏的时代，允许百姓砍伐树木、捕杀野兽，那是因为当时百姓少而树木和野兽多。黄帝的时代，不允许捕杀幼小的野兽、不允许吃鸟蛋，官吏没有供自己使唤的奴仆，去世后不能用棺材埋葬。昊英、黄帝两位帝王的做事方法不同，却都称王于天下，这是因为时代不同。神农氏的时代，男子耕种而使人们有饭吃，女子织布而让人们有衣裳穿，不使用刑法和政令而天下安定，不用兵打仗而能称王于天下。神农氏死后，人们恃强凌弱，以多欺少。因此黄帝制定了君臣和上下级之间的行为准则，父子、兄弟间的礼仪规范，夫妻之间的婚配原则。对内使用刑罚，对外使用军队，这同样也是因为时代变了。由此看来，神农氏并不比黄帝高明，但是他的名声却更尊贵，这是因为他顺应了时代的变化。所以能用战争消灭战争，即使用兵也是可行的；能用杀戮消灭杀戮，即使杀人也是可行的；能用刑罚消灭刑罚，即使加重刑罚也是可行的。

原文

昔之能制天下者，必先制其民者也；能胜强敌者，必先胜其民者也。故胜民之本在制民，若冶于金[①]，陶于土也[②]。本不坚，则民如飞鸟禽兽，其孰能制之？民本，法也。故善治者，塞民以法[③]，而名地作矣[④]。名尊地广以至王者，何故？战胜者也。名卑地削以至于亡者，何故？战罢者也[⑤]。不胜而王，不败而亡者，自古及今，未尝有也。民勇者，战胜；民不勇者，战败。能壹民于战者，民勇；不能壹民于战者，民不勇。圣王见王之致于兵也，故举国而责之于兵[⑥]。入其国，观其治，民用者强。奚以知民之见用者也？民之见战也，如饿狼之见肉，则民

用矣。凡战者，民之所恶也。能使民乐战者，王。强国之民，父遗其子⑦，兄遗其弟，妻遗其夫，皆曰："不得，无返。"又曰："失法离令⑧，若死我死⑨，乡治之。行间无所逃⑩，迁徙无所入。"行间之治，连以五，辨之以章⑪，束之以令，拙无所处⑫，罢无所生。是以三军之众，从令如流，死而不旋踵⑬。

注释

①冶：冶金。

②陶：制作陶器。

③塞：遏制，禁止。

④作：兴。

⑤罢（pí）：敝，失败。

⑥责：要求，责令。

⑦遗（wèi）：送。

⑧离：违背。

⑨若：你。

⑩行（háng）间：行伍之间，军中。

⑪章：标记，徽章。

⑫拙（jué）：此处借作"趉"，逃走。

⑬旋踵：旋转脚跟，后退。踵，脚跟。

译文

以前能制服天下的人，一定是首先能够制服他的百姓的人；能够战胜强敌的人，也一定是首先能够战胜他的百姓的人。因此战胜百姓的根本在于制服百姓，就好比冶炼工人对金属，制陶工人对泥土一样。根本如果不坚固，那么百姓就好比飞鸟和野兽一样，有谁能够制服他们呢？

治理民众的根本是法令。因此善于治国的人，用法令来遏制百姓，那么名声和土地就都能获得了。君主的名声尊贵、土地广阔，最后能够称王于天下，是什么原因呢？这是因为总能打胜仗。君主的名声低微、土地狭小，最后甚至灭亡，又是什么原因呢？这是因为总打败仗。打败仗而称王天下，打胜仗而灭亡的国家，从古至今也从来没有过。百姓作战勇敢，那么打仗就会获胜；百姓作战不勇敢，那么打仗就会失败。能让百姓专心作战的君主，百姓就勇敢；不能让百姓专心作战的君主，百姓就不勇敢。圣明的君主看到只能通过用兵打仗才能称王天下，所以要求全国的百姓都当兵打仗。到一个国家，观察这个国家的统治情况，百姓能被君主调动役使，国家就强大。如何能知道百姓被君主调动役使了呢？那就是如果百姓看待打仗，就好比饥饿的狼见了肉一样，那么百姓就能被君主调动役使。一般来说，战争是百姓所厌恶的事情，能够使百姓乐于作战的君主就能称王天下。强国的百姓，父亲送他的儿子去当兵打仗，哥哥送他的弟弟去当兵打仗，妻子送她的丈夫去当兵打仗，他们都说："不获胜就不要回家。"又说："不遵守法令，违抗了命令，你死我也得死，乡里会治我们的罪。军队中没有地方可逃，我们要搬迁也无处可去。"军队的管理办法，是把五个人编成一个队伍，用标记来区分他们，用军令来约束他们。逃走了也没有地方可以居住，失败了也没有活路。所以三军将士，遵从军令就如同流水一样，就是战死也不后退。

原文

国之乱也，非其法乱也，非法不用也。国皆有法，而无使法必行之法。国皆有禁奸邪刑盗贼之法，而无使奸邪盗贼必得之法。为奸邪盗贼者死刑，而奸邪盗贼不止者，不必得也。必得，而尚有奸邪盗贼者，刑轻也。刑轻者，不得诛也。必得者，刑者众也。故善治者，刑不善，而不赏善，故不刑而民善。不

刑而民善，刑重也。刑重者，民不敢犯，故无刑也。而民莫敢为非，是一国皆善也。故不赏善而民善。赏善之不可也，犹赏不盗。故善治者，使跖可信[①]，而况伯夷乎[②]！不能治者，使伯夷可疑，而况跖乎！势不能为奸，虽跖可信也；势得为奸，虽伯夷可疑也。

注释

①跖（zhí）：即盗跖。相传为春秋末期人，鲁国大夫柳下惠的弟弟，当时民众起义的领袖，名跖，“盗”是当时统治者对他的贬称。

②伯夷：商朝末年孤竹国君的儿子。周武王灭商以后，他和弟弟叔齐不吃周朝的粮食，一起饿死在首阳山（今山西永济南），是古代忠信的典范。

译文

国家混乱，不是因为它的法制混乱，也不是因为废除法度而不用。每个国家都有法律，却没有让法律一定实施的办法。每个国家都有禁止奸邪、处罚盗贼的法律，却没有使奸邪、盗贼一定能受到惩罚的办法。判处做奸邪之事的人、偷盗的人死刑，可是做奸邪之事的人和偷盗的人仍然不断出现，这是由于做了坏事不一定被惩罚。就是受到惩罚了，还是会有奸邪、偷盗的事情发生，这是因为刑罚轻。刑罚轻，是不能够惩罚他们的。一定要惩罚他们，受刑罚处治的人就多了。所以善于治国的人，只惩罚不遵守法度的人，而不赏赐遵守法度的人，因此，不用刑罚百姓也做善事。不用刑罚百姓也做善事，是因为刑罚重。刑罚重，百姓就不敢违反刑法，因此也就没有刑罚。百姓没有谁为非作歹的，这时整个国家的百姓就都做善事。因此，不赏赐做善事的人而百姓都做善事。不赏赐做仁善之事的人，就像赏赐不偷盗的人一样。因此，善于治国的人，能使像盗跖那样的人变得诚实可以信任，更何况像伯夷这样的人呢！不会治国的人，即使是像伯夷那样的人也会有犯法的嫌疑，更何况像盗跖这样的人呢！假如客观形势让人不能做坏事，即使是盗跖那样的人也可以信赖；假如客观形势让人能做坏事，即使是伯夷那样的人也有嫌疑。

原文

国或重治，或重乱。明主在上，所举必贤，则法可在贤。法可在贤，则法在下，不肖不敢为非，是谓重治。不明主在上，所举必不肖。国无明法，不肖者敢为非，是谓重乱。兵或重强，或重弱。民固欲战，又不得不战，是谓重强。民固不欲战，又得无战，是谓重弱。

译文

国家或者是治理得越来越好，或者是治理得越来越乱。英明的君主在上统治国家，他所选用的人必定是贤能的，那么法令便能够掌握在贤能的人手中。法令能够掌握在贤能的人手中，那么法度就能在下面实行，那些不正派的人就不敢胡作非为，这就叫作治理越来越好。不英明的君主在上统治国家，他所任用的一定都是不贤之人。国家没有严明的法令，不正派的人就敢胡作非为，这就叫作治理越来越乱。军队或是越来越强大，或是越来越弱小。百姓本来想要打仗，又不能不去打仗，这就叫强上加强。百姓本来不想打仗，又能不去打仗，这就叫弱上加弱。

原文

明主不滥富贵其臣[①]。所谓富者，非粟米珠玉也？所谓贵者，非爵位官职也？废法作私，爵禄之，富贵之，滥也。凡人主德行非出人也，知非出人也，勇力非过人也。然民虽有圣知，弗敢我谋[②]；勇力，弗敢我杀；虽众，不敢胜其主[③]；虽民至亿万之数，县重赏而民不敢争，行罚而民不敢怨者，法也。国乱者，民多私义；兵弱者，民多私勇。则削国之所以取爵禄者多涂[④]。亡国之俗，贱爵轻禄。不作而食，不战而荣，无爵而尊，无禄而富，无官而长，此之谓奸民。所谓"治主无忠臣，慈父无孝子"，欲无善言，皆以法相司也[⑤]，命相正也。不能独为非，而莫与人为非。所谓富者，入多而出寡。衣服有制，饮食有节，则出寡矣。女事尽于内，男事尽于外，则入多矣。

注释

①滥：不加节制。

②谋：图谋。

③胜：超过，胜过，引申为凌驾。

④涂：古同"途"，途径。

⑤司：通"伺"，观察，此处引申为监督。

译文

英明的君主不会随意给予臣子们富贵。人们所说的富裕，难道不是拥有粮食珠玉吗？人们所说的尊贵，难道不是拥有爵位官职吗？废弃法律，以个人意志为主，给予臣子爵位和俸禄，而让臣子们富贵，这就是滥施富贵。一般来说，君主的道德品行并不高于别人，智慧也并不超出别人，勇敢、力量也并不超出别人。然而百姓即使足够聪明智慧，也不敢图谋君主的权位；即使有足够的勇气和力量，也不敢弑杀君主；即使人数众多，也不敢凌驾在君主之上；即使百姓的人数达到亿万之多，悬重赏百姓也不敢争抢，实行刑罚百姓也不敢怨恨，这是因为有法度。国家混乱，是由于百姓多考虑以私人关系为准则的个人道义；军队的力量弱小，是由于百姓多追求私下的斗勇。那么在实力削弱的国家获取爵位、俸禄就有许多种途径。使国家灭亡的风气，是百姓看不起爵位，轻视俸禄。百姓不劳动就有粮食吃，不打仗就有荣誉，没有爵位依然获得尊崇，没有俸禄照样能富裕，没有官职依旧威风，这就叫作奸民。所说的“善于治理国家的君主身边不会有忠臣，慈爱的父亲身边没有孝子”，君主和父亲都不用好言相劝，只要用法律让他们互相监督，用命令让他们互相纠正就可以。百姓们不能单独做坏事，也不能伙同别人一起做坏事。人们所说的富裕，指的是收入多、支出少。穿衣有限制，饮食有节制，那么支出的就少。妇女在家中尽心尽力治家，男人在外面尽心尽力做事，那么收入就多。

原文

所谓明者，无所不见，则群臣不敢为奸，百姓不敢为非。是以人主处匡床之上[①]，听丝竹之声[②]，而天下治。所谓明者，使众不得不为。所谓强者，天下胜。天下胜，是故合力。是以

勇强不敢为暴，圣知不敢为诈，而虑用。兼天下之众，莫敢不为其所好，而避其所恶。所谓强者，使勇力不得不为己用。其志足，天下益之；不足，天下说之[3]。恃天下者，天下去之；自恃者，得天下。得天下者，先自得者也；能胜强敌者，先自胜者也。

注释

①匡床：安适的床榻。

②丝竹：弦乐和管乐的总称，泛指音乐。

③说：同“悦”，以……为悦。

译文

所说的君主的贤明，是指君主没有什么地方看不到，那么大臣就不敢做奸邪的事情，百姓就不敢胡作非为。所以君主坐在安适的床榻上，听着音乐，天下就治理好了。所说的君主的贤明，是让百姓不得不去做事。所说的君主的强势，是指天下的人都被他制服了。天下的人都被他制服，所以才能聚合天下百姓的力量。因此勇敢强悍的人不敢暴乱，聪慧睿智的人不敢做奸诈的事，而是考虑如何才能被君主任用。全天下的人，没有人敢不做君主所喜好的事情，敢不回避君主所厌恶的事情。所说君主的强势，是指他能使有勇气、有力量的人不得不为自己所用。君主的理想实现了，天下的人都会受益；君主的理想没有实现，天下的人也都喜悦。依靠天下的人，天下的人会抛弃他；依靠自己，才能得到天下。得到天下的君主，首先是要掌控自己；能战胜强大敌人的人，首先是要战胜自己。

原文

圣人知必然之理，必为之时势。故为必治之政，战必勇之民，行必听之令。是以兵出而无敌，令行而天下服从。黄鹄之飞①，一举千里，有必飞之备也。蛩蛩巨丘②，日行千里，有必走之势也。虎豹熊罴③，鸷而无敌④，有必胜之理也。圣人见本然之政，知必然之理，故其制民也，如以高下制水，如以燥湿制火。故曰：仁者能仁于人，而不能使人仁；义者能爱于人，而不能使人爱。是以知仁义之不足以治天下也。圣人有必信之性，又有使天下不得不信之法。所谓义者，为人臣忠，为人子孝，少长有礼，男女有别。非其义也，饿不苟食，死不苟生。此乃有法之常也。圣王者，不贵义而贵法。法必明，令必行，则已矣。

注释

①黄鹄（hú）：天鹅。

②蛩（qióng）蛩巨丘：良马名。

③罴（pí）：棕熊。

④鸷（zhì）：凶猛。

译文

圣明的人懂得社会发展的必然规律，一定要顺应时代发展的形势。因此实施一定能让国家安定的政策，打仗时一定任用勇敢的百姓，下达百姓一定会听从的命令。因此军队出发打仗就会天下无敌，君主的命令一旦下达，天下人便都会服从。黄鹄起飞，一飞就是上千里，这是因为它具备能飞行千里的能力。传说中蛩蛩巨丘这样的良马能够日行千里，是因为它们具备能日行千里的本领。虎、豹、熊、罴，凶猛而天下无敌，是因为它们具备一定能战胜其他野兽的能力。圣人能发现治理国家的有效政策，明白社会发展的必然规律，因此他统治百姓，就好比利用地势的高低来控制水流一样，又好比利用物品的干燥和潮湿来控制火一样。所以说，仁慈之人能够对别人仁慈，而不能使别人仁慈；有道义的人能够爱别人，而不能使别人有爱心。因此知晓仁义不能够治理好天下。圣人有一定让天下人信任的品德，又有让天下人不得不信任他的方法。所说的道义，是说做臣子的要忠心，做儿子的要孝顺，长幼有序，男女有别。如果不符合道义，就是饥饿也不能苟且吃饭，就是死也不能苟且偷生。这些是有法律的社会的正常现象。圣明的君主不重视道义而重视法律。法律一定要严明，君主的命令一定要执行，那就可以了。

境内第十九

原文

四境之内，丈夫女子皆有名于上，生者著，死者削。

译文

国境之内，无论男女都要在官府把名字登记在册，活着的人就添写上去，死去的人就注销。

原文

其有爵者乞无爵者以为庶子[1]，级乞一人。其无役事也[2]，其庶子役其大夫月六日。其役事也，随而养之军。

注释

①乞：乞求，讨要。庶子：类似仆人。

②役事：此处指军事。

译文

有爵位的人乞要无爵位的人做他的“庶子”，每一级可以要一个。国家没有战事的时候，庶子每月为他的大夫服役六天。有战事的时候，就跟随他的大夫在军中服役。

原文

爵自一级已下至小夫，命曰校、徒、操，公士①。爵自二级已上至不更②，命曰卒。其战也，五人束薄为伍③，一人兆而到其四人④，能人得一首则复⑤。五人一屯长，百人一将。其战，百将、屯长不得首，斩；得三十三首以上，盈论⑥，百将、屯长赐爵一级。五百主⑦，短兵五十人⑧。二五百主，将之主，短兵百。千石之令短兵百人⑨，八百之令短兵八十人，七百之令短兵七十人，六百之令短兵六十人。国尉⑩，短兵千人。将，短兵四千人。战及死事⑪，而到短兵。能一首则复。

注释

①公士：爵位名。在爵位名中，公士是秦、汉二十等爵的第一级，即最低一级。

②不更：爵名，爵的第四级。

③薄：同“簿”，簿册。

④兆：通“逃”。

⑤首：敌人的首级。复：恢复，免除先前的处罚。

⑥盈论：按满额论功行赏。

⑦主：指将官。

⑧短兵：指持刀、剑等短兵器的士兵。

⑨千石之令：俸禄为一千石粮食的长官。令，行政长官。

⑩国尉：官名，掌管军权。

⑪死事：死于战斗。

译文

爵位从一级以下到小夫，叫作校、徒、操，爵位是公士。爵位从二级以上到不更，叫作卒。打仗的时候，把五人编为一个名册为一伍，其中有一人逃跑，就惩罚另外四个人，如果有人能斩得敌人的一颗首级，就可免除刑罚，恢复其爵禄。每五人设立一屯长，每一百人设立一将。作战时，率领百人的将、屯长如果得不到敌人首级，就被斩杀；如果斩获敌人的首级三十三颗以上，就算满足了规定的数量，率领百人的将、屯长可以升爵位一级。领导五百人的将官，有短兵五十人。统率一千人的将，是将中的统领，有短兵一百人。俸禄有一千石粮食的县令，有短兵一百人；俸禄有八百石粮食的县令，有短兵八十人；俸禄有七百石粮食的县令，有短兵七十人；俸禄有六百石粮食的县令，有短兵六十人。国尉有短兵一千人。大将有短兵四千人。如果将官战死，短兵要受爵禄降低的责罚。如果短兵中有人能够斩获敌人的一颗首级，就可免除先前的处罚。

原文

能攻城围邑斩首八千已上，则盈论；野战斩首二千，则盈论。吏自操及校以上大将尽赏。行间之吏也，故爵公士也，就

为上造也[①]；故爵上造，就为簪袅[②]；故爵簪袅，就为不更；故爵不更，就为大夫。爵吏而为县尉[③]，则赐虏六[④]，加五千六百[⑤]。爵大夫而为国尉[⑥]，就为官大夫；故爵官大夫，就为公大夫；故爵公大夫，就为公乘；故爵公乘，就为五大夫，则税邑三百家[⑦]。故爵五大夫，就为大庶长；故大庶长，就为左更；故三更也[⑧]，就为大良造[⑨]。皆有赐邑三百家，有赐税三百家。爵五大夫，有税邑六百家者，受客[⑩]。大将、御、参皆赐爵三级[⑪]。故客卿相[⑫]，盈论，就正卿[⑬]。

注释

①上造：二等爵。

②簪袅（niǎo）：三等爵。

③县尉：官名，秦汉时县令、县长下置尉，掌一县治安。

④虏：奴隶。

⑤加五千六百：此句意思不详，似言增加俸禄。

⑥大夫：五等爵。以下每晋级一次爵位直至五大夫，爵位高一等。国尉：武官名。

⑦税邑：犹食邑。卿大夫的封地，可收取其租税。

⑧三更：爵列十二、十三、十四等分别叫作左更、中更、右更，合称三更。

⑨大良造：爵名，亦称大上造，十六等爵。

⑩受客：接受门客。

⑪御：驾车的人。参：骖乘。乘车时居于车右，即陪乘。

⑫客卿：请其他诸侯国的人来秦国做官，其位为卿，而以客礼待之，故称。

⑬正卿：春秋时诸侯国的最高执政大臣，权力仅次于国君。

译文

能在围攻敌国城池的时候，斩获敌人首级八千颗以上的，就按照满额论功行赏；在野战中斩获敌人首级两千颗以上的，就按照满额来论功行赏。将吏从操、校到大将都可以得到赏赐。军队中的官吏，以前的爵位是公士的，升为上造；以前的爵位是上造的，升为簪袅；以前的爵位是簪袅的，升为不更；以前的爵位是不更的，升为大夫。以前的爵位是小吏的，升为县尉，赏赐六个奴隶，另加五千六百俸禄。以前的爵位是大夫，其后担任国尉的，升为官大夫；以前的爵位是官大夫的，升为公大夫；以前的爵位是公大夫的，升为公乘；以前的爵位是公乘的，升为五大夫，并赏赐给他三百户的食邑。以前的爵位是五大夫的，升为大庶长；以前的爵位是大庶长的，升为左更；以前的爵位是三更的，升为大良造。大庶长、三更和大良造都赏赐三百户的封邑，另赏赐三百户的地税。爵位是五大夫的，有六百户的租税和食邑，就可以招揽门客。将军、车夫和骖乘都赏赐爵位三级。以前是客卿身份为相的，按照满额来论功行赏，就可以升为正卿。

原文

以战故，暴首三日①，乃校三日②，将军以不疑致士大夫劳爵③。夫劳爵，其县过三日有不致士大夫劳爵，罢其县四尉④，訾由丞尉⑤。

注释

①暴（pù）首：陈列所斩获的敌人首级。

②校（jiào）：查对，校验。

③劳爵：此处以按劳授予官爵解。

④罢：罢免。

⑤訾：衡量，评判。丞尉：县丞、县尉的合称。

译文

停战之后，把所斩获的敌人首级示众三天，也核实三天，将军认为没有疑问，就按战功赏给战士和大夫们爵位。赏赐的爵位，县里过了三天还没有落实奖赏给将士和大夫们的爵位，就罢免该县的县尉的职位，由该县的丞尉来评判。

原文

能得甲首一者[1]，赏爵一级，益田一顷[2]，益宅九亩，除庶子一人[3]，乃得入兵官之吏。

注释

①甲首：穿戴盔甲的士兵的首级。也指军队中的伍长，为小军官。

②益：增加。

③除：给予。

译文

能够斩获敌人披甲士兵一颗首级的，赐给他爵位一级，增加田地一顷，增加其宅地面积九亩，赐给一个庶子，还可以担任军队或朝廷地方官府的官员。

原文

其狱法，高爵訾下爵级。高爵罢，无给有爵人隶仆。爵自二级以上，有刑罪则贬[①]。爵自一级以下，有刑罪则已[②]；小夫死。

注释

①贬：降级。

②已：停止，此处指取消、罢免。

译文

其刑法规定，由爵位高的人审判比他爵位低一级的人。爵位高的人被罢免后，不再给他原本的爵位所能享用的奴仆。二级爵位以上的人，犯了罪就降低他的爵位。一级爵位以下的人，犯了罪就罢免他的爵位；小夫犯罪就处以死刑。

原文

公士以上至大夫，其官级一等，其墓树级一树[①]。

注释

①墓树：春秋战国的墓葬文化，在墓旁植树，按照礼制，地位越高，种树越多。

译文

公士以上到大夫，爵位每高一级，他死后的坟边所种的树就多一棵。

原文

其攻城围邑也，国司空訾其城之广厚之数①。国尉分地，以校、徒分积尺而攻之②，为期，曰："先已者当为最启，后已者訾为最殿。再訾则废。"穴通则积薪③，积薪则燔柱④。陷队之士⑤，面十八人。陷队之士，知疾斗⑥，不得，斩首。队五人⑦，则陷队之士，人赐爵一级。死，则一人后⑧。不能死之⑨，千人环规⑩，黥劓于城下⑪。国尉分地，以中卒随之⑫。将军为木台，与国正监、与王御史参望之⑬。其先入者举为最启，其后入者举为最殿。其陷队也，尽其几者⑭。几者不足，乃以欲级益之。

注释

①司空：官名，掌管工程。

②积尺：立方尺。

③积薪：堆积柴草。

④燔（fán）：焚烧。

⑤陷队之士：勇敢陷阵之士，即敢死队。

⑥疾斗：速战速决。

⑦队：古同"坠"。

⑧一人后：指家族中有一人可以继承爵位。

⑨死：拼死力战。

⑩环规：围观。规，通“窥”，观看。

⑪黥：在脸上刺字的酷刑。劓（yì）：割鼻的酷刑。

⑫中卒：中军之卒。

⑬参：一同。

⑭几者：自愿申请的人。几，通“冀”，希望。

译文

在围攻敌国城池时，国司空测量城墙的宽度和厚度，国尉划分攻打的地点，校、徒分别按照体积掘取城墙，定出期限，并命令说：“最先完成的立头等功，最后完成的罚为最末等，两次被罚为最末等的就废除他的爵位。”打穿了城墙，就堆上柴草，焚烧城墙根下的木头。敢死队的士兵，在城墙的每一个方向分布十八个人。敢死队的士兵都知道拼死奋战，不成功就要被斩首。一个队如能斩获五颗敌人的首级，那么这个队的每个士兵就都能获得爵位一级。如果战死，那么他的家族中可以有一人继承他的爵位。如果怕死退避，那么他就要在千人围观之下，在城下处以在脸上刺字或割鼻的刑罚。国尉划分作战地段，中军的士兵听从分派。将军搭起木台，和国家的正监、王的御史一同观望。先攻进城池的士兵评为头功，后攻进城池的士兵评为末等。敢死队的士兵，尽量任用自己愿意申请的人。自己愿意申请的人不够数，就用希望晋级的人补足。

弱民第二十

原文

民弱国强；民强国弱。故有道之国务在弱民。民朴则弱，淫则强。弱则轨[①]，强则越志。轨则有用，越志则乱[②]。故曰：以强去强者，弱；以弱去强者，强。

注释

①轨：遵循，此处指守法。

②越志：放纵其心。

译文

百姓弱小，国家就强；百姓强，国家就弱。所以治理得当的国家致力于使百姓变弱。百姓质朴就弱，百姓放纵就强。弱小就会守法，强大就会肆意妄为。百姓守法就服从命令，肆意妄为就会使国家混乱。所以说，采取强民政策来摒除强大的百姓，国家就会弱小；采用弱民政策来摒除强大的百姓，国家就会强大。

原文

民，善之则亲，利之用则和；用则有任，和则匮[1]；有任，乃富于政。上舍法，任民之所善，故奸多。民贫则力富，力富则淫，淫则有虱。故民富而不用，则使民以食出官爵，官爵必以其力，则农不偷。农不偷，六虱无萌。故国富而贫治，重强。

注释

①匮：通“溃”，散乱。

译文

百姓，国家对他们实行儒家的“仁善”政策，他们就会彼此相亲相爱，使百姓发挥自己的聪明才智并以此获得利益，他们就会喜悦和谐；百姓有能力就会被任用，和谐就会放纵散漫；被任用，就会过多地参与朝政。君主舍弃法度，放任百姓为所欲为，那奸邪的事就变多了。百姓贫穷就会努力致富，致富就会放纵淫乱，放纵就会产生虱害。因而百姓富裕了而没有战事，那就让百姓用粮谷换取官爵，获取官爵必须凭借自己的实力，那样农民就不会怠惰。农民不怠惰，就不会萌发六种虱害。所以国家富强而百姓得到治理，国家就强上加强。

原文

兵易弱难强；民乐生安佚。死难，难正[1]。易之则强。事有羞[2]，多奸；寡赏[3]，无失。多奸疑[4]，敌失，必利。兵至强，威；事无羞，利。用兵久处利势，必王。故兵行敌之所不敢行，强；事兴敌之所羞为，利。法有，民安其次[5]；主变，事能得齐[6]。国守安，主操权，利。故主贵多变，国贵少变。

注释

①正：期望，希望。

②羞：羞愧，耻辱。

③寡赏：不随意赏赐。

④疑：安定，止息。

⑤次：顺序，秩序。

⑥齐：通“济”，成功。

译文

国家的兵力衰弱容易，强大困难；百姓都爱惜生命，贪图安逸。为国家危难而赴死，是难以期望百姓做到的。如果让百姓觉得为国家危难而赴死是件容易的事，那么兵力就强大了。如果百姓有羞战之心，那么奸邪就会增加。不随意赏赐，就没有过失。奸邪止息了，敌人一旦出现失误，一定对我方有利。兵力强大，就会产生威望；不以作战为羞耻，就利于用兵。用兵长时间处于有利形势，一定能称王天下。所以用兵要做敌人所不敢做的事，兵力就强大；做敌人羞于去做的事，对国家就有利。法度有常，百姓才能各安其位；君主随机应变，事情才能成功。国家有常法，国君操纵大权，对国家就有利。所以君主以机变为贵，国家以稳定少变为贵。

原文

利出一孔，则国多物；出十孔，则国少物。守一者治，守十者乱。治则强，乱则弱。强则物来，弱则物去。故国致物者强，去物者弱。

译文

利禄出自一条途径，国家的物资就多；利禄出自十条途径，国家的物资就少。致力于一条途径的国家就安定，致力于十条途径的国家就混乱。国家安定就会强大，国家混乱就会弱小。国家强大，物资就会集聚；国家弱小，物资就会流散。因此，使物资集聚的国家就强大，使物资流散的国家就衰弱。

原文

民，辱则贵爵，弱则尊官，贫则重赏。以刑治民，则乐用；以赏战民，则轻死。故战事兵用曰强①。民有私荣②，则贱列卑官③；富则轻赏。治民羞辱以刑，战则战。民畏死，事乱而战，故兵农怠而国弱。

注释

①事：治，谨严。

②私荣：自以为荣耀。

③列：职务，职位。

译文

百姓，地位卑微就会崇尚爵位，怯弱就会尊敬官吏，贫穷就重视赏赐。国家用刑法统治百姓，百姓就乐于为君主所用；国家用赏赐来奖励战争，百姓就会轻视死亡。所以在战争中整治士兵全力以赴就叫强大。百姓自以为荣耀，那么就会轻视爵位、鄙视官吏；百姓富裕就会轻视赏赐。治理百姓，以刑法羞辱他们，发生战事时他们才会出战。百姓畏惧死亡，部署纷乱而去作战，因此士兵与农民都会怠惰，国家力量就弱。

原文

农、商、官三者，国之常官也。农辟地，商致物，官治民。三官生虱六，曰“岁”，曰“食”；曰“美”，曰“好”；曰“志”，曰“行”。六者有朴①，必削。农有余食，则薄燕于岁②。商有淫利，有美好，伤器。官设而不用，志、行为卒③。六虱成俗，兵必大败。

注释

①朴：根。

②薄燕：此处指懈怠农事。薄，发语词，无意。燕，安逸。

③卒：众。

译文

农民、商人、官吏这三种人，是国家常见的职业。农民开垦土地，商人贩卖流通货物，官吏治理百姓。这三种职业能产生六种虱害：叫作“岁”“食”“美”“好”“志”“行”。这六种虱害生了根，国家必定削弱。农民有余粮，就会懈怠农耕，影响明年的收成。商人获取了丰厚的利润，推崇华美的器物，就会影响日用品的生产和流通。官吏虽然设置了，而不能起到实际作用，儒家的异志高行成风。六种虱害形成风气，打起仗来必定大败。

原文

法枉治乱；任善言多。治众国乱；言多兵弱。法明治省；任力言息。治省国治；言息兵强。故治大，国小；治小，国大。

译文

法度不正，统治就混乱；实行儒家的“仁善”政策，空谈就要盛行。治理国家的方针纷杂，国家就会混乱；空谈盛行，兵力就会衰弱。法度严明，统治的方法就会省简；崇尚实力，空谈就会停止。统治的方法省简，国家就会安定；空谈停止，兵力就会强大。所以，统治纷杂，国家的力量就弱小；统治简省，国家的力量就强大。

原文

政作民之所恶，民弱；政作民之所乐，民强。民弱国强；民强国弱。故民之所乐民强，民强而强之，兵重弱。民之所乐民强，民强而弱之，兵重强。故以强重弱，削；以弱重强，王。以强攻强弱，强存；以弱攻弱强，强去。强存则弱；强去则王。故以强政弱，削；以弱政强，王也。

译文

政策制定的是百姓所憎恶的东西，百姓就弱；政策制定的是百姓所喜爱的东西，百姓就强。百姓弱，国家就强；百姓强，国家就弱。百姓所喜欢的是强民措施，百姓强了而又采取强民措施，兵力就会弱上加弱。百姓所喜欢的是强民措施，百姓强了而又采取弱民措施，兵力就会强上加强。所以，实行强民的政策兵力就会弱上加弱，国家实力就削弱；实行弱民的政策兵力就会强上加强，国家就能称王天下。用强民的政策治理强民和弱民，强民就会存在；用弱民的政策治理弱民和强民，强民就会被消灭。强民存在，国家就弱；强民消除，就能称王天下。所以，用强民的政策治理弱民，国家就会削弱；用弱民的政策治理强民，国家就能称王天下。

原文

明主之使其臣也，用必加于功，赏必尽其劳。人主使其民信此如日月，则无敌矣。今离娄见秋豪之末，不能以明目易人；乌获举千钧之重，不能以多力易人；圣贤在体性也，不能以相易也。今当世之用事者，若欲为上圣，举法之谓也①。背法而治，此任重道远而无马、牛，济大川而无舡楫也②。今夫人众兵强，此帝王之大资也，苟非明法以守之也，与危亡为邻。故明主察法，境内之民无辟淫之心，游处之士迫于战陈，万民疾于耕战。有以知其然也。楚国之民齐疾而均③，速若飘风。宛钜铁鉇④，利若蜂蠆⑤；胁鲛犀兕⑥，坚若金石。江、汉以为池⑦，汝、颍以为限⑧，隐以邓林⑨，缘以方城⑩。秦师至，鄢、郢举⑪，若振槁⑫；唐蔑死于垂涉⑬，庄跻发于内⑭，楚分为五⑮。地非不大也，民非不众也，甲兵财用非不多也；战不胜，守不固，此无法之所生也，释权衡而操轻重者。

注释

①举：任。

②舡（chuán）：同“船”。

③齐疾：行动敏捷。均：齐整。

④宛：楚国地名，在今河南南阳境内。以产铁著称。钜铁鉇（shī）：大铁矛。

⑤蜂蠆（chài）：蜂、蠆均为有毒刺的螫虫。此指蜂、蠆锋利的刺。

⑥胁：两膀。鲛：鲛鱼，即鲨鱼。犀兕：犀牛。兕，雌犀牛。以上

三种动物，其皮特坚。

⑦池：护城河。

⑧汝、颍：指汝水和颍水。限：险阻。

⑨邓林：古地名。战国时在楚国北境。

⑩方城：春秋时楚国北部的长城。为古九塞之一。

⑪鄢、郢：地名，今湖北江陵北。春秋时楚文王定都于郢，惠王之初曾迁都于鄢，仍号郢。因此，以“鄢郢”指楚都。举：攻下。公元前301年，秦与齐、韩、魏共攻楚，杀楚将唐蔑。庄蹻起义队伍乘机攻下郢都。

⑫振：抖落。槁：枯叶。

⑬唐蔑：战国时楚国将领。垂涉：也作“垂沙”，地名，位于今河南唐河西南。

⑭庄蹻：战国时楚国农民起义领袖，与跖齐名。

⑮楚分为五：在垂沙之役之后，庄蹻率领军队叛变引发人民起事，将楚国分割成了好几块地区。

译文

贤明的君主任用他们的臣子，一定要因为他的功绩而重用，奖赏他一定要根据他的功劳。君主如果能使臣子和百姓相信这一点就像相信天上的日月一样，那么就能天下无敌了。离娄能看到鸟兽的毫毛，但不能将他的明目借给他人；乌获能举起千钧重的东西，却不能把他的神力给予他人；圣贤的人拥有的才能在于禀性，也不能给予他人。当今掌握政权的人如果想成为圣贤的人，那就要实行法治。舍弃法度来治理国家，就好比背负重担、路途遥远却没有牛马，想横渡大河而没有舟船一样。现在国家人口众多、兵力强大，是成就帝王之业的大好资本，但如果不申明法度来巩固它，就接近危亡了。所以，贤明的君主修明法度，使国内的百姓没有淫邪的念头，游说的人和隐居的恶人都参加战争，百姓都致力于农耕和战争。君主要明白其中的道理啊。楚国的百姓行动迅速而统一，速度像旋风一样快。手持宛地的铁矛，像蜂蝎的刺一样锋利；身穿鲨鱼、犀牛皮制的铠甲，像金属和石头一样坚硬。又有长江、汉水做护城河，有汝水、颍水做险阻，有邓林做屏障，有方城做要塞。可是秦兵一到，攻下鄢、郢就如同抖落枯叶一样容易；楚国大将唐蔑在垂涉战死，庄跻在国内起义，楚国就四分五裂。楚国土地不是不广阔，百姓不是不多，铠甲、兵器和财物不是不充足，然而作战却不能取胜，防守不能坚固，这就是不修明法度导致的后果，舍弃法度治理国家，就像舍弃称量的工具而去量轻重一样。

御盗第二十一

本篇已亡佚。

外内第二十二

原文

民之外事莫难于战，故轻法不可以使之。奚谓轻法？其赏少而威薄，淫道不塞之谓也。奚谓淫道？为辩知者贵，游宦者任，文学私名显之谓也。三者不塞，则民不战而事失矣。故其赏少，则听者无利也；威薄，则犯者无害也。故开淫道以诱之，而以轻法战之，是谓设鼠而饵以狸也，亦不几乎[①]？故欲战其民者，必以重法。赏则必多，威则必严，淫道必塞。为辩知者不贵，游宦者不任，文学私名不显。赏多威严，民见战赏之多则忘死，见不战之辱则苦生。赏使之忘死，而威使之苦生，而淫道又塞，以此遇敌，是以百石之弩射飘叶也[②]，何不陷之有哉？

注释

①几：希望渺茫。

②百石（dàn）之弩：强弩。石，古书中读为“shí”，古代重量单位，一石等于一百二十斤。

译文

百姓认为在对外的事情中没有比战争更困难的了，所以用轻法就不能使百姓去作战。什么叫轻法呢？就是奖赏少并且刑罚也不重，邪道没有被堵塞。什么是邪道呢？就是能言善辩的人受到尊重，游说求官的人得到任用，儒家学说的学者和门下的客卿得到显扬。这三种途径如果不堵塞，那么百姓不肯出战，国家打仗就会失败。所以，朝廷赏赐少，那么听从法令的人就得不到好处；刑罚轻，犯罪的人就得不到惩罚。所以开启放任的道路诱导百姓不务正业，并用轻法驱使百姓去打仗，这就叫用狸猫做诱饵去诱捕老鼠一样，岂不是希望渺茫吗？因此想要百姓出战，一定要用重法。赏赐一定要多，刑罚一定要严，邪道一定要堵塞。让能言善辩的人得不到尊贵，游说求官的人得不到任用，儒家学说的学者和门下的客卿得不到显扬。赏赐多并且刑罚严，百姓见到作战的赏赐多就会忘记死亡的危险，见到不去作战受到的侮辱就以苟且偷生为痛苦。重赏使百姓忘记死的危险，严刑使百姓害怕痛苦地活着，邪道又被阻塞了，用这样的办法迎战敌人，就好比用百石拉力的强弩射飘摇的树叶，还有无法攻破的敌军吗？

原文

民之内事，莫苦于农，故轻治不可以使之。奚谓轻治？其农贫而商富，故其食贱者钱重[①]，食贱则农贫，钱重则商富；末事不禁，则技巧之人利，而游食者众之谓也。故农之用力最苦，而赢利少，不如商贾、技巧之人。苟能令商贾、技巧之人无繁，则欲国之无富，不可得也。故曰：欲农富其国者，境内之食必贵，而不农之征必多，市利之租必重。则民不得无田[②]，无田不

得不易其食，食贵则田者利，田者利则事者众。食贵，籴食不利，而又加重征，则民不得无去其商贾、技巧而事地利矣。故民之力尽在于地利矣。

注释

①钱重：此处指钱值钱，如今天所言钱“实”。重，贵。

②田：耕田。

译文

百姓认为对内的事情，没有比农事更苦的了，所以用轻治不能役使他们去务农。什么叫轻治？就是农民贫穷而商人富有，所以粮食的价格低而钱就变得值钱，粮食价格低农民就会贫穷，钱值钱商人就会富有；不限制工商业，那么手工业者就会获利，而游荡求食的人也就会增多。所以，农民用力最为辛苦，却获利少，不如商人和手工业者。如果能使商人和手工业者不那么多，那么想要国家不富有都不可能。所以说，想要靠发展农业来让国家富有，国内粮食的价格一定要贵，对不从事农业的生产者一定要增加他们的赋税，贸易的利税一定要加重。那么，百姓就不得不去种田，不种田就不得不买粮食，粮食价格高那么农民就会获利，种田获利，那么从事农耕的人就会多。粮食价格贵，买粮的人就无法获利，而赋税又加重，那么百姓就不得不放弃商业、手工业而去从事农业来获利。所以百姓的力量就会全部集中到农业上了。

原文

故为国者，边利尽归于兵，市利尽归于农。边利归于兵者强；市利归于农者富。故出战而强，入休而富者，王也。

译文

所以治理国家的人，要把守卫边境的好处全部给予士兵，把市场贸易的好处全部给予农民。守卫边境的好处给士兵的国家就强大，市场贸易的好处给农民的国家就富有。因此在外征战就强悍，在内休养生息国家富有的，就称王天下了。

君臣第二十三

原文

古者未有君臣上下之时，民乱而不治。是以圣人列贵贱，制爵位，立名号，以别君臣上下之义。地广，民众，万物多，故分五官而守之[①]。民众而奸邪生，故立法制、为度量以禁之[②]。是故有君臣之义、五官之分、法制之禁，不可不慎也。处君位而令不行，则危；五官分而无常，则乱；法制设，而私善行，则民不畏刑。君尊，则令行；官修，则有常事；法制明，则民畏刑。法制不明，而求民之行令也，不可得也。民不从令，而求君之尊也，虽尧、舜之知，不能以治。明王之治天下也，缘法而治，按功而赏。凡民之所疾战不避死者，以求爵禄也。明君之治国也，士有斩首、捕虏之功，必其爵足荣也，禄足食也。农不离廛者[③]，足以养二亲，治军事。故军士死节，而农民不偷也。

注释

①五官：殷周时分掌政事的五个高级官职。商朝以司徒、司马、司空、司士、司寇为五官，参见《礼记·曲礼》；周朝以司徒、宗伯、司

马、司寇、司空为五官，参见《周礼·春官》。

②度量：即度量衡。

③廛（chán）：古称一家所占有的房屋和宅院，此处指居所。

译文

古代没有分君臣上下等级的时候，百姓纷乱而不得治理。因此圣人划分贵贱，设立爵位，建立名号，用来区分君臣上下的等级关系。由于土地广阔，人口众多，万物繁多，所以分设五官来管理。百姓众多就会产生奸邪的事情，所以创立法度、标准来禁止奸邪的行为。因此有了君臣上下的等级关系、五官的职守、法律的限制，行事不能不小心谨慎。身处君主之位而政令却无法执行，那么国家就危险了；五官有职守却没有按照规矩办事，那么国家就混乱了；法制已经设立，然而私惠风行，那么百姓就不畏惧刑罚了。君主有尊严，政令才能行得通；吏治清明，才有常法；法度分明，百姓才畏惧刑罚。法度不严明，却要求百姓服从法令，那是不可能的。百姓不服从法令，却要求君主有尊严，即使有尧、舜那样的智慧，也不能做到。贤明的君主治理天下，遵循法度来处理国事政务，按照功劳大小进行赏赐。凡是百姓奋勇作战不害怕死亡的，不过是为了求得爵禄。贤明的君主治理国家，士兵如果有斩得敌人首级、抓获俘虏的功劳，一定让他的爵位足以荣耀，俸禄足够养活家人。农民不离开所居住的地方，足够奉养双亲，供给军队所需的粮草。因此士兵才肯为国家殊死战斗，并且农民也不会怠惰。

原文

今世君不然，释法而以知，背功而以誉。故军士不战而农民流徙。臣闻：道民之门在上所先。故民，可令农战，可令游

宦，可令学问，在上所与。上以功劳与，则民战；上以《诗》、《书》与，则民学问。民之于利也，若水于下也，四旁无择也[①]。民徒可以得利而为之者，上与之也。瞋目扼腕而语勇者得[②]，垂衣裳而谈说者得[③]，迟日旷久积劳私门者得。尊向三者[④]，无功而皆可以得，民去农战而为之。或谈议而索之，或事便辟而请之，或以勇争之。故农战之民日寡，而游食者愈众。则国乱而地削，兵弱而主卑。此其所以然者，释法制而任名誉也。

注释

①四旁：指东西南北四个方向。

②扼腕：自己以一手握着另一手的手腕，形容愤怒的样子。

③垂衣裳：垂着两手，无所事事的样子。

④向：以往，此处指以上。

译文

当今的国君却不是这样，他们抛开法度而任用有智慧的人，不注重功劳而任用声誉好的人。所以士兵们不肯作战，农民四处迁徙。我听说：引导百姓的关键在于君主的倡导。所以百姓，可以让他们农耕和作战，可以让他们游说求官，可以让他们致力于研究学问，全取决于君主行赏的重点在哪里。君主按照战功行赏，那么百姓就会奋勇作战；君主按照百姓所读《诗》《书》的造诣行赏，那么百姓就会致力于研究学问。百姓追求利益，就好比水总是向低处流一样，是没有东西南北四个方向的选择的。百姓只要可以从中获利就会去做这些事，所以关键就是君主赏赐的是什么。气势汹汹且崇尚勇武的人得到奖赏，游手好闲而高谈阔论的人得到奖赏，长期效力于权贵的人得到奖赏。尊崇以上三种人，他们没有功劳而可以得到奖赏，那么百姓就会放弃农耕和作战而去做这些事了。有的人用空谈去求得奖赏，有的人攀附谄媚权贵而获得奖赏，有的人用悍勇去争得奖赏。因此从事农耕和作战的百姓越来越少，而游荡吃闲饭的人越来越多。那样国家就会混乱并且国土会被割削，军队弱小而君主地位卑微。导致这种结果的原因，是君主舍弃法度而任用虚名。

原文

故明主慎法制。言不中法者不听也[1]，行不中法者不高也，事不中法者不为也。言中法，则辩之[2]；行中法，则高之；事中法，则为之。故国治而地广，兵强而主尊。此治之至也，人君者不可不察也。

注释

①中（zhòng）：符合。

②辩：言辞好听。

译文

因此贤明的君主重视法度。不合法度的言论不会听取，不合法度的行为不会推崇，不合法度的事情不会去做。言论符合法度，就认为动听；行为符合法度，就推崇；事情符合法度，就去做。这样国家就安定，国土就扩大；军队强大，君主地位尊贵。这就是治理国家的最高境界，君主不能不明辨呀。

禁使第二十四

原文

人主之所以禁使者，赏罚也。赏随功，罚随罪。故论功察罪，不可不审也。夫赏高罚下，而上无必知其道也，与无道同也。凡知道者，势、数也[1]。故先王不恃其强而恃其势；不恃其信，而恃其数。今夫飞蓬遇飘风而行千里[2]，乘风之势也；探渊者知千仞之深[3]，县绳之数也。故托其势者，虽远必至；守其数者，虽深必得。今夫幽夜，山陵之大，而离娄不见。清朝日䗂[4]，则上别飞鸟，下察秋豪。故目之见也，托日之势也。得势之至，不参官而洁[5]，陈数而物当[6]。今恃多官众吏，官立丞、监[7]。夫置丞立监者，且以禁人之为利也。而丞、监亦欲为利，则何以相禁？故恃丞、监而治者，仅存之治也。通数者不然也。别其势，难其道。故曰：其势难匿者，虽跖不为非焉。故先王贵势。

注释

①势：客观形势。数：方法，手段。

②飞蓬：指干枯后根断遇风飞旋的蓬草。

③仞：测量深度的单位，一仞约合八尺。

④黇（tuān）：明亮。

⑤参：多。洁：廉洁。

⑥当：合宜，得当。

⑦丞、监：此处指负责监察监督的官吏。

译文

君主用来约束和役使臣子的手段，是赏赐和刑罚。依据功劳来赏赐，根据罪行来惩罚。所以评定功劳、判定罪行不能不审慎。奖赏有功劳的人，惩罚有罪行的人，但国君如果不确切知道其中的道理，那么有法度等于没有法度。凡是懂得法度，就是懂得运用客观形势和统治方法。因此古代的帝王不倚仗他的强悍，而是倚仗客观形势；不仗恃对他的信任，而是倚仗统治方法。就像飞舞的蓬草遭遇旋风能飘越千里，这是因为它借助了风势；测量深潭的人能够知晓八千尺的深度，这是因为运用了悬绳测量的方法。所以，凭借客观形势的，即使道路遥远也一定能够到达；掌握了方法，即使很深也--定能测量出来。如果现在是黑夜，即使有一座高山那样大，离娄也看不见。早晨阳光明亮，离娄上能够辨别天上的飞鸟，下能辨别地上鸟兽的毫毛。所以眼睛能看见东西，是借助了太阳这一客观形势。君主利用客观形势到极致，不需要多设置官吏就会廉洁，运用合适的统治方法，政事就会处理得当。现在依靠众多官吏，设立监察的丞和监。设立丞和监的目的，是为了禁止官吏谋取私利。但丞和监也会想谋取私利，那么用什么去禁止他们呢？因此依靠丞和监来治国，仅仅能保证国家不陷入危亡。通晓治国方法的君主不会这样。分析客观形势，阻碍谋私的道路。所以说，客观形势让做坏事的人难以隐匿，即使是盗跖也不敢做坏事。所以古代的君王重视对客观形势的利用。

原文

或曰："人主执虚后以应[①]，则物应稽验[②]，稽验则奸得。"臣以为不然。夫吏专制决事于千里之外[③]，十二月而计书以定[④]。事以一岁别计，而主以一听，见所疑焉，不可蔽[⑤]，员不足[⑥]。夫物至，则目不得不见；言薄[⑦]，则耳不得不闻。故物至则变[⑧]，言至则论。故治国之制，民不得避罪，如目不能以所见遁心。今乱国不然，恃多官众吏。吏虽众，事同体一也。夫事同体一者，相监不可。且夫利异而害不同者，先王所以为保也[⑨]。故至治，夫妻交友不能相为弃恶盖非，而不害于亲，民人不能相为隐。上与吏也，事合而利异者也。今夫驺虞[⑩]，以相监不可，事合而利同者也。若使马焉能言，则驺虞无所逃其恶矣，利异也。利合而恶同者，父不能以问子，君不能以问臣。吏之与吏，利合而恶同也。夫事合而利异者，先王之所以为保也。民之蔽主，而不害于监，贤者不能益，不肖者不能损。故遗贤去智，治之数也。

注释

①虚：道家术语，指排除主观意念。

②稽验：查验，检验。

③专制：独立行事。

④计书：古代州郡年终向朝廷汇报政事的簿册。

⑤蔽：决断，判决。

⑥员：物数。

⑦薄：迫近，接近。

⑧变：通“辩”，明。

⑨保：指连坐。

⑩驺（zōu）虞：本指天子园囿中豢养鸟兽的官，此指养马的人。

译文

有人说：“君主应当以虚心的态度对待一切，那么事情就能得到核查校验，经过核查校验就能发现奸邪。”我认为并非如此。官吏们在千里之外独立决断政务，十二月按时将地方的大小事情记录在簿书上。政事以一年为单位分类审核，而君主只处理一次，即使有所怀疑，也不能断定，因为物证不足。但是事物近在眼前，眼睛就不得不看；言论近在耳边，耳朵就不得不听。所以，事物在眼前就要分辨清楚，言语听到耳中就要讨论评定。所以政治清明的国家的法度，百姓就不能隐藏他们的罪恶，就像眼睛看到的事物不能逃避内心的审视一样。现在政治混乱的国家则不一样，只是凭借官吏众多来治国。官吏虽多，但所从事的工作利益一致。利益一致则不可能做到互相监督。而利害不同，才是古代的君主实行连坐制度的根据。所以好的政治局面，夫妻、朋友都不能互相包庇掩盖罪恶，但并不妨害亲情，因为连坐制度让周围的民众不能隐瞒。君主与官吏，就是事务相同而利益不同的关系。如果让管理马匹的人互相监督就不行，因为他们的事务相关并且利益一致。假如马会说话，那么管理马匹的人的罪恶就无处隐瞒了，因为马和马夫的利益是不同的。利益一致，罪恶相同的人，父亲无法追究儿子，君主也无法追究臣子。官吏与官吏就是利益相同并且罪恶也相同。只有事务相同而利益不同，才是古代的君主实行连保的根据。百姓蒙蔽君主，而不受监督的妨碍，这样贤能的人不会增加，不贤之人不会减少。所以，冷落贤能的人而摒弃有智慧的人，这才是治理国家的方法。

慎法第二十五

原文

凡世莫不以其所以乱者治，故小治而小乱，大治而大乱。人主莫能世治其民，世无不乱之国。奚谓以其所以乱者治？夫举贤能，世之所治也，而治之所以乱。世之所谓贤者，善正也。所以为善正也，党也。听其言也，则以为能；问其党，以为然。故贵之不待其有功；诛之不待其有罪也。此其势正使污吏有资而成其奸险[①]，小人有资而施其巧诈。初假吏民奸诈之本[②]，而求端悫其末[③]，禹不能以使十人之众，庸主安能以御一国之民？彼而党与人者[④]，不待我而有成事者也。上举一与民[⑤]，民倍主位而向私交。民倍主位而向私交，则君弱而臣强。君人者不察也，非侵于诸侯，必劫于百姓。彼言说之势，愚智同学之，士学于言说之人，则民释实事而诵虚词。民释实事而诵虚词，则力少而非多[⑥]。君人者不察也，以战必损其将；以守必卖其城[⑦]。

注释

①资：凭借。

②假：借，给予。

③悫（què）：诚实。

④与：交好。

⑤举：任。

⑥非：通“诽”，诽谤。

⑦卖：背叛，此处指丢弃。

译文

天下的国君没有不用乱国的方法去治理国家的，所以他们治理得少，国家就小乱，治理得多，国家就大乱。君主没有谁能够世世代代统治百姓，然而世界上没有不乱的国家。什么叫用乱国的方式去治理国家呢？比如任用贤能的人，就是现在的君主们采用的统治方法，然而国家就因此而混乱。世人所说的贤能，是指善良、正直。但善良正直的名声是来自他们的朋党。君主听他的言论就认为他贤能，询问他的朋党都称赞他贤能。因而君主不等他立下功劳就给予赏赐；对他反对的人不等他们有罪，就用刑罚来罚他们。这种情况，正好让贪官污吏有机会去做奸佞的事情，使小人有机会去做奸诈的事。一开始就给了官吏和百姓欺诈的根本，却希望他们长出正直诚实的枝叶，即使是大禹也不能以此来统领十人的小团队，那么平庸的君主又怎能以此统治一国的臣子和百姓呢？那些结成朋党的人，不等君主发令就能达到自己的目的。君主任用这样一个人，臣子和百姓就背叛国君而倾向私下勾结。臣民背叛国君而倾向私下勾结，君主就会弱而大臣就强。如果管理国家的君主不明白这一点，不是受诸侯的侵犯，就是要被百姓推翻。受那些人空谈的影响，愚昧和聪明的人都效仿他们，人们向空谈的人学习，那么百姓都会抛弃做实事而去空谈。百姓抛弃做实事而去空谈，国家也就会实力弱而流言蜚语多。如果管理百姓的君主不明白这一点，用这样的臣民去征战，必定会损兵折将；用这样的臣民去防守，必定会丢弃城池。

原文

故有明主忠臣产于今世，而欲领其国者，不可以须臾忘于法。破胜党任[①]，节去言谈，任法而治矣。使吏非法无以守，则虽巧不得为奸。使民非战无以效其能，则虽险不得为诈。夫以法相治，以数相举。誉者不能相益，訾者不能相损[②]。民见相誉无益，习相爱不相阿[③]；见訾言无损，习相憎不相害也。夫爱人者，不阿[④]；憎人者，不害。爱恶各以其正，治之至也。臣故曰：法任而国治矣。

注释

①任：通“壬”，巧言谄媚。

②訾（zǐ）：诋毁。

③习：平素。

④阿（ē）：徇私。

译文

因此如果现在有明主忠臣出现，想要统治他们的国家，不能片刻忘记法度。一定要破除并战胜党羽、奸巧谄媚的风气，去除虚妄之言，依照法度来治理国家。使官吏除了法度之外没有其他可以倚仗的东西，那么即使内心奸恶也无法做坏事。使百姓除了战争没有其他可以施展能力的地方，那么即使奸诈也不能做坏事。用法度来治理国家，按照章程来用人。赞誉不会给人带来什么好处，诋毁也不会给人带来什么坏处。百姓见相互称誉没有带来什么好处，就会形成相亲相爱但不徇私的风气；见诋毁没有给他人带来什么害处，就会形成相互监督但不去损害他人的风气。喜爱他人，但不会对他徇私；憎恶他人，但不去贬损他。喜爱他人和憎恶他人都有正确的态度，这是治理国家的最高境界。所以我说：运用法度来治理国家，国家就会政治清明。

原文

千乘能以守者，自存也；万乘能以战者，自完也。虽桀为主，不肯诎半辞以下其敌①。外不能战，内不能守，虽尧为主，不能以不臣谐所谓不若之国②。自此观之，国之所以重、主之所以尊者，力也。于此二者本于力，而世主莫能致力者，何也？使民之所苦者无耕，危者无战。二者，孝子难以为其亲，忠臣难以为其君。今欲驱其众民，与之孝子忠臣之所难，臣以为，非劫以刑而驱以赏莫可。而今，夫世俗治者，莫不释法度而任辩慧，后功力而进仁义，民故不务耕战。彼民不归其力于耕，即食屈于内③；不归其节于战，则兵弱于外。入而食屈于内，出而兵弱于外，虽有地万里、带甲百万，与独立平原一贯也④。且先王能令其民蹈白刃，被矢石⑤。其民之欲为之，非好学之，所以避害。故吾教令：民之欲利者，非耕不得；避害者，非战不免。境内之民莫不先务耕战，而后得其所乐。故地少粟多，民少兵强。能行二者于境内，则霸王之道毕矣。

注释

①诎（qū）：同“屈”，屈服。

②谐：使和谐，此指讲和。

③屈：竭。

④贯：同样，一样。

⑤被：迎受。矢：箭。

译文

用千辆兵车来守卫的国家，可以自保；用万辆兵车来征战的国家，可以自全。即使桀为君主，也不肯说半句软话向敌人示弱。对外不能征战，对内不能守卫国家，即使尧为君主，也不能不向不如自己的国家讲和臣服。由此可见，国家之所以受到重视、君主之所以受到尊重，是因为实力。提高国家和君主地位的根本是实力，然而君主们没有尽力去做，是为什么呢？让百姓感到劳苦的事无非是农耕，让百姓感到危险的事无非是战争。这两件事，孝子为了他的父亲很难做到，忠臣为了他的君主也很难做到。如今想要驱使百姓，交给他们孝子和忠臣都很难做到的事，我以为，除非是用刑罚来胁迫他们，用奖赏来驱使他们才行。但现在，世俗的君主，没有不舍弃法度而任用巧言与智慧的，轻视功劳和实力而推崇仁义，因此百姓不致力于耕战和战争。百姓不把力量集中在耕田上，那么国内的粮食就缺乏了；不把精力放在战争上，对外兵力就弱了。在内粮食缺乏，对外兵力薄弱，即使有国土万里、带甲将士百万，国家也如同独自站在平原上的人一样。古代帝王能让他的百姓脚踏敌人的刀剑，迎着箭弩和垒石冲锋。他的百姓之所以愿意这样做，不是他们爱好这样，而是为了避免刑罚。因此我们教令：百姓想要获得利益，不耕田就得不到；想避免刑罚，不去作战就不能避免。国内的百姓没有不先致力于农耕和作战，然后才得到他们的安乐的。所以田地少而粮食多，百姓少而兵力强。可以在国内做到这两点，那么成就霸业的道路就准备妥当了。

定分第二十六

原文

公问于公孙鞅曰："法令以当时立之者，明旦欲使天下之吏民皆明知而用之，如一而无私，奈何？"

译文

秦孝公问公孙鞅说："今天制定的法令，明天清早就想让全国的官吏和百姓都明确了解并奉行，全国一致通行而没有徇私的现象，应该怎么办？"

原文

公孙鞅曰：为法令，置官吏。朴足以知法令之谓者，以为天下正[①]，则奏天子。天子若[②]，则各主法令之。皆降[③]，受命发官[④]，各主法令之。民敢忘行法令之所谓之名，各以其所忘之法令名罪之。主法令之吏有迁徙物故[⑤]，辄使学读法令所谓。为之程序[⑥]，使日数而知法令之所谓，不中程，为法令以罪之。有敢剟定法令损益一字以上[⑦]，罪死不赦。诸官吏及民，有问法令

之所谓也于主法令之吏，皆各以其故所欲问之法令，明告之。各为尺六寸之符[8]，明书年、月、日、时、所问法令之名，以告吏民。主法令之吏不告，及之罪，而法令之所谓也，皆以吏民之所问法令之罪，各罪主法令之吏。即以左券予吏之问法令者，主法令之吏谨藏其右券木柙，以室藏之，封以法令之长印。即后有物故，以券书从事。

注释

①正：长，官吏。

②若：古同“诺”，应允。

③降：走下台阶，指接受任命。

④发官：赴任。

⑤物故：亡故，去世。

⑥程序：规划。

⑦剟（duō）：刻写，删削，此处指修改。

⑧符：符信，记载命令、公文等，盖有官府印信。

译文

公孙鞅说：制定法令，设置官吏。资质足以使百姓知道法令内容的人，可以任用他为官吏，并且上报给天子。天子许可了，那么就让他们去各自到任的地方主管法令。他们都走下台阶，接受任命前去上任，各自主管当地的法令。民众有敢忘记遵守法令的某项规划，就用他所忘记的法令规定惩罚他。主管法令的官吏如果有升迁调动或去世的，就立刻让接替者学习法令的内容。给他做出规划，让他在几天之内要通晓法令的内容，没有按照规划完成，就用法令惩罚他。若有敢修改法令而增减一个字以上的，处以死罪并且绝不赦免。众官吏和民众，有向主管法令的官吏询问法令具体内容的，主管法令的官吏必须针对他们的问题，明确地回答他们。而且要制一个一尺六寸长的符信，在上面明确地书写上年、月、日、时辰和所询问的法令内容，用来告知官吏和百姓。主管法令的官吏如果不告知，等到百姓犯了罪，正是他们所询问的那一条，那就按照百姓所询问的那条法令来惩罚主管法令的官吏。写好符信，就要把符信的左片给询问法令的人，主管法令的官吏要谨慎地将右片装入木盒中，保存在一个房子里，用法令长官的印封上。即使以后主管法令的官吏去世了，也按照符信办事。

原文

法令皆副①，置一副天子之殿中，为法令为禁室，有键钥②，为禁而以封之③，内藏法令一副禁室中④，封以禁印。有擅发禁室印⑤，及入禁室视禁法令，及剟禁一字以上，罪皆死不赦。一岁受法令以禁令⑥。

注释

①副：副本。

②键钥：锁钥。

③禁：封禁，相当于今天的封条。

④内：古同“纳”，收藏。

⑤发：开启。

⑥受：通“授”，授予，交给。

译文

法令都有副本，将一份副本存放在天子的宫殿里，给法令专门开辟一间禁室，用锁钥来封存，制作专门的封条把禁室封起来，把法令的副本藏在禁室里，用禁印封上。有擅自开启禁室印封，并且进入禁室偷看禁室的法令的，以及修改禁室中法令一个字以上的，均是死罪，绝不赦免。每年一次，将禁室所藏法令颁发给官吏。

原文

天子置三法官：殿中置一法官，御史置一法官及吏，丞相置一法官。诸侯、郡、县皆各为置一法官及吏，皆比秦一法官。郡、县、诸侯一受赍来之法令[①]，学并问所谓。吏民欲知法令者，皆问法官。故天下之吏民，无不知法者。吏明知民知法令也，故吏不敢以非法遇民[②]，民不敢犯法以干法官也。遇民不修法[③]，则问法官，法官即以法之罪告之，民即以法官之言正告之吏。吏知其如此，故吏不敢以非法遇民，民又不敢犯法。如此，天下之吏民虽有贤良辩慧，不能开一言以枉法；虽有千金，不能以用一铢[④]。故知、诈、贤能者皆作而为善，皆务自治奉公。民愚则易治也，此所生于法明白易知而必行。

注释

①赍：送。

②遇：对待。

③修：遵循。

④铢：古代重量单位，二十四铢为一两。

译文

天子设置三位法官：宫殿中设置一位法官，御史中设置一位法官及官吏，丞相旁边设置一位法官。诸侯、郡、县也统一为他们各设置一个法官和法吏，均按照秦都的法官。诸侯、郡、县一旦接到送来的法令，就学习并询问法令的内容。官吏和百姓想要知道法令的，都要去询问法官。所以天下官吏民众，没有不知道法令的。官吏清楚地知道百姓懂得法令，所以官吏不敢以非法手段对待百姓，百姓也不敢犯法来触犯法官。官吏对待百姓不遵循法令规定的，百姓就可以询问法官，法官就将法令所规定的罪名告诉他们，百姓就用法官的话警告官吏。官吏知道事情会这样，所以不敢用非法手段对待百姓，百姓也不敢犯法。这样，天下的官吏和百姓，即使贤良、善辩、聪慧，也不敢说一句违法的话；即使有千金，也不能违法使用一铢钱。因此聪明、巧诈、贤能的人都发生改变去做好事，都努力严于律己、服从国家的法令。百姓愚昧就容易统治，这是由于法令明白易懂就一定会遵从。

原文

法令者，民之命也，为治之本也，所以备民也[①]。为治而去法令，犹欲无饥而去食也，欲无寒而去衣也，欲东而西行也，其不几亦明矣[②]。一兔走，百人逐之，非以兔为可分以为百，由名分之未定也。夫卖兔者满市，而盗不敢取，由名分已定也。故名分未定，尧、舜、禹、汤且皆如骛焉而逐之[③]；名分已定，贪盗不取。今法令不明，其名不定，天下之人得议之。其议，

人异而无定。人主为法于上，下民议之于下，是法令不定，以下为上也。此所谓名分之不定也。夫名分不定，尧、舜犹将皆折而奸之[4]，而况众人乎？此令奸恶大起，人主夺威势，亡国灭社稷之道也。今先圣人为书而传之后世，必师受之[5]，乃知所谓之名；不师受之，而人以其心意议之，至死不能知其名与其意。故圣人必为法令置官也，置吏也，为天下师，所以定名分也。名分定，则大诈贞信，巨盗愿悫[6]，而各自治也。故夫名分定，势治之道也；名分不定，势乱之道也。故势治者不可乱，势乱者不可治。夫势乱而治之，愈乱；势治而治之，则治。故圣王治治，不治乱。

注释

①备民：保民。

②几：近。

③騖（wù）：同“骛”，疾驰。

④折：改道。

⑤受：通“授”。

⑥愿：老实。悫（què）：朴实，诚实。

译文

法令，是百姓的生命，治国的根本，是用来保护百姓的。治理国家而舍弃法令，就好比想要不挨饿却舍弃粮食，想要不受冻却舍弃衣服，想要到东方却往西走一样，这很明显是没有希望的。一只兔子跑了，一百个人追赶，并不是因为捉到兔子后每个人可以分到百分之一，是因为兔子的所有权没有确定。市场上到处是卖兔子的，然而盗贼却不敢去偷，这是因为市场上兔子的所有权是确定的。所以当事物的名分没有确定之前，尧、舜、禹、汤也都急切地追逐；而名分确定后，贪婪的盗贼也不敢偷取。现在法令不明确，条目不固定，天下百姓都会议论。他们的议论，众说纷纭，没有定说。君主在上制定法令，百姓在下议论纷纷，这是法令不确定，以下为上。这就是所说的名分不确定。名分不确定，尧、舜尚且都会走邪路去做坏事，何况是普通人呢？这样就使奸邪大兴，君主失掉权威，这是国家社稷灭亡的道路。如今古代圣人的著作在后世流传，一定要由老师教授，才能知道具体的内容；如果不由老师教授，人人都以自己的想法来解读，到死时也不能明白书中的文字和它的含义。所以，圣人一定给法令设置法官、法吏，让他们做天下人的老师，就是为了确定名分。名分确定了，那么大奸之人就可以变得正直诚实，大盗就可以变得谨慎老实，并且都能各自严于律己。因此确定名分，是社会安定的办法；名分不确定，是社会形势混乱的办法。社会能安定就不会混乱，社会混乱就不会安定。用使社会混乱的方法去治国，国家就会更乱；用使社会安定的方法去治国，国家才会安定。所以圣王在社会安定的情况下来治国，而不是在社会形势混乱的情况下来治国。

原文

夫微妙意志之言，上知之所难也①。夫不待法令绳墨②，而无不正者，千万之一也。故圣人以千万治天下，故夫知者而后能知之，不可以为法，民不尽知。贤者而后知之，不可以为法，民不尽贤。故圣人为法必使之明白易知，名正，愚知遍能知之。为置法官，置主法之吏，以为天下师，令万民无陷于险危。故圣人立，天下而无刑死者，非不刑杀也，行法令明白易知，为置法官吏为之师，以道之知③。万民皆知所避就④，避祸就福，而皆以自治也。故明主因治而终治之，故天下大治也。

注释

①知：通“智”，才智。

②绳墨：本为木工打直线的墨线，此指规矩。

③道：通“导”，引导。

④就：靠近。

译文

微妙深奥的思想言论，即使是上等智慧的人也难以理解。不需要法令规范，而行为就能完全端正的，在千万人中只有一个。圣人是针对千万人来治理天下的，所以只有聪明的人理解后别人才能够理解的东西，不能作为法令，因为百姓并非都是有智慧的人。只有贤能的人理解后别人才能够理解的东西，不能作为法令，因为百姓并非都是贤能的人。所以圣人制定法令一定要使它简单易懂，确定名分后，愚笨的人和聪明的人都能理解。为百姓设置法官，设置主管法令的官吏，让他们作为天下的老师，使百姓不陷入触犯法令的危险境地。因此圣人掌握政权，天下没有受刑被杀的人，并非他不用刑法杀人，而是推行的法令都清楚易懂，又给百姓设置法官、法吏作为他们的老师，引导他们理解法令。这样，天下的百姓都知道应躲避什么、靠近什么，避祸近福，就都能严于律己。因此圣明的君主凭借百姓的自律而使国家得到治理，天下就大治了。

列子

天瑞第一[1]

原文

子列子居郑圃[2]，四十年人无识者。国君卿大夫视之[3]，犹众庶也[4]。国不足[5]，将嫁于卫[6]。弟子曰："先生往无反期，弟子敢有所谒[7]，先生将何以教？先生不闻壶丘子林之言乎[8]？"子列子笑曰："壶子何言哉[9]？虽然，夫子尝语伯昏瞀人[10]，吾侧闻之，试以告女[11]。其言曰：有生不生[12]，有化不化[13]。不生者能生生[14]，不化者能化化[15]。生者不能不生，化者不能不化，故常生常化。常生常化者，无时不生，无时不化。阴阳尔[16]，四时尔[17]，不生者疑独[18]，不化者往复[19]。往复，其际不可终[20]；疑独，其道不可穷。《黄帝书》曰：谷神不死[21]，是谓玄牝[22]。玄牝之门，是谓天地之根[23]。绵绵若存，用之不勤[24]。故生物者不生，化物者不化。自生自化，自形自色，自智自力，自消自息。谓之生化、形色、智力、消息者，非也。"

注释

①瑞：吉祥，这里指吉祥的征兆。

②子列子：列子，本名列御寇，亦作列圄寇、列围寇，郑国人。

③视：看待，对待。

④众庶：指普通百姓。

⑤国不足：国家遭受饥荒之年。

⑥嫁：往，到。

⑦敢：自言冒昧之词，犹胆敢。谒：请问，请求说明问题。

⑧壶丘子林：复姓壶丘，名林，郑国人，列子的老师。

⑨何言：犹言何，说了些什么。

⑩语：告诉。伯昏瞀人：也作伯昏无人，是列子的师兄。

⑪女：通“汝”，你。

⑫有生：有形体的具体事物。不生：派生万物却不能被他物所生成，实指道。

⑬有化：有存亡变化的具体事物。不化：使他物变化而自身不被他物所化，亦指世界的本原。

⑭生生：第一个“生”作动词，指产生。第二个“生”作名词，指被产生的事物。

⑮化化：使事物发生变化。

⑯阴阳：中国古代的一对哲学范畴。指由物质本原的运动所产生的阴阳两气，阴阳两气结合而后产生万事万物。尔：指示代词，如此。

⑰四时：四季。

⑱疑独：固定不变而独立永存。

⑲往复：循环。

⑳际：交界之处。终：终点。

㉑谷：即山谷之谷，指虚空。

㉒玄牝（pìn）：指幽深的产生万物的“道”。玄，幽远深妙。牝，鸟兽中的雌性。此处指雌性生殖器官。

㉓根：本原。

㉔勤：尽，停息。

译文

列子在郑国圃田居住，四十年里没有一个人认识他。郑国的国君、公卿、大夫对待他，就如同对待普通老百姓。郑国连年遭遇饥荒，列子打算离开家去往卫国。他的学生说：“老师这次远行，不知道多久才能返回，如果学生有一些问题想要请教，老师要怎样来教导我们呢？老师没听过壶丘子林的教导吗？”列子笑着说：“壶丘先生是如何说的呢？即使这样，老先生曾经对伯昏瞀人说过一番话，我在一旁听到了，暂且告诉你们。他这样说：有形体的具体事物不被他物所生，有存亡变化的具体事物不被他物所化。没有形体的具体事物能够产生出有形体的具体事物，没有存亡变化的具体事物能使有存亡变化的具体事物发生变化。有形体的事物不能不产生，有存亡变化的具体事物不能不变化，所以这些事物经常产生，经常变化。经常产生、经常变化的事物，时时刻刻都在产生，时时刻刻都在变化。阴阳是如此，四时也是如此。没有形体的事物无可比拟，没有存亡变化的事物循环往复。循环往复的事物，永远找不到它的边界；无可比拟的事物，它的道理无法穷究。《黄帝书》说：空虚的神妙作用不会消逝，就叫作玄牝。玄牝的大门，就是天地的本根。它连绵不断，似乎一直存在着，用也用不尽。所以产生万物的自身不被产生，变化万物的自身不被变化。它自己产生，自己变化；自己形成，自己着色；自己产生智慧，自己产生力量；自己消退衰败，自己生长旺盛。说有使它产生、变化、显形、着色、产生智慧、产生力量、消退衰败、生长旺盛的事物，是荒谬的。”

原文

子列子曰："昔者圣人因阴阳以统天地[①]。夫有形者生于无形，则天地安从生？故曰：有太易[②]，有太初[③]，有太始[④]，有太素[⑤]。太易者，未见气也；太初者，气之始也；太始者，形之始也；太素者，质之始也。气形质具而未相离，故曰浑沦[⑥]。浑沦者，言万物相浑沦而未相离也。视之不见，听之不闻，循之不得[⑦]，故曰易也[⑧]。易无形埒[⑨]，易变而为一，一变而为七，七变而为九。九变者[⑩]，究也[⑪]；乃复变而为一。一者，形变之始也。清轻者上为天，浊重者下为地，冲和气者为人[⑫]；故天地含精[⑬]，万物化生。"

注释

①圣人：具有极高道德和智慧的人。

②太易：指宇宙万物的最终本原。易，变化之意。

③太初：指天地形成前元气开始萌发的阶段。

④太始：指天地形成前元气有了形态的阶段。

⑤太素：此时的元气既有形态又有固定的性质。

⑥浑沦：形容天地开辟前浑然一体不可剖析的状态。

⑦循：抚摩。

⑧易：简易。

⑨易无形埒（liè）："易"的运动是不存在形象和界域的。形，形象。埒，界域。

⑩九变：古人把"九"看作"阳变"之数，认为"九变"为数变之极，已囊括了天下所有变化。

⑪究：穷尽，终端。

⑫冲和气：指阴、阳两气在相互冲击中形成统一，因而生成人。冲，冲荡。亦作“中”，意为中和之气。和，和合，统一。

⑬精：指阴阳精气。

译文

列子说：“从前圣人凭借阴阳二气来统领天地万物。如果有形的事物是由无形的事物产生的，那么有形的天地万物是由什么产生的呢？因此说：天地万物的形成过程有太易、太初、太始、太素四个阶段。太易，是指元气还没形成时的状态；太初，是指元气开始萌发的状态；太始，是指元气有了一定形态时的状态；太素，是指元气兼具形状和性质时的状态。元气、形状、性质全部具备却没有相互分离，叫作浑沦。浑沦，说的是万物融合成一个整体而没有相互分离的状态。看不到它，听不见它，又摸不到它，所以叫作易。易不存在形态与界限，易通过变化成为一，一通过变化成为七，七通过变化成为九。九是变化的末端，然后反过来又变化成为一。一是形状变化的始端。天因清轻之气上浮而成，地因浊重之气下沉而成，人便因中和之气而形成；因此天地之间蕴藏着阴阳精气，万物因此变化而产生。”

原文

子列子曰：“天地无全功①，圣人无全能，万物无全用。故天职生覆②，地职形载③，圣职教化④，物职所宜。然则天有所短，地有所长，圣有所否⑤，物有所通⑥。何则？生覆者不能形载，形载者不能教化，教化者不能违所宜，宜定者不出所位。故天地之道，非阴则阳；圣人之教，非仁则义；万物之宜，非

柔则刚：此皆随所宜而不能出所位者也。故有生者，有生生者；有形者，有形形者；有声者，有声声者；有色者，有色色者；有味者，有味味者。生之所生者死矣，而生生者未尝终；形之所形者实矣，而形形者未尝有；声之所声者闻矣，而声声者未尝发；色之所色者彰矣，而色色者未尝显；味之所味者尝矣，而味味者未尝呈：皆无为之职也⑦。能阴能阳，能柔能刚，能短能长，能员能方⑧，能生能死，能暑能凉，能浮能沉，能宫能商⑨，能出能没，能玄能黄，能甘能苦，能羶能香⑩。无知也，无能也，而无不知也，而无不能也。"

注释

①全：完备。

②生覆：养育生命。

③形载：承载万物。

④教化：政教风化。

⑤否（pǐ）：困滞，滞塞。

⑥通：通达。

⑦无为：道家的哲学思想，即顺应自然的变化规律。

⑧员：同“圆”，圆形。

⑨宫：古代音乐术语，五声音阶中的第一音级。五音即宫、商、角、徵、羽。商：五声音阶中的第二音级。

⑩羶：指臊气。

译文

列子说："天地的功效并不完备，圣人的能力并不完备，万物的用途也不完备。因此覆育生命是天的职责，成形载物是地的职责，施行教化是圣人的职责，适合人们使用是器物的职责。如此一看，天有它的不足之处，地有它的擅长之处，圣人也有滞塞的时候，器物也有通达的时候。为什么会这样呢？这是因为覆育生命的不能成形载物，成形载物的不能施行教化，施行教化的不能违逆事物的性质，事物本身的性质一旦确定，就不可超出它所承担的职责。所以天地的运行，除了阴便是阳；圣人的教导，除了仁便是义；万物的根本，除了柔便是刚：这些都是根据各自固有的性质而不可以超出它所承担的职责的。所以存在有生死的事物，就有使有生之物产生的事物；存在有形状的事物，就有使有形之物成形的事物；存在有声音的事物，就有使有声之物发出声音的事物；存在有颜色的事物，就有使有色之物呈现出颜色的事物；存在有滋味的事物，就有使有味之物显现出滋味的事物。有生死的事物所呈现的生命死亡了，但使有生之物产生的事物却没有停止运行；有形状的事物所显现出的形状是实在的，但使有形之物成形的事物却没有形状；有声音的事物所显现出的声音已被听见，但使有声之物发出声音的事物却没有发声；有颜色的事物所显现出的颜色已彰著，但使有色之物显色的事物却没有显示；有滋味的事物所呈现出的滋味已被品尝，但使有味之物产生滋味的事物却没有呈现：这些都是无为之道发挥的作用。它既可以使事物呈现出阴的性质，也能呈现出阳的性质；既有柔的性质，也有刚的性质；能够缩短，也能延长；能够呈现圆的形状，也能呈现方的形状；能够产生，也可以死亡；能够暑热，也可以凉爽；能够上浮，也能下沉；能够奏出宫声，也能奏出商声；能够显现，也能隐没；能够显现黑色，也能呈现黄色；能够呈现甘甜的滋味，也能呈现苦涩的滋味；能够散发出膻气，也能散发芳香。它毫无感知，毫无能力，却又没有不知道的，没有不能做到的。"

原文

子列子适卫，食于道，从者见百岁髑髅[①]。攓蓬而指[②]，顾谓弟子百丰曰："唯予与彼知而未尝生未尝死也。此过养乎[③]？此过欢乎？种有几[④]：若蛙为鹑[⑤]，得水为㡭，得水土之际，则为蛙蠙之衣[⑥]。生于陵屯，则为陵舄[⑦]。陵舄得郁栖[⑧]，则为乌足[⑨]。乌足之根为蛴螬[⑩]，其叶为胡蝶。胡蝶胥也化而为虫[⑪]，生灶下，其状若脱[⑫]，其名曰鸲掇[⑬]。鸲掇千日化而为鸟，其名曰干余骨。干余骨之沫为斯弥[⑭]，斯弥为食醯颐辂[⑮]，食醯颐辂生乎食醯黄軦[⑯]，食醯黄軦生乎九猷[⑰]，九猷生乎瞀芮[⑱]，瞀芮生乎腐蠸[⑲]。羊肝化为地皋[⑳]，马血之为转邻也[㉑]，人血之为野火也。鹞之为鹯[㉒]，鹯之为布谷，布谷久复为鹞也。燕之为蛤也[㉓]，田鼠之为鹑也，朽瓜之为鱼也，老韭之为苋也，老羭之为猿也[㉔]，鱼卵之为虫。亶爰之兽自孕而生曰类[㉕]。河泽之鸟视而生曰鶂。纯雌其名大署[㉖]，纯雄其名稚蜂[㉗]。思士不妻而感，思女不夫而孕。后稷生乎巨迹[㉘]，伊尹生乎空桑[㉙]。厥昭生乎湿[㉚]，醯鸡生乎酒[㉛]。羊奚比乎不筍[㉜]，久竹生青宁[㉝]，青宁生程[㉞]，程生马，马生人，人久入于机。万物皆出于机，皆入于机。"

注释

①髑（dú）髅（lóu）：死人的头骨。

②攓（qiān）：拔取。蓬：草名，又名"飞蓬"。

③过："果"的假借字，果真。养：通"恙"，忧虑貌。

④种：物种，即世间万物。几：当读作"机"，即下文结语中的

“机”。机，机关，即万物变化之所由。

⑤鹑：鹌鹑，一种体形似鸡而小的鸟类。

⑥蛙蠙之衣：青苔。

⑦陵舄（xì）：车前草，一种喜好生长在道路两旁的草本植物。

⑧郁栖：粪壤。

⑨乌足：一种草本植物。

⑩蛴螬：金龟子的幼虫，俗称“土蚕”“地蚕”。

⑪胥（xū）：少顷，须臾。

⑫脱：同“蜕”，蜕化的皮壳。

⑬鸲（qú）掇（duō）：虫名。

⑭斯弥：虫名。

⑮醯（xī）：醋。颐辂：虫名，古人以为是酒醋上的白霉变成的。

⑯黄軦（kuàng）：虫名，亦在酒醋之上产生。

⑰食醯黄：蠛蠓一类的小虫。九猷（yóu）：虫名。

⑱瞀（mào）芮（ruì）：蚊子之类的小虫。

⑲腐蠸（quán）：一种小甲虫，亦称“黄守瓜”。腐，谓其长于腐瓜之中。

⑳地皋：茜草，其根可做绛红色染料。皋，通“膏”。

㉑邻：通“磷”，鬼火。

㉒鹯：鸟名，又名“晨风”。

㉓蛤：蛤蜊，分布在浅海泥沙中的有壳软体动物。

㉔羭（yú）：母羊。

㉕亶（chán）爰（yuán）：山名。

㉖大䐓（yāo）：指鱼鳖之类。

㉗稚蜂：幼蜂。

㉘后稷生乎巨迹：相传，后稷的母亲姜原因踩踏了天帝的足迹，生后稷。后稷，据称为周族始祖，善于种植五谷，曾在尧、舜时为农官，教民耕种。

㉙伊尹生乎空桑：相传，伊尹的母亲怀孕时身体化为一株中空的桑

树。有莘氏女子采桑，在桑树中拾到一个婴儿，就是伊尹。伊尹，商初贤臣。名伊，尹是官名。

㉚厥昭：蜻蛉虫。湿：潮湿的地方。

㉛醯（xī）鸡：虫名，即蠛蠓。

㉜羊奚：草名。比：结合。不笋：久不生笋的老竹。

㉝久竹：老竹。青宁：虫名。

㉞程：豹子。

译文

列子到卫国去，在道路旁吃饭的时候，随从的学生看见一个已有百年的死人头骨。列子拔起蓬草，用手指着头骨，回头对他的学生百丰说："只有我和他知道万物不曾有生，也不曾有死的道理。死亡果真让人感到悲伤吗？活着果真使人感到欢喜吗？世上的物种变化极其微妙：就像青蛙变为鹌鹑，有了水的滋润会长成䪢草，而得到了水土的滋养，就会长出青苔。生长在高旱之地，就会长成车前草。若其有了肥沃的粪土滋养，就会长成乌足草。乌足草的根变为金龟子的幼虫，它的叶子则变化成蝴蝶。蝴蝶很快就又变为虫子，这种虫在灶下生长，它的形状就会像刚蜕化了的皮壳一样，它的名字叫鸲掇。鸲掇经过一千天，又变化为名叫干余骨的鸟。干余骨口中的唾沫变成斯弥虫，斯弥虫又变成吃醋的颐辂虫，吃醋的颐辂虫从吃醋的黄軦虫生出，吃醋的黄軦虫又从九猷虫生出，九猷虫从成群乱飞的蚊蚋中生出，蚊蚋从腐烂的黄守瓜虫中生出。羊肝转化成茜草，马血转化成磷火，人血转化为荒野里的鬼火。鹞鸟变为晨风鸟，晨风鸟又变为布谷鸟，布谷鸟过了很久又重新变为鹞鸟。燕子变为蛤蜊，田鼠变为鹌鹑，腐朽的瓜变为鱼，老韭菜变为苋菜，老母羊变为猿猴，鱼的卵则变为虫子。亶爰山上的野兽可以自行怀孕，生崽名为类。河边有种鸟，两两对望就可以生卵孵化，生子名叫鶂。纯雌性的龟鳖种群名叫大胥，纯雄性的鱼鳖种群名字叫稚蜂。男子单相思，不娶妻子而有所感应，女子怀春，不嫁丈夫而自行怀孕。后稷因其母亲踩踏了天帝的足迹而诞生，伊尹生于其母怀孕时化成的中空的桑树。厥昭生于潮湿之地，蠛蠓生于酒醋之中。羊奚草与久不生笋的老竹相结合，不长笋子的老竹生下了青宁虫，青宁虫生下了豹子，豹子生下了马，马生下了人，人老后就返回于自然。万物的生命均产生于大道，生命终结后又都复归于此大道。”

原文

《黄帝书》曰：“形动不生形而生影，声动不生声而生响①，无动不生无而生有。”形，必终者也；天地终乎？与我偕终。终进乎②？不知也。道终乎本无始，进乎本不久。有生则复于不生，有形则复于无形。不生者，非本不生者也；无形者，非本无形者也。生者，理之必终者也③。终者不得不终，亦如生者之不得不生。而欲恒其生，画其终④，惑于数也⑤。精神者，天之分⑥；骨骸者，地之分。属天清而散，属地浊而聚。精神离形，各归其真⑦，故谓之鬼。鬼，归也，归其真宅⑧。黄帝曰：“精神入其门⑨，骨骸反其根，我尚何存？”

注释

①响：回响。

②进：通“尽”，无尽。

③理：自然的法规。

④画：终止。

⑤数：指大自然的客观真理。

⑥天之分（fèn）：此“分”为“有”，意即属有。

⑦真：指本原。

⑧真宅：本原之地，人死后的归宿。

⑨门：天门，道家称众妙之门。

译文

《黄帝书》说："形体运动不产生形体，但却能产生影子；声音运动不产生声音，却能产生回响；虚无运动不产生虚无，但却产生了实际存在的事物。"有形之物是一定会完结的；那么天地会完结吗？和我一样也会完结。这种完结有穷尽的时候吗？不知道。道在本来就没有开始的地方完结，在本来就没有形态的地方穷尽。一切有生命的事物终会回到没有生命的状态，一切有形状的事物终会回到无形的状态。那些生而后死的事物，并非本就没有过生命；那些先有形而后无形的事物，并非本就没有形状。按照自然的法则，凡有生之物必定要完结的。该完结的事物不得不完结，就像该存在的事物不得不存在一样。若想生命成为永恒，企图阻止完结，这是对自然规律的不了解。精神，是为天所有的；骨骸，是为地所有的。所属天的，空灵清明且飘逸四散；所属地的，沉重混浊且凝聚结合。精神与形骸分离，便会分别回到它们的本原，所以叫其为鬼。鬼，意为归，就是回归到它真正的归宿。黄帝说："精神归入众妙之门，骨骸返回物质本原，我的形体和灵魂还有什么可存在的呢？"

原文

人自生至终，大化有四：婴孩也，少壮也，老耄也[①]，死亡也。其在婴孩，气专志一[②]，和之至也[③]；物不伤焉，德莫加焉[④]。其在少壮，则血气飘溢，欲虑充起；物所攻焉[⑤]，德故衰焉。其在老耄，则欲虑柔焉；体将休焉，物莫先焉；虽未及婴

孩之全，方于少壮[6]，闲矣[7]。其在死亡也，则之于息焉，反其极矣[8]。

注释

①耄（mào）：老。古人称八十岁、九十岁为耄。

②气：指人的精神状况。志：心志所向。

③和：和谐。

④德：指具体事物从“道”所得到的性质，是“道”的特性和表现。

⑤攻：此处为侵害、扰乱的意思。

⑥方：对比。

⑦闲：安稳，娴静。

⑧极：自然的本原，本文指死与生的交会处。

译文

人从生到死，共有四个大的变化阶段：婴孩，少壮，老耄，死亡。当处在婴孩阶段时，人精神专注，意志专一，此时元气最为淳厚和谐；外物不能侵害它，德行也达到了最高点。当处在少壮阶段时，人的血气飘溢而出，体内也充满了各种欲望与思虑；外物带来了更多的侵扰，德行也因此而有所衰败。到了老年阶段，人的欲望与思虑不再那么强硬；身体也即将安息、休憩，外物也不再与人们争夺；虽然仍无法达到婴孩般那样身心完善的程度，但相比于少壮阶段，也能称得上安和娴静了。到了死亡阶段，人就可以完全休息，重新返回到自然的本原。

原文

孔子游于太山[1]，见荣启期行乎郕之野[2]，鹿裘带索[3]，鼓琴而歌。孔子问曰："先生所以乐，何也？"对曰："吾乐甚多：天生万物，唯人为贵；而吾得为人，是一乐也。男女之别，男尊女卑，故以男为贵；吾既得为男矣，是二乐也。人生有不见日月、不免襁褓者[4]；吾既已行年九十矣，是三乐也。贫者，士之常也[5]；死者，人之终也。处常得终[6]，当何忧哉？"孔子曰："善乎！能自宽者也。"

注释

①太山：泰山。

②荣启期：春秋时期的隐者。郕（chéng）：古邑名，春秋时期鲁国的孟氏邑，在今山东宁阳东北。

③鹿裘：鹿皮衣，也泛指简陋的皮衣。带索：将绳索系在腰间当作腰带。

④不见日月、不免襁（qiǎng）褓（bǎo）者：谓还没出生就死去的胎儿，死在襁褓中的婴儿。

⑤常：常情。

⑥得：应为"待"，等待。

译文

孔子游历于泰山时，看到荣启期在郕邑的郊外行走，身着粗糙的鹿皮衣，腰间用一根绳索充当腰带，一边行走，一边弹琴唱歌。孔子问道："先生为何如此快乐呢？"荣启期回答说："我快乐的原因有很多：大自然生养万物，只有人是最高贵的；而我能够成为人，这是第一件令我快乐的事。男女有别，男尊女卑，所以，以男子为尊贵；而我生为男子，这是第二件令我快乐的事。有的人还没有见过太阳月亮就在母亲的肚子里死去，也有活了没多久就在襁褓里夭折的；而我已经活到九十多岁了，这是第三件令我快乐的事。读书人普遍都贫困，每个人都必定死亡。而我安于贫困，安然等待着必将到来的结局，还有什么可烦恼的呢？"孔子说："说得好！你真是个善于自我宽慰的人。"

原文

林类年且百岁[①]，底春被裘[②]，拾遗穗于故畦[③]，并歌并进。孔子适卫，望之于野。顾谓弟子曰："彼叟可与言者，试往讯之！"子贡请行[④]。逆之垄端[⑤]，面之而叹曰："先生曾不悔乎，而行歌拾穗？"林类行不留，歌不辍。子贡叩之不已[⑥]，乃仰而应曰："吾何悔邪？"子贡曰："先生少不勤行，长不竞时，老无妻子，死期将至：亦有何乐而拾穗行歌乎？"林类笑曰："吾之所以为乐，人皆有之，而反以为忧。少不勤行，长不竞时，故能寿若此。老无妻子，死期将至，故能乐若此。"子贡曰："寿者人之情[⑦]，死者人之恶。子以死为乐，何也？"林类曰："死之与生，一往一反。故死于是者，安知不生于彼？故吾知其不

相若矣？吾又安知营营而求生非惑乎？亦又安知吾今之死不愈昔之生乎？”子贡闻之，不喻其意，还以告夫子。夫子曰：“吾知其可与言，果然；然彼得之而不尽者也。”

注释

①林类：春秋时期的隐士。且：即将。

②底：通“抵”，到达。被（pī）：披着。裘：这里指粗陋的皮衣。

③故畦：庄稼收割后的田垄。

④子贡：春秋时卫国人，孔子的学生，姓端木，名赐。

⑤逆：迎，接。垄：田埂。

⑥叩：询问。

⑦情：此处指人的欲望、向往。

译文

林类马上一百岁了，适逢春天仍穿着粗皮衣，在已经收割完麦子的田地里捡被遗留下的麦穗，一边唱着歌，一边向前行进。孔子到了卫国，在田野上看到了他。孔子回头对学生说：“那位老人是个值得攀谈一番的人，谁愿意过去问问他？”子贡请求前往。子贡在田地的一边迎上林类，对着他叹了一口气说：“老先生从未后悔过吗，还这样边走边唱地捡麦穗？”林类依旧向前走，歌声也没有停。子贡不断地向他询问，他才抬头回应说：“我有什么可后悔的呢？”子贡说：“您年少时不肯努力勤奋有所作为，长大后未积极进取，年老后也没有妻子儿女，眼看着死期临近；又有什么值得您快乐地一边捡谷穗一边唱歌呢？”林类笑着说：“令我快乐的原因，其实每个人都具备，只不过他们却反而因此而烦恼。我少年时不努力作为，长大了又不积极进取，所以我才能如此长寿。正因为老来没有妻子儿女，死期也即将临近，所以才能如此快乐。”子贡问：“人人都期望长寿，人人都憎恶死亡。您却以死亡为快乐，这又是为什么呢？”林类说：“死与生，就好比是一去一回。那么在这里死去的，怎么知道他不会在另一处地方诞生呢？所以我又如何知道死与生是不平等的呢？我又如何知道执着于生存而忙忙碌碌不是一种糊涂呢？并且我又如何知道现在的死亡不更胜于过去的生存呢？”子贡听了，对其中的含义很不明白，便回来将这些话转告给孔子。孔子说：“我就知道这个人是值得攀谈的，果真如此；只不过他所驾驭的道理还没有达到尽善完满的地步。”

原文

子贡倦于学，告仲尼曰：“愿有所息。”仲尼曰：“生无所息。”子贡曰：“然则赐息无所乎①？”仲尼曰：“有焉耳。望其圹②，睪如也③，宰如也④，坟如也⑤，鬲如也⑥，则知所息矣。”子贡曰：“大哉死乎⑦！君子息焉，小人伏焉⑧。”仲尼曰：“赐！汝知之矣。人胥知生之乐⑨，未知生之苦；知老之惫，未知老之佚⑩；知死之恶，未知死之息也。晏子曰⑪：‘善哉，古之有死也！仁者息焉，不仁者伏焉。’死也者，德之徼也⑫。古者谓死人为归人。夫言死人为归人，则生人为行人矣。行而不知归，失家者也。一人失家，一世非之；天下失家，莫知非焉。有人去乡土、离六亲、废家业、游于四方而不归者⑬，何人哉？世必谓之为狂荡之人矣。又有人钟贤世⑭，矜巧能、修名誉、夸张于世而不知已者，亦何人哉？世必以为智谋之士。此二者，胥失者也。而世与一不与一⑮，唯圣人知所与，知所去。”

注释

①赐：子贡之名。

②圹（kuàng）：埋葬尸体的墓穴。

③睪（gāo）：近水处的高地。

④宰：亦即“冢”，坟墓。

⑤坟：古代指高于地表的土堆。

⑥鬲（lì）：古代炊器，有陶制或青铜制，圆口，三足，形如鼎。这里指中空、上小下大，外形如同坟墓的炊器。

⑦大：伟大。

⑧伏：埋葬。

⑨胥：皆，都。

⑩佚：安逸。

⑪晏子：晏婴，字平仲，春秋时齐国人，历任齐灵公、庄公、景公时的卿相。

⑫徼（jiào）：巡回，巡视。此处引申为循环、复归。

⑬六亲：六种亲属，指父、母、兄、弟、妻、子，一般以“六亲”泛指各种亲属或所有亲属。

⑭钟贤世：此句意为热衷于世事。钟，专注。

⑮与：赞许。一：前“一”指所谓的智谋之士，后“一”指所谓的狂荡之人。

译文

子贡对学习感到有些厌倦，便禀告孔子说：“我希望能休息一段时间。”孔子说：“人生没有休息的时候。”子贡问：“难道我就没有休息的地方吗？”孔子回答说：“有是有的。你看那墓穴，那高耸的样子，那宽大的样子，那隆起的样子，与世隔绝一般的中间空空的样子，就知道在哪里休息了。”子贡说：“伟大的死亡啊！君子在其中得以安息，小人则在其中随意埋葬。”孔子说：“赐！你终于明白了。人们都明白活着的快乐，却不明白活着的劳苦；都明白年老的疲惫，却不明白年老后的安逸；都明白死亡的可憎，却不明白死亡也是一种休息。晏子曾说：‘真好啊，自古以来就有死亡！有仁义的人在其中安息，无仁义的人在其中埋葬。’所谓死亡，就是德之本性的回归。古人称死人为‘归人’。称死人为‘归人’，那么活着的人就称为‘行人’了。出行在外而不知道回归，便是对家庭的抛弃。一个人抛弃了家庭，天下所有人都责备他；但若天下的人都抛弃了家庭，就没有人懂得要去责备了。有人远离家乡、抛下亲人、荒废家业、四方游荡而不知归家，这是怎样的人呢？天下人一定会说他是轻狂放荡的人。也有人热衷于世事，自以为灵巧能干，看重名誉，无止境地夸耀自己，这又是怎样的人呢？天下人一定会认为他是富有智慧谋略的人。然而这两种人都是有过错的。但世上的人肯定了自认为有智谋的人而否定自认为轻狂放荡的人，唯有圣人才懂得什么是该赞扬的，什么是该摒弃的。”

原文

或谓子列子曰：“子奚贵虚①？”列子曰：“虚者无贵也②。”子列子曰：“非其名也③，莫如静，莫如虚。静也虚也，得其居矣；取也与也，失其所矣。事之破砀而后有舞仁义者④，弗能复也。”

注释

①奚：何以，为什么。

②虚者无贵：虚本身就没有贵贱之分。

③非其名也：不靠人为的名称概念而存在，指道，意即摈除名义概念，才合乎道的本性。

④矾（huǐ）：毁坏。舞：舞弄。

译文

有人对列子说："您为何以虚无为贵呢？"列子说："既然是虚无，那就无所谓贵贱了。"列子又说："要排除人为的名义，那就不如保持静默，保持虚无。清静、虚无，继而掌握道之所在；如果索取、给予，就丧失了对道的存在的掌握。毁坏了事物的本性，若是再来舞弄仁义的说教，人的本性也是无法使之复原的。"

原文

粥熊曰[①]："运转亡已[②]，天地密移[③]，畴觉之哉[④]？故物损于彼者盈于此，成于此者亏于彼。损盈成亏，随世随死[⑤]。往来相接，间不可省[⑥]，畴觉之哉？凡一气不顿进[⑦]，一形不顿亏[⑧]，亦不觉其成，亦不觉其亏。亦如人自世至老[⑨]，貌色智态，亡日不异；皮肤爪发，随世随落，非婴孩时有停而不易也。间不可觉，俟至后知。"

注释

①粥（yù）熊：相传为楚国的祖先。粥，同"鬻"。

②亡：无。已：止。

③密移：悄然迁移变化。

④畴：通"谁"。

⑤世：生，生长。

⑥间（jiàn）：指每一变化的间隙。省（xǐng）：观察。

⑦顿：瞬间，突然。进：增长。

⑧亏：亏损。

⑨世：出生。

译文

鬻熊说："万物变化不停，永不止息，甚至天地也在悄然无声地发生迁移变化，谁又能察觉呢？所以事物在这里亏损就会在那里充盈，在这里成功又在那里落败。亏损、充盈、成功、落败，随时发生又随时消失。来而有往，相互衔接，让人观察不到一丝一毫的间隙，谁又能察觉呢？但凡一种元气不是突然增长，一种形体不是突然亏损，人们就感觉不到它的成长或亏损。就好像人们从出生到衰老，容貌、神色、智慧、体态，没有一天不在变化；皮肤、指甲、毛发，也在随时生长，随时脱落，并非在婴孩时就停止不变了。只不过这些变化的间隙微不可察，只有等到变化有了结果之后才会明白。"

原文

杞国有人忧天地崩坠[①]，身亡所寄，废寝食者。又有忧彼之所忧者，因往晓之[②]，曰："天，积气耳，亡处亡气。若屈伸呼吸，终日在天中行止，奈何忧崩坠乎？"其人曰："天果积气，日月星宿[③]，不当坠耶？"晓之者曰："日月星宿，亦积气中之有光耀者，只使坠[④]，亦不能有所中伤。"其人曰："奈地坏何？"晓者曰："地积块耳，充塞四虚，亡处亡块。若躇步跐蹈[⑤]，终日在地上行止，奈何忧其坏？"其人舍然大喜[⑥]，晓之

者亦舍然大喜。长庐子闻而笑之曰[7]："虹蜺也[8]，云雾也，风雨也，四时也，此积气之成乎天者也。山岳也，河海也，金石也，火木也，此积形之成乎地者也[9]。知积气也，知积块也，奚谓不坏？夫天地，空中之一细物，有中之最巨者。难终难穷，此固然矣；难测难识，此固然矣。忧其坏者，诚为大远[10]；言其不坏者，亦为未是。天地不得不坏，则会归于坏。遇其坏时，奚为不忧哉？"子列子闻而笑曰："言天地坏者亦谬，言天地不坏者亦谬。坏与不坏，吾所不能知也。虽然，彼一也，此一也。故生不知死，死不知生；来不知去，去不知来。坏与不坏，吾何容心哉？"

注释

①杞（qǐ）国：周初分封的诸侯国，姒姓，后被楚国所灭。

②晓：阐明，开导。

③宿（xiù）：古代把天上星的位次称作"宿"。

④只使：即使。

⑤躇（chú）步跐（cǐ）蹈：直立行走的样子。躇步，踩踏貌。跐，踩。蹈，顿足踏地。

⑥舍（shì）然：疑虑解除的样子。舍，通"释"。

⑦长庐子：战国时期楚国人，属道家学派。

⑧蜺（ní）：也称副虹。有时两道彩虹一起出现，在内侧的色亮为虹，在外侧的色暗为蜺。

⑨积形：指具一定体积的形体，如高山江河、金木火石等。

⑩大：同"太"。

译文

杞国有个人担忧天地会塌陷，生怕自己会无处安身，以致寝食难安。又有一个人，为他这个状态而担忧，便去开导他说："天不过是积聚的气罢了，没有任何地方是没有气的。你弯腰伸胳膊、呼气吸气，整日都在天空中生活，怎么担忧它会塌下来呢？"那人说："天如果真的是由气积聚而成，那太阳、月亮、星星不会掉下来吗？"开导他的人说："太阳、月亮、星星也不过是气中会发光发亮的物体，即使掉下来，也不会造成什么伤害的。"那人说："那如果地陷下去怎么办呢？"开导他的人说："地不过是由土块积聚而成，土地遍布四面八方，没有一处是没有土块的。就像你整日在地上散步、行走、踩踏、蹦跳，怎么担忧它会陷下去呢？"杞国人听了之后如释重负，心中的谜团烟消云散了，他感到十分欢喜，而开导他的人也随之开心起来。长庐子听说这件事后笑着说："虹霓呀，云雾呀，风雨呀，四季呀，这些是积聚的气而形成的天。山岳呀，河海呀，金石呀，火木呀，这些是有形的物体积聚形成的地。既然知道天是积聚的气，地是积聚的土块，为什么说它不会毁坏呢？在无限的宇宙中，天只是一个细微的物体，而在有限的空间中，它又是最大的事物。天地难以终结，难以穷尽，这是必然的；对于天地的深浅，人们难以观测，难以认识，这也是必然的。所以担忧天地会塌陷，这担忧得实在太过分了；但说它不会塌陷，也是不正确的。天地不可能不毁坏，而且总归是要毁坏的。如果真到天地毁坏的时候，又怎么能不担忧呢？"列子听说这件事后笑着说："说天地会毁坏是荒谬的，但说天地不会毁坏也是荒谬的。天地到底会不会毁坏，我们是不可能知道的。既然如此，天地不会坏是这么一回事，天地会坏也是这么一回事。所以活着不会知道死后的情形，死了也不会知道活着的景象；未来不了解过去，过去也不知道未来。天地会不会毁坏，又何必放在心上呢？"

原文

舜问乎烝曰①："道可得而有乎？"曰："汝身非汝有也，汝何得有夫道？"舜曰："吾身非吾有，孰有之哉？"曰："是天地之委形也。生非汝有，是天地之委和也②。性命非汝有，是天地之委顺也③。孙子非汝有④，是天地之委蜕也⑤。故行不知所往，处不知所持，食不知所以。天地强阳⑥，气也，又胡可得而有邪？"

注释

①舜：传说中上古部落联盟的首领。姚姓，有虞氏，简称虞舜。烝：帝王的辅佐。

②委和：即人的身体是自然所给予的和气。道家认为，人是由阴阳两气结聚调和而产生的和顺之气所形成的。

③委顺：性命是天地所赋予的顺化之气而自然形成的。顺，调和，和顺。

④孙子：当为"子孙"。

⑤天地之委蜕：子孙是自然所赋予的躯壳。蜕，蛇、蝉等蜕皮。引申为传宗接代。

⑥强阳：犹"运动"。

译文

舜问烝说："治理天下的道能被取得并占有吗？"烝回答说："你的身体都不属于你，你怎么可以占有道呢？"舜问："我的身体都不属于我，那属于谁呢？"烝回答说："你的身体是天地所赋予的形体。生命不是归你所有，而是天地所赋予的和顺之气形成的。性命不归你所有，是天地所赋予的顺化之气而自然形成的。子孙后代不归你所有，他们只是天地自然所赋予的躯壳。所以行动不去考虑目的地，居住不去思考住所，饮食也不知味道。天地不停地运动，是因为气的存在，又怎么能取得并占有呢？”

原文

齐之国氏大富，宋之向氏大贫。自宋之齐，请其术[①]。国氏告之曰：“吾善为盗。始吾为盗也，一年而给，二年而足，三年大穰[②]。自此以往，施及州闾[③]。”向氏大喜。喻其为盗之言[④]，而不喻其为盗之道。遂逾垣凿室[⑤]，手目所及，亡不探也。未及时，以赃获罪，没其先居之财[⑥]。向氏以国氏之谬己也[⑦]，往而怨之。国氏曰：“若为盗若何[⑧]？”向氏言其状。国氏曰：“嘻[⑨]！若失为盗之道至此乎？今将告若矣。吾闻天有时，地有利。吾盗天地之时利，云雨之滂润[⑩]，山泽之产育，以生吾禾，殖吾稼，筑吾垣，建吾舍。陆盗禽兽，水盗鱼鳖，亡非盗也。夫禾稼、土木、禽兽、鱼鳖，皆天之所生，岂吾之所有？然吾盗天而亡殃。夫金玉珍宝，谷帛财货，人之所聚，岂天之所与？若盗之而获罪，孰怨哉[⑪]？”向氏大惑，以为国氏之重罔己也[⑫]，过东郭先生问焉[⑬]。东郭先生曰：“若一身庸非盗乎[⑭]？盗阴阳之和以成若生，载若形[⑮]；况外物而非盗哉？诚然，天地万物不相离也；仞而有之[⑯]，皆惑也。国氏之盗，公道也，故亡殃；若之盗，私心也，故得罪。有公私者，亦盗也；亡公私者，亦盗也。公公私私，天地之德[⑰]。知天地之德者，孰为盗耶？孰为不盗耶？”

注释

①术：这里指发财的方法。

②穰（ráng）：庄稼丰收。

③闾：乡里。

④喻：理解。

⑤逾：翻越。垣：墙壁。

⑥居：积蓄。

⑦谬：蒙骗。

⑧若为盗若何：你是如何偷盗的？前一“若”字，你。

⑨嘻：悲哀之声。

⑩滂润：浇灌，滋润。

⑪孰怨：犹怨谁。孰，谁。

⑫重罔（wǎng）己：再次蒙蔽自己。罔，欺骗，蒙蔽。

⑬过：拜访，探望。东郭先生：复姓东郭，名重，春秋时期的隐士。

⑭庸：岂，难道。

⑮载若形：创造你的形体。载，成就。

⑯仞：同“认”。有：占有。

⑰公公私私，天地之德：让公有的成为公有，让私有的成为私有，这是天地的德行。前一个“公”、“私”为动词，后一个为名词。

译文

齐国有一户姓国的人家非常富裕，宋国有一户姓向的人家非常贫困。向氏便从宋国跑到齐国，想要向国氏请求致富之道。国氏告诉他说：“我擅长偷盗。自从我开始偷盗，一年时间就可以自给自足，两年之后便过上了富足的生活，到了第三年就已经很阔绰了。长此以往，我还可以接济街坊邻居。”向氏听了非常欢喜。但他仅仅理解了国氏介绍偷盗的话语，却没有领悟到国氏所说的偷盗的道理。于是他翻越矮墙、掏挖洞壁，但凡手能摸到的，眼睛能看到的，就没有逃得过去的，全被他拿走了。不久，向氏因为被查出赃物而受到了惩罚，就连他以前积蓄的财物也都一并被没收了。向氏认为自己被国氏欺骗了，便去埋怨国氏。国氏问：“你是如何偷盗的？”向氏便把他的所作所为讲述了一遍。国氏说：“唉！你竟然这样误解了偷盗的道理！现在我来告诉你吧。我听说天有四季节令，地有资源物利。于是我偷盗天时地利、云雨润泽、山林川泽的物产，借助它们来让我的稻禾成长，让我的庄稼越长越茂盛，建筑墙垣，砌造我的房屋。在陆地上偷盗飞禽走兽，在水里偷盗鱼虾龟鳖，没有一样东西不是我偷盗而来的。庄稼、土木、禽兽、鱼鳖，这些都是自然界生成的，哪有一样是属于我的？但我偷盗自然界的产物是不会遭受祸患的。可是金银、玉石、珍珠、宝物、粮食、布帛、钱财、货物，均是人所积聚的，哪有一样是上天所赐予的？你偷了这些东西而获罪，又怨得了谁呢？”向氏听了之后更加迷惑不解，以为国氏又在蒙骗自己，于是他去拜访了东郭先生，想要问个究竟。东郭先生说：“你整个人难道不都是偷盗来的吗？通过偷盗阴阳二气来合成你的生命，构成你的形体；更何况那些身外之物，哪一样不是偷盗来的呢？的确，天地和万物都是紧密相连、不可分割的；凡是将它们当成自己的私有物去占有的，都是昏庸的做法。国氏的偷盗，符合天道，所以没有遭到灾祸；你的偷盗，是出于私心，所以才被判了罪。不过，不管是为公还是为私，都是偷盗；不分清公私的偷盗也是偷盗。让公有的成为公有，让私有的成为私有，这是天地的德行。明白了天地德行，那么还有谁是在偷盗？还有谁不是在偷盗呢？”

黄帝第二

原文

黄帝即位十有五年，喜天下戴己[①]，养正命[②]，娱耳目，供鼻口，焦然肌色皯黣[③]，昏然五情爽惑[④]。又十有五年，忧天下之不治，竭聪明[⑤]，进智力[⑥]，营百姓[⑦]，焦然肌色皯黣，昏然五情爽惑。黄帝乃喟然赞曰[⑧]："朕之过淫矣[⑨]。养一己其患如此，治万物其患如此。"于是放万机[⑩]，舍宫寝，去直侍[⑪]，彻钟悬[⑫]，减厨膳，退而闲居大庭之馆[⑬]，斋心服形[⑭]，三月不亲政事。昼寝而梦，游于华胥氏之国。华胥氏之国在弇州之西，台州之北，不知斯齐国几千万里[⑮]；盖非舟车足力之所及，神游而已。其国无帅长[⑯]，自然而已。其民无嗜欲，自然而已。不知乐生，不知恶死，故无夭殇[⑰]；不知亲己，不知疏物，故无爱憎；不知背逆，不知向顺，故无利害：都无所爱惜，都无所畏忌。入水不溺，入火不热。斫挞无伤痛[⑱]，指擿无痟痒[⑲]。乘空如履实，寝虚若处床。云雾不硋其视[⑳]，雷霆不乱其听，美恶不滑其心[㉑]，山谷不踬其步[㉒]，神行而已。黄帝既寤，怡然自得，召天老、力牧、太山稽[㉓]，告之，曰："朕闲居三月，斋心服形，思有以养身治物之道，弗获其术。疲而睡，所梦若此。今知至道不可以情求矣。朕知之矣！朕得之矣！而不能以告若矣。"又

二十有八年，天下大治，几若华胥氏之国，而帝登假㉔。百姓号之㉕，二百余年不辍。

注释

①戴：拥护，爱戴。

②正命：性命。

③焦然肌色皯（gǎn）䵟（měi）：焦，一本作“燋”，憔悴，脸色枯黄。焦然，枯焦的样子，面色黄黑。皯，面色枯槁。䵟，面色黝黑。

④五情：喜、怒、哀、乐、怨五种情感，亦泛指人的感情。爽惑：错乱迷惑，空虚忧伤。

⑤聪：听觉。明：视力。

⑥进：通“尽”，竭尽。智：指智慧。力：指能力。

⑦营：治理。

⑧喟然：形容叹气的样子。赞：当作“叹”。

⑨朕：古人自称之词，自秦始皇始，专用为皇帝自称。过：过错。

⑩放：放弃。

⑪直侍：贴身的侍从。侍，指侍从。

⑫彻钟悬：彻，通“撤”，撤掉，除去。钟悬，指悬挂的乐器。

⑬闲居：独居。

⑭斋心服形：斋心，洗心反省，表示内心不受俗物污染。服形，通过修养，消除欲念，使身体顺服于道。

⑮斯：距离。齐：中心，中间。

⑯帅长：众官之长，这里指统治者。

⑰夭：短命。殇：未成年而死。

⑱斫（zhuó）：砍、斩，削。挞：打。

⑲擿（zhì）：搔，挠。痟（xiāo）：酸痛。

⑳碍（ài）：同“碍”，阻碍。

㉑滑（gǔ）：扰乱，迷惑。

㉒踬（zhì）：被绊倒，阻滞。

㉓天老、力牧、太山稽：传说中皇帝身边的三位辅弼之臣。

㉔登假（xiá）：同“登遐”，成仙远去。

㉕号：哀号，痛哭。

译文

黄帝登位十五年了，因受到天下百姓的拥戴而自鸣得意，于是专注调养身体，娱乐耳目，满足口鼻欲望，导致面色焦黄，面容憔悴不堪，头昏脑涨，情志迷乱。又过了十五年，他因社会的动乱而惶惶不安，就竭尽才能智慧，管理百姓，结果依旧弄得面色憔悴不堪，头昏脑涨，情志迷乱。黄帝便大声叹气说：“我的罪过太大了。只顾调养自己，最终祸害成这样；用心治理天下，结果也祸害成这样。”于是，抛弃繁杂的政务，舍弃奢华的宫殿，除去贴身的侍从，撤除娱乐的钟鼓，削减美味可口的膳食，隐退外庭独居在简陋的房屋里，静心反省，摒弃肉体的欲望，三个月未过问政事。有一天，他白日睡觉时做了个梦，梦见自己在华胥氏之国畅游。华胥氏之国在弇州之西、台州之北，不清楚距中原有几千万里路；绝不是舟车或行走所能到达的，不过是神游罢了。梦中的这个国家没有君主官长，一切凭自然发展。百姓没有偏好贪欲，一切顺其自然。他们不懂得贪恋生存，不懂得厌恶死亡，所以没有夭亡与短命的人；不懂得宠爱自己，不懂得疏离外物，所以没有爱憎；不知违背抗拒，不知奉承顺从，所以没有利害：他们无所偏爱，无所畏惧。投入水里不会被淹没，跳进火中不会被烧伤。刀砍鞭打无伤痛，指甲搔挠无痛痒。腾飞到空中就像脚踏实地，睡在虚空好比躺于榻上。云雾不能遮挡他们的视线，雷霆不能干扰他们的听力，美恶不能迷惑他们的心志，山谷不能绊住他们的脚步，这些只是神游而已。黄帝梦醒后，沾沾自喜，召来他的辅佐大臣天老、力牧和太山稽，对他们说：“我闲居了三个月，静心反省，摒弃欲望，专心思考如何调养身心、治理天下，但没有想出好主意。于是我疲乏而入睡，就做了一个梦。现在我终于明白，最高深玄妙的道是不可以依据常理求得的。我明白它了！我取得它了！但我没有办法把它告诉你们啊。”又经过了二十八年，天下大治，与华胥氏之国相差无几，黄帝却逝世了。天下百姓哀号痛哭，二百多年未停。

原文

列姑射山在海河洲中①，山上有神人焉，吸风饮露，不食五谷；心如渊泉②，形如处女。不偎不爱③，仙圣为之臣；不畏不怒④，愿悫为之使⑤；不施不惠，而物自足；不聚不敛，而己无愆⑥。阴阳常调，日月常明，四时常若⑦，风雨常均，字育常时⑧，年谷常丰；而土无札伤⑨，人无夭恶，物无疵厉⑩，鬼无灵响焉⑪。

注释

①列姑射：古代神话传说中的山名。海河洲：位于北海的河洲。

②渊泉：深泉，比喻内心的沉静深邃。

③偎：亲昵。

④畏：威严。

⑤愿悫：朴实，诚实。使：役使。

⑥愆（qiān）：困顿，缺乏。

⑦若：顺从。

⑧字育：生育，养育。

⑨札伤：因感染瘟疫而早死。

⑩疵（cī）厉：灾祸，疾病。

⑪灵响：应验，灵验。

译文

列姑射山位于北海的河洲中，山上居住着一位神人，他吸清风、饮甘露，从不食五谷杂粮；内心像泉水一样清澈透亮，形体似闺房的少女一样柔弱美好。他不偏亲也不偏爱，神仙圣人都甘愿臣服于他；他不威严也不发怒，忠厚之人都愿供他奴役；他不施舍也不馈赠，但外界的事物都能自给自足；他不聚财不搜刮，自身却从不困顿贫乏。那里的阴阳一直调和，日月一直明亮，四季一直和顺，风雨一直调顺，生育一直合时，五谷一直丰登；而且土地上无瘟疫，人世间无夭折，万物无灾无难，鬼神也无法作祟。

原文

列子师老商氏[①]，友伯高子；进二子之道[②]，乘风而归。尹生闻之，从列子居，数月不省舍[③]。因间请蕲其术者[④]，十反而十不告[⑤]。尹生怼而请辞[⑥]，列子又不命[⑦]。尹生退。数月，意不已，又往从之。列子曰："汝何去来之频？"尹生曰："曩章戴有请于子[⑧]，子不我告，固有憾于子[⑨]。今复脱然[⑩]，是以又来。"列子曰："曩吾以汝为达，今汝之鄙至此乎。姬[⑪]！将告汝所学于夫子者矣[⑫]。自吾之事夫子友若人也[⑬]，三年之后，心不敢念是非，口不敢言利害，始得夫子一眄而已[⑭]。五年之后，心庚念是非[⑮]，口庚言利害，夫子始一解颜而笑。七年之后，从心之所念，庚无是非；从口之所言，庚无利害，夫子始一引吾并席而坐。九年之后，横心之所念[⑯]，横口之所言，亦不知我之

是非利害欤，亦不知彼之是非利害欤；亦不知夫子之为我师，若人之为我友：内外进矣。而后眼如耳，耳如鼻，鼻如口，无不同也。心凝形释[17]，骨肉都融；不觉形之所倚，足之所履，随风东西，犹木叶干壳。竟不知风乘我邪？我乘风乎？今女居先生之门，曾未浃时[18]，而怼憾者再三。女之片体将气所不受[19]，汝之一节将地所不载。履虚乘风，其可几乎[20]？”尹生甚怍[21]，屏息良久，不敢复言。

注释

①老商氏：古之圣贤，列子的老师。

②进：通“尽”，这里为完全掌握的意思。道：道术。

③省（xǐng）：探望。

④因间：趁机。蕲：通“祈”，祈求。

⑤反：同“返”。此处意为来回。

⑥怼：怨恨。

⑦不命：不表明态度。

⑧曩（nǎng）：从前。

⑨憾：恨。

⑩脱然：解脱，轻松。形容怨气顿散的样子。

⑪姬：通“居”，坐下。

⑫夫子：张湛注：“夫子谓老商。”

⑬若人：此人，指伯高子。

⑭眄（miǎn）：斜着眼睛看。

⑮庚：通“更”。

⑯横：放纵，恣意。

⑰心凝形释：心神凝聚而形体消散。

⑱未浃（jiā）时：指时间短暂。

⑲片体：很小一段身躯。

⑳几：通“冀”，期望，盼望。

㉑怍（zuò）：愧疚，惭愧。

译文

列子拜老商氏为师，与伯高子结交为友人；掌握了二位先生的道术后，乘风返回。尹生听说此事，便与列子住在一处，好几个月不曾回家探望。他想趁机向列子讨教道术，请求了多次，列子都没有传授于他。尹生满腹愤懑，请求离去，列子还是没有表态。尹生回到家中。数月之后，他学道的想法难以消解，于是又前去找列子。列子说：“你为何来去如此频繁？”尹生回答：“之前章戴我向先生请教，您不肯传授，我自然对您心生怨气。现在我的怨气已消，所以又回来了。”列子说：“以前我认为你通达事理，现在你居然鄙陋到如此地步。坐下！我来告诉你，我是如何在老师那里学习的。自从我拜师交友，三年内，心里不敢争辩是非，口中不敢谈论利害，才博得老师斜着眼睛看我一下。五年后，更加不敢心存是非，更加不敢言说利害，先生才对我和颜一笑。七年之后，任凭心中所想，更加没有是非；任凭口里所说，更加不存在利害，先生才开始让我和他并席而坐。九年之后，放纵心思去想，放口去说，不清楚什么是我的是非利害，也不清楚什么是别人的是非利害；也不知道先生是我的老师，伯高子是我的朋友：心里的思想和外界的事物完全没有了界限。自此，我眼睛的用处像耳朵一样，耳朵的用处像鼻子一样，鼻子的用处像嘴巴一样，全身各部位的用处没有区别。于是精神凝合，形体消散，骨骸血肉全与自然相互融合；感觉不到身体所倚靠的，脚下所踩踏的，任随风吹而四处飘荡，就像枯叶干壳一般。竟不知是风乘着我呢？还是我驾着风呢？而你现在拜在我的门下，还没过多久，就再三愤懑抱怨。你的身躯也不会被元气所接纳，你的肢节也不被大地承载。脚踏虚空，驾驭风云，又何以办到呢？”尹生心中惭愧，很久不敢大声出气，也不敢再说什么。

原文

列子问关尹曰："至人潜行不空①，蹈火不热，行乎万物之上而不栗。请问何以至于此？"关尹曰："是纯气之守也②，非智巧果敢之列③。姬！鱼语女④。凡有貌像声色者，皆物也。物与物何以相远也？夫奚足以至乎先⑤？是色而已⑥。则物之造乎不形，而止乎无所化。夫得是而穷之者，焉得而正焉？彼将处乎不深之度⑦，而藏乎无端之纪⑧，游乎万物之所终始。壹其性，养其气，含其德，以通乎物之所造⑨。夫若是者，其天守全，其神无郤⑩，物奚自入焉？夫醉者之坠于车也，虽疾不死⑪。骨节与人同，而犯害与人异，其神全也。乘亦弗知也，坠亦弗知也。死生惊惧不入乎其胸，是故遻物而不慑⑫。彼得全于酒而犹若是，而况得全于天乎？圣人藏于天，故物莫之能伤也。"

注释

①至人：道家用来称谓道德最高的人。空：通"窒"，窒息。

②纯气：纯正之气。守：保持，即保持纯正之气。

③列：类。

④鱼：通"吾"，即我。

⑤先：指未始有物之先。

⑥色：形色，指有形色之物。

⑦深：过度，逾越节制。

⑧端：绪，发端。纪：规律。

⑨造：到，至。

⑩郤（xì）：通“隙”，间隙。

⑪疾：摔伤。

⑫遻（è）：碰到。慑：害怕，恐惧。

译文

列子问关尹：“道德达到最高境界的人置于水中不会窒息，在火中踩踏不会烧伤，行走在万物上而不恐惧。请问他们凭借什么达到这种地步的？”关尹回答说：“这是保持纯正之气的缘故，并不是靠智巧果敢之类能够做到的。坐下！我告诉你。凡是有形貌、迹象、声音、色彩的，都是物。物与物之间为什么相差很远呢？什么物可以超过他物呢？是有形色的物。而物形成于无形无象的道，又消逝在不被他物所化的道。掌握此道并能穷尽此理的人，外物怎能阻止和左右他呢？他将把身体处于大道的范围内，而把心神藏匿在循环的变化里，并游于万物的本原之中。纯化他的本性，保养他的精气，保持他的德行，依据这些来通向自然。像这样的人，他的自然天性能保持完善，精神凝聚无间，外物怎么能侵入呢？喝醉酒的人从车上摔下来，虽然受伤但不致死。他的骨节与别人没有不同，但损害的程度却与别人不同，这是他的心神凝聚无间的缘故。他既不知道乘坐在车上，也不知道坠落在地。死生惊惧都未侵入他的心胸，所以遇到凶险而不恐惧。喝醉酒的人得到酒的保全，尚且如此，更何况得到自然之道的保全呢？圣人把心神藏匿并融合于自然之道，因此没有外物可以伤害他。”

原文

列御寇为伯昏无人射[①]，引之盈贯[②]，措杯水其肘上[③]，发之，镝矢复沓[④]，方矢复寓[⑤]。当是时也，犹象人也[⑥]。伯昏无人曰："是射之射，非不射之射也。当与汝登高山[⑦]，履危石，临百仞之渊[⑧]，若能射乎？"于是无人遂登高山，履危石，临百仞之渊，背逡巡[⑨]，足二分垂在外[⑩]，揖御寇而进之[⑪]。御寇伏地，汗流至踵[⑫]。伯昏无人曰："夫至人者，上窥青天[⑬]，下潜黄泉[⑭]，挥斥八极[⑮]，神气不变。今汝怵然有恂目之志[⑯]，尔于中也殆矣夫[⑰]！"

注释

①列御寇：列子。

②引之：指开弓引弦。盈贯：满引弓，即拉足引弦。

③措：放置。

④镝矢复沓：后面箭的箭头与前面箭的箭尾几乎重合，形容身手矫健。沓，会合。

⑤方矢复寓：前一支箭刚射出，后一支箭已搭上弓弦，形容动作敏捷。寓，寄寓。

⑥象人：木偶、泥偶之类，因其像人而非人，故称象人。

⑦当：倘若，假如。

⑧仞：八尺为一仞，或谓七尺为一仞。

⑨逡（qūn）巡：退却，欲进不进的样子。

⑩垂：悬。

⑪揖：作揖，拱手行礼。

⑫踵：脚后跟。

⑬窥：从缝隙或隐秘处偷看。

⑭黄泉：位于地下的泉水，代指阴间。

⑮挥斥：放纵。八极：指八方极远的地方。

⑯怵（chù）然：恐惧的样子。恂目：即“瞬目”，转眼。志：意志。

⑰殆：本意为危险，这里引申为相差很远。

译文

列子为伯昏无人表演射箭，他拉满弓，并在肘上放一杯水，然后发射出箭，一支支箭飞快射出，后面的箭镞紧跟着前头的箭尾，前一支箭刚离弦，后一支箭又搭上弓弦。射箭时，列子聚精会神，像木偶般一动不动。伯昏无人说：“你这属于有心射箭而射箭，并未达到无心射箭而射箭的境地。若我同你一起攀登高山，脚踏危崖，身临万丈深渊，你还能这样射箭吗？”于是，伯昏无人就带他攀登高山，脚踏危崖，身临万丈深渊，伯昏无人背对着深渊向后退步，直到脚跟悬在崖外，然后对列子拱手作揖，请他上前射箭。列子却吓得趴倒在地，冷汗一直流到脚跟。伯昏无人说：“得道之人，上可窥于青天，下可潜于黄泉，自在遨游于八方，而神色始终不变。你却恐惧得全身颤抖，看来你对于射箭之道的理解还差得远啊！”

原文

范氏有子曰子华，善养私名①，举国服之；有宠于晋君，不仕而居三卿之右②。目所偏视，晋国爵之；口所偏肥③，晋国黜之。游其庭者侔于朝④。子华使其侠客以智鄙相攻，强弱相凌。虽伤破于前，不用介意⑤。终日夜以此为戏乐，国殆成俗。禾

生、子伯，范氏之上客。出行，经坰外，宿于田更商丘开之舍[⑥]。中夜，禾生、子伯二人相与言子华之名势，能使存者亡，亡者存；富者贫，贫者富。商丘开先窘于饥寒[⑦]，潜于牖北听之[⑧]。因假粮荷畚之子华之门[⑨]。子华之门徒皆世族也，缟衣乘轩[⑩]，缓步阔视[⑪]。顾见商丘开年老力弱，面目黎黑，衣冠不检，莫不眲之[⑫]。既而狎侮欺诒[⑬]，挡㧖挨扰[⑭]，亡所不为。商丘开常无愠容，而诸客之技单[⑮]，惫于戏笑。遂与商丘开俱乘高台[⑯]，于众中漫言曰："有能自投下者，赏百金。"众皆竞应。商丘开以为信然，遂先投下，形若飞鸟，扬于地[⑰]，骪骨无碍[⑱]。范氏之党以为偶然，未讵怪也[⑲]。因复指河曲之淫隈曰[⑳]："彼中有宝珠，泳可得也。"商丘开复从而泳之。既出，果得珠焉。众昉同疑[㉑]。子华昉令豫肉食衣帛之次[㉒]。俄而范氏之藏大火。子华曰："若能入火取锦者，从所得多少赏若。"商丘开往无难色，入火往还，埃不漫[㉓]，身不焦。范氏之党以为有道，乃共谢之曰："吾不知子之有道而诞子[㉔]，吾不知子之神人而辱子。子其愚我也，子其聋我也，子其盲我也。敢问其道。"商丘开曰："吾亡道。虽吾之心，亦不知所以。虽然，有一于此，试与子言之。曩子二客之宿吾舍也，闻誉范氏之势，能使存者亡，亡者存；富者贫，贫者富。吾诚之无二心，故不远而来。及来，以子党之言皆实也，唯恐诚之之不至，行之之不及，不知形体之所措[㉕]，利害之所存也。心一而已。物亡迕者[㉖]，如斯而已。今昉知子党之诞我，我内藏猜虑，外矜观听[㉗]，追幸昔日之不焦溺也，怛然内热[㉘]，惕然震悸矣[㉙]。水火岂复可近哉?"自此之后，范氏门徒路遇乞儿马医，弗敢辱也，必下车而揖之。宰我闻之[㉚]，以告仲尼。仲尼曰："汝弗知乎？夫至信之人，可以感物也。动天地，感鬼神，横六合[㉛]，而无逆者，岂但履危险，入水

火而已哉？商丘开信伪物犹不逆，况彼我皆诚哉？小子识之[32]！”

注释

①私名：私客，指寄食于贵族门下的人士。

②卿：古代高级长官或爵位的称谓。右：古人以右为尊，故右指地位较高。

③肥（bǐ）：鄙薄。

④侔（móu）：相等，齐。

⑤用：因此。

⑥田更：这里指种田的老人。更，通“叟”，老人。

⑦窘：被迫。

⑧牖（yǒu）北：朝北的窗户。牖，窗。

⑨假：借。荷：担。畚：古代用草绳做的盛器，这里指用来放行李的草筐。

⑩缟衣：白色的绢衣。轩：古时大夫以上的大臣乘坐的轻便车，车厢前顶较高，有帷幕。

⑪阔：远，广。

⑫眲（nè）：蔑视。

⑬狎侮：侮辱戏弄。诒（dài）：欺骗。

⑭挡（tǎng）：捶打。挒（bì）：推击。抌（dǎn）：击背。

⑮单：通“殚”，竭尽。

⑯乘：登。

⑰扬：飞扬，飘起。

⑱肌（jī）：同“肌”。砈（huǐ）：毁坏，破坏。

⑲讵（jù）：通“巨”，巨大。

⑳隈：山或水弯曲的地方，这里指水潭。

㉑昉（fǎng）：曙光初现，引申为开始。

㉒豫：通“与”，参与。次：位次，行列。

㉓埃：尘埃，这里指烟尘。漫：玷污。

㉔诞：欺骗。

㉕措：放置。

㉖迕（wǔ）：违逆，阻碍。

㉗矜：小心，慎重。

㉘怛（dá）：畏惧。

㉙惕然：胆战心惊，恐惧的样子。

㉚宰我：孔子弟子，名予，字子我。

㉛六合：天地之间，泛指天下。

㉜小子：古代长辈对晚辈、老师对学生的称呼。识（zhì）：记住。

译文

范家有一个儿子叫子华，喜欢收养游士门客，全国百姓都屈服于他的势力；他深得晋侯的宠爱，虽然不做官，但其地位比当时的三卿还要高贵。只要他另眼相待的人，晋国马上赐官赏爵；只要被他蔑视的人，晋国立刻罢其爵位。来往他家里的人就像在朝廷上的人一样多。子华让他的门客们斗智斗勇，强者和弱者相互欺凌。即使在他面前打得头破血流，他也完全不在意。他夜以继日地以此游戏取乐，使这种风气在全国蔓延开来。禾生和子伯都是范家的上等门客。一次外出，途经荒远的郊野，借宿于老农商丘开家。半夜时分，禾生、子伯两人相互谈论子华的名声和势力，说他能使生者死亡，死者复活；使富者变贫穷，穷者变富有。商丘开正过着饥寒交迫的生活，躲在北窗口下听到了这番谈话。于是，他就借了粮食，挑着草筐，到了子华门下。子华的门徒都是达官显贵的子弟，身穿白色绢衣，乘坐华美的马车，走起路来昂首阔步，目中无人。他们看到商丘开年迈身弱，面目黧黑，衣冠不整，都瞧不上他。然后围上来戏弄、侮辱他，推搡、捶打他，无所不为。但商丘开没有一点儿恼怒的神情，倒是门客们将伎俩耍尽，也嘲弄取笑够了才罢休。于是，他们又和商丘开一起登上了高台，众人中有人宣称："谁敢跳下去，就奖赏他百金。"大家都佯装抢着往下跳。商丘开信以为真，就抢先从高台跳了下去，只见他身姿犹如飞鸟，轻轻飘荡落地，毫发无损。范家门客以为这纯属偶然，并不觉得奇怪。于是又指着河道弯曲处的深水潭说："那里有宝珠，游入水底便可得到。"商丘开又受他们的煽动，游入水底。待他游出水面，果真拿到了宝珠。这时，众人才感到惊疑。子华便让他加入了吃肉穿绸的门客行列。没过多久，范家的贮藏库遭遇火灾。子华说："谁能入火抢救锦缎，就根据抢救的数量来奖赏他。"商丘开面无难色，冲入大火之中，数次出入火海，身上毫无尘灰沾染，身体也未被烧焦。自此，范家门客都认为他有道术，一同向他道歉说："我们不知您有道术而哄骗了您，我们不知您是神人而侮辱了您。您就把我们当作愚蠢的人，当作聋子，当作瞎子吧。我们冒昧地向您讨教道术。"商丘开说："我没有道术。连我自己也不明白其中的玄妙。即使这样，我还是有一点能够对你们谈谈。前几日，你们中的两位门客在我家借宿，我耳闻他们夸耀范家的权势，说他能使生者死去，死者复活；能使富者变贫穷，穷者变富有。我深信于此，毫不怀疑，于是不惜远道而来。到了之后，我对你们的话深信不疑，唯恐相信它还来不及，实行它还来不及，所以就顾不上身体会处于怎样的境地，没有掂量其中的利害。只是心志专一而已。因此，外界事物就不能损伤我，这就是其中的道理。现在我才知道你们哄骗了我，我的内心便有了顾虑猜疑，到外面要格外小心观察测听，庆幸之前未被烧死、溺亡，回想起来就恐惧得五脏俱焚，恐惧得胆战心惊。又怎么可能再去接近水火呢?"从此以后，范家的门客在路上碰到乞丐、马医之类的贫贱之人，也不敢侮辱了，还会下车向他们拱手行礼。宰我听说此事，就告诉了孔子。孔子说："你不知道吗？诚实之人是能够感化外物的。他们惊天动地，感化鬼神，纵横于天地之间，没有能够妨碍他们的东西，哪里只是身处险境、出入水火而已呢？商丘开相信虚假的事物还能不受到阻碍和伤害，何况我们都是坚守诚信之人呢？学生们，这点你们一定要谨记!"

原文

周宣王之牧正有役人梁鸯者[1]，能养野禽兽，委食于园庭之内[2]，虽虎狼雕鹗之类[3]，无不柔驯者。雄雌在前，孳尾成群[4]，异类杂居，不相搏噬也[5]。王虑其术终于其身，令毛丘园传之。梁鸯曰："鸯，贱役也，何术以告尔？惧王之谓隐于尔也，且一言我养虎之法。凡顺之则喜，逆之则怒，此有血气者之性也[6]。然喜怒岂妄发哉？皆逆之所犯也。夫食虎者，不敢以生物与之，为其杀之之怒也；不敢以全物与之，为其碎之之怒也。时其饥饱[7]，达其怒心[8]。虎之与人异类，而媚养己者，顺也；故其杀之，逆也。然则吾岂敢逆之使怒哉？亦不顺之使喜也。夫喜之复也必怒，怒之复也常喜，皆不中也。今吾心无逆顺者也，则鸟兽之视吾，犹其侪也[9]。故游吾园者，不思高林旷泽；寝吾庭者，不愿深山幽谷[10]。理使然也。"

注释

①周宣王：西周国王，周厉王之子，公元前828—前782年在位。牧正：牧官之长，负责管理、饲养禽兽。

②食（sì）：喂食，给食。

③鹗：鸟名，又名"鱼鹰"。

④孳尾：孳，生殖。尾，交接，交合。

⑤噬：咬。

⑥血气：血性，生命气息。

⑦时：通"伺"，伺候。

⑧达：顺导。

⑨侪（chái）：同类，同辈。

⑩愿：思念。

译文

周宣王的牧正有一个役夫名叫梁鸯，善于饲养野生的禽兽，他在庭院里送食物喂养它们，即使像老虎、豺狼、雕鹰、鹗鸟一类的凶猛动物，也无不对他温顺驯服。雌雄禽兽交配繁殖，生下成群的后代，不同种类的禽兽混杂居住在一处，从不相互搏斗撕咬。周宣王担心梁鸯的技术失传，便指派毛丘园来继承梁鸯的驯养技术。梁鸯说："我只是一个卑贱的役夫，哪有什么技术告诉你呢？恐怕国君说我对你有所隐瞒，我姑且说说自己驯养老虎的方法。按照常理，凡事依顺它就高兴，违逆它就生怒，这是有血性的野兽的天性。难道欢喜或愤怒是随意发作的吗？其实这都是由违逆所导致的。喂养虎时，我不敢给它吃活的动物，怕它在咬杀活物时诱发他的怒气；我也不敢喂他吃完整的动物，怕它因用力撕咬食物而诱发它的怒气。要按照它饥饱的时机给它食物，依顺老虎喜怒无常的性情。虎与人是不同的种类，可以让老虎喜爱饲养它的人，就是因为依顺虎的性情；而它伤害人的时候，是因为人们违逆了它。既然如此，我难道还敢违逆它致使它发怒吗？但我也不完全顺从它使它欢喜。因为过度欢喜反过来就会发怒，而愤怒过头反过来又会欢喜，这两种行为都不恰当。现在我的心里既没有想违逆它也没有想顺从它，于是鸟兽就如看待它们的同类一样看待我。所以在我的庭院里游走的动物，不思念森林旷泽；在我的庭院里安睡的鸟兽，不留恋深山幽谷。这正是上述道理所呈现的局面。"

原 文

颜回问乎仲尼曰[①]："吾尝济乎觞深之渊矣[②]，津人操舟若神[③]。吾问焉，曰：'操舟可学邪？'曰：'可。能游者可教也，善游者数能[④]。乃若夫没人[⑤]，则未尝见舟而谡操之者也[⑥]。'吾问焉，而不告。敢问何谓也？"仲尼曰："譆！吾与若玩其文也久矣[⑦]，而未达其实，而固且道与。能游者可教也，轻水也；善游者之数能也，忘水也。乃若夫没人之未尝见舟也而谡操之也，彼视渊若陵，视舟之覆犹其车却也[⑧]。覆却万物方陈乎前而不得入其舍[⑨]，恶往而不暇？以瓦抠者巧[⑩]，以钩抠者惮[⑪]，以黄金抠者惛[⑫]。巧一也[⑬]，而有所矜[⑭]，则重外也。凡重外者拙内。"

注 释

①颜回：鲁国人，孔子弟子，名回，字子渊。

②济：渡。觞深：渊名，位于宋国。

③津人：摆渡的船夫。

④数能：很快学会。数，通"速"，迅速。

⑤没人：能潜入水底的人。

⑥谡（sù）操：拿起舵就能驾船。谡，立即。

⑦玩：研习，探索。文：书本上的道理。

⑧却：退。

⑨方：并列。陈：陈列。舍：指心胸。

⑩抠：这里指古代的一种博戏。

⑪钩：带钩，多用青铜制成。惮：惧怕，畏惧。

⑫惛：心智昏聩。

⑬巧一：技巧一致。

⑭矜：顾忌。

译文

颜回问孔子说："我曾经渡过一个名叫觞深的深潭，摆渡的船夫划船的功夫简直炉火纯青。我问他：'划船的技术可以学吗？'他说：'可以。会游泳的人可以教，善于游泳的人很快就能学会。至于会潜水的人，即使从未见过船也能立刻驾驭它。'我追问这是什么道理，他就不回应了。那么请问他说的是什么道理呢？"孔子回答："唉！我叫你研习书本知识已经很久了，但是还未达到用实践验证的程度，更别提掌握道的本身了。会游泳的人可以教，是因为他不惧怕水；善于游泳的人能快速学会，是因为他具备娴熟的水性。至于会潜水的人从没有见过船但能立刻学会驾驭它，是因为他看待深潭就像土山一样，看待船只的倾覆就像车子倒退一样。万物倾覆、倒退同时出现在他面前，也无法动摇他的内心，像这样的人，遇到什么境况不从容自如呢？用瓦块做赌注，一定能精妙地发挥技术；用青铜带钩做赌注，一定会心生恐惧；用黄金做赌注，一定会头脑昏乱。赌博的技巧是一样的，但心存顾虑时就把外物看得很重。但凡看重外物的，内心一定笨拙。"

原文

孔子观于吕梁，悬水三十仞[①]，流沫三十里，鼋鼍鱼鳖之所不能游也[②]。见一丈夫游之，以为有苦而欲死者也，使弟子并流而承之[③]。数百步而出，被发行歌而游于棠行[④]。孔子从而问之，曰："吕梁悬水三十仞，流沫三十里，鼋鼍鱼鳖所不能游。向吾见子道之，以为有苦而欲死者，使弟子并流将承子。子出

而被发行歌[⑤]，吾以子为鬼也。察子，则人也。请问蹈水有道乎？”曰：“亡，吾无道。吾始乎故，长乎性，成乎命。与赍俱入[⑥]，与汩偕出[⑦]，从水之道而不为私焉。此吾所以道之也。”孔子曰：“何谓始乎故，长乎性，成乎命也？”曰：“吾生于陵而安于陵，故也；长于水而安于水，性也；不知吾所以然而然，命也。”

注释

①悬水：瀑布。

②鼋（yuán）：鳖的一种。鼍（tuó）：扬子鳄。

③并流：靠拢河岸，顺流游去。承：通“拯”，拯救。

④棠行：塘下，堤岸之下。

⑤被发：散发。被，披着。行歌：边走边唱。

⑥赍（qí）：通“齐”，即脐，中央。本文指漩涡的中心部分。

⑦汩（gǔ）：向上疾涌而出的泉水。

译文

孔子在吕梁游览，看到瀑布飞流直下三十仞高，激起的浪花冲出三十里，即便是鼋鼍和鱼鳖也无法游过。他看见一个成年男子在水里漂游，孔子以为是一个悲痛欲绝而欲轻生的人，于是立刻派学生顺着河岸游去救助他。这男子游了数百步远又浮出水面，披头散发，在河堤下游荡，边走边唱着歌。孔子跟过去问道：“吕梁的瀑布飞流直下三十仞高，激起的浪花冲出三十里，连鼋鼍和鱼鳖都无法游过。刚才我看到你跳入水中，以为你心中遭遇伤痛而欲轻生，于是派学生沿河来救你。没想到你出水以后，披着头发，边走边唱，我还以为你是鬼呢。仔细一看，却是人。请问，潜水有道术吗？”那男子回答：“没有，我没有道术。我不过是始于本然，顺于天性，成就于天命罢了。我和漩涡一同卷入水中，又同涌流一并冲出水面，我顺从河水的规律而不凭主观的冲动而游。这就是我能出入河水的原因。”孔子问：“那么，什么叫作始于本然，顺于天性，成就于天命呢？”男子回答：“我出生在山陵而安心于山陵，这就是始于本然；我成长在水边而习惯于水边，这是顺于天性；我不知道为何会游水却顺其自然地游水，所以叫作成就于天命。”

原文

仲尼适楚，出于林中，见痀偻者承蜩[①]，犹掇之也[②]。仲尼曰：“子巧乎！有道邪？”曰：“我有道也。五六月，累垸二而不坠[③]，则失者锱铢[④]；累三而不坠，则失者十一；累五而不坠，犹掇之也。吾处也若橛株驹[⑤]，吾执臂若槁木之枝。虽天地之大、万物之多，而唯蜩翼之知。吾不反不侧[⑥]，不以万物易蜩之翼，何为而不得？”孔子顾谓弟子曰：“用志不分，乃凝于神，其痀偻丈人之谓乎！”丈人曰：“汝逢衣徒也[⑦]，亦何知问是乎？修汝所以[⑧]，而后载言其上[⑨]。”

注释

①痀偻（jū lǚ）：弯腰驼背。承蜩（tiáo）：粘蝉，把蝉粘住。

②掇：拾取。

③垸（huán）：通“丸”，圆形的小球。

④锱铢：古代重量单位，比喻极小的数量。

⑤橛：竖立。株驹：枯树根。株，露在地表之外的树根。

⑥不反不侧：形容内心平静，心无杂念。

⑦逢衣：儒服，古代读书人穿的一种袖子宽大的衣服。

⑧修：清洗，清除。

⑨载：通“再”。

译文

孔子去楚国，途经树林，碰见一位驼背的老汉在持竿粘蝉，竟像用手拾取一般轻松。孔子叹道：“太绝妙了！您有道术吗？”老汉回答：“我有道术。我在竹竿梢上叠放两颗小球，经过五六个月的练习就不会掉下来了，那么能够逃走的蝉就非常少了；叠放三颗小球而不掉落，那么能够逃走的蝉就只有十分之一；叠放五颗小球而不掉落，捉蝉就像随手拾取一样毫无遗漏了。我站立时，如同竖起的树墩那样静止不动；我持竿子的臂，就像枯树上的树枝。虽然天大地广、万物众多，但我只能看到蝉翼。我不转身、不四顾，不因纷杂的事物而分散我对蝉翼的注意力，怎么会捉不到蝉呢？”孔子回过头对学生们说：“专注不分散，聚精会神，这就是驼背老汉说的道理啊！”老汉说：“你们是身穿儒服的读书人，为什么还要过问这些事呢？先舍弃你们那套仁义礼乐的说教，再谈论这些道理吧。”

原文

海上之人有好沤鸟者①，每旦之海上，从沤鸟游，沤鸟之至者百住而不止②。其父曰：“吾闻沤鸟皆从汝游，汝取来，吾玩之。”明日之海上，沤鸟舞而不下也。故曰：至言去言，至为无为。齐智之所知③，则浅矣。

注释

①沤（ōu）：通“鸥”，外形似白鸽，经常群飞于江、河、湖、海之畔。

②住：通“数”。

③齐（jì）：限定。

译文

海边有一个爱好海鸥的人，每天一早到海边，与海鸥一同游玩，飞过来的海鸥往往数以百计。一次他父亲说：“我听说海鸥都喜欢和你一块儿游玩，你捉几只回来，让我玩玩。”第二天他来到海边，海鸥都在空中翱翔不肯落地。因此说：最深不可测的言论就是摈弃言论，最卓越的行为就是无所作为。只局限于一个人的智慧灵巧所知，那就太浅薄了。

原文

赵襄子率徒十万[①]，狩于中山，藉芿燔林[②]，扇赫百里[③]。有一人从石壁中出，随烟烬上下，众谓鬼物。火过，徐行而出，若无所经涉者。襄子怪而留之，徐而察之：形色七窍，人也；气息音声，人也。问奚道而处石？奚道而入火？其人曰：“奚物而谓石？奚物而谓火？”襄子曰：“而向之所出者，石也；而向之所涉者，火也。”其人曰：“不知也。”魏文侯闻之[④]，问子夏曰[⑤]：“彼何人哉？”子夏曰：“以商所闻夫子之言，和者大同于物，物无得伤阂者[⑥]。游金石，蹈水火，皆可也。”文侯曰：

“吾子奚不为之？”子夏曰：“刳心去智⑦，商未之能。虽然，试语之有暇矣。”文侯曰：“夫子奚不为之？”子夏曰：“夫子能之而能不为者也。”文侯大说⑧。

注释

①赵襄子：战国初赵国的创始人，赵简子之子，名无恤。

②藉：践踏。芿（rèng）：乱草。燔（fán）：焚烧。

③扇：煽动，散播。此指火势猛烈。赫：显耀，盛大。

④魏文侯：战国初魏国的建立者，名都，公元前446—前396年在位。

⑤子夏：孔子的弟子，姓卜，名商，字子夏。

⑥阂：阻碍。

⑦刳（kū）：挖空，剔净。此指把物欲去除干净，使内心空虚而无杂念。

⑧说：同“悦”，喜悦。

译文

赵襄子率十万人马到中山国境内打猎，践踏乱草，烧毁树林，炽烈的火焰绵延百里。忽然有一人从石壁中钻出来，同烟火灰烬一起上下浮动，大家看见之后都以为是鬼怪。大火燃尽，那个人缓慢地走了出来，好像从未经历过火灾一样。赵襄子感到非常奇怪，就让他停下来，仔细观察：见他形貌、肤色和七窍与普通人并无两样，呼吸和声音也是人的样子。问他有什么道术能待在石壁里面？又有什么道术能走入烈火？那人却问：“何为石壁？何为烈火？”襄子说：“刚才你走出来的地方，叫石壁；刚才你出入的东西，就是火。”那人说：“不知道。”魏文侯听说此事，问子夏：“他究竟是何人物？”子夏回答：“我曾听孔夫子说，得纯正元气的人，身心与外物融为一体，外物就不能伤害和阻碍他。所以在金石中走动，在水火中踩踏，无所不为。”文侯问：“那么你为什么不能做到呢?”子夏回答：“剔净欲念，抛弃智慧，我还无法办到。尽管这样，姑且谈谈这些道理还是可以的。”魏文侯又问：“那么孔夫子为什么不能做到呢?”子夏回答：“孔夫子能做到如此，但是他更能不去做。”魏文侯听后，豁然开朗。

原文

有神巫自齐来处于郑[①]，命曰季咸[②]，知人死生存亡、祸福寿夭，期以岁月旬日[③]，如神。郑人见之，皆避而走。列子见之而心醉，而归以告壶丘子，曰：“始吾以夫子之道为至矣，则又有至焉者矣。”壶子曰：“吾与汝无其文[④]，未既其实，而固得道与？众雌而无雄，而又奚卵焉？而以道与世抗，必信矣[⑤]，夫故使人得而相汝。尝试与来，以予示之。”明日，列子与之见壶子。出而谓列子曰：“譆！子之先生死矣，弗活矣，不可以旬数矣。吾见怪焉，见湿灰焉[⑥]。”列子入，涕泣沾衿[⑦]，以告壶子。壶子曰：“向吾示之以地文[⑧]，罪乎不诚不止[⑨]，是殆见吾杜德几也[⑩]。尝又与来！”明日，又与之见壶子。出而谓列子曰：“幸矣！子之先生遇我也，有瘳矣[⑪]。灰然有生矣，吾见杜权矣[⑫]。”列子入告壶子。壶子曰：“向吾示之以天壤[⑬]，名实不入，而机发于踵[⑭]，此为杜权。是殆见吾善者几也[⑮]。尝又与来！”明日，又与之见壶子。出而谓列子曰：“子之先生坐不齐，吾无得而相焉[⑯]。试齐，将且复相之。”列子入告壶子。壶子曰：“向吾示之以太冲莫眹[⑰]，是殆见吾衡气几也[⑱]。鲵旋之潘为渊[⑲]，止水之潘为渊，流水之潘

为渊，滥水之潘为渊[20]，沃水之潘为渊[21]，氿水之潘为渊[22]，雍水之潘为渊[23]，汧水之潘为渊[24]，肥水之潘为渊[25]，是为九渊焉。尝又与来！”明日，又与之见壶子。立未定，自失而走[26]。壶子曰：“追之！”列子追之而不及，反以报壶子，曰：“已灭矣[27]，已失矣，吾不及也。”壶子曰：“向吾示之以未始出吾宗。吾与之虚而猗移[28]，不知其谁何，因以为茅靡[29]，因以为波流，故逃也。”然后列子自以为未始学而归，三年不出，为其妻爨，食狶如食人[30]，于事无亲，雕琢复朴[31]，块然独以其形立[32]，怮然而封戎[33]，壹以是终[34]。

注释

①神巫：占卜非常灵验的巫者。

②命：命名。

③期：预言。岁月旬日：预定的某年、某月、某旬、某日。

④与：传授。无：当为“既”，尽。文：外表。

⑤信：通“伸”，呈现，显露。

⑥湿灰：死亡之症，就好像湿灰一样不能复燃，绝无生机可望。

⑦衿：古代衣服的交领，引申为胸襟。

⑧地文：土地的纹理，地貌。

⑨罪：通“萌”，萌发，草木初生之际，生机未显。诹（zhèn）：同“震”，动。

⑩殆：仅仅。

⑪瘳（chōu）：恢复元气，病情好转。

⑫杜权：谓闭塞中有变动。权，变，动。

⑬天壤：天地之间，指天地间变化生长的气象。

⑭机：指生机。踵：脚后跟。

⑮善者几：生机萌动的征兆。

⑯无得：无法。

⑰太冲莫眹（zhèn）：指太虚之时，元气混沌，无明显迹象可征。太冲，即太虚。眹，通“朕”，征兆，迹象。

⑱衡气几：即心平气稳的征兆。衡，平。

⑲鲵（ní）：鲸鲵。旋：盘旋。潘：回旋的深水。

⑳滥水：翻涌而上的水流。

㉑沃水：下注的水流，指瀑布。

㉒氿（guǐ）水：从侧面涌出来的水流。

㉓雍水：决出水道而又回流的水。

㉔汧（qiān）水：从地下冒出后积聚的水。

㉕肥水：不同源而后合流的水。

㉖自失：惊恐失措。走：逃跑。

㉗灭：不见踪迹。

㉘虚：指无所执着。猗（wēi）移：委曲顺从的样子。

㉙茅靡：像茅草一样随风而倒。

㉚食：饲。狶：猪。

㉛瑑（zhuàn）：玉器上隆起的雕纹。

㉜块然：安然，无动于心的样子。

㉝忿（fēn）然：纷繁复杂的样子，指一切琐碎事务。封：守。戎：当作“哉”。

㉞壹以是终：从始至终都是这样。壹，全部，都，一律。

译文

有一个神巫自齐国来到郑国居住，名叫季咸，善于推测人的死生存亡、祸福寿夭，他预言的吉凶在指定的岁、月、旬、日发生，全部精准无误。郑国人见到他，都吓得跑开躲避他。列子遇到了他，却深深折服，回来把此事告诉老师壶子，说：“我本以为先生的道术是最高深的了，可如今却有比您还要高深的。”壶子说：“我传授给你的仅仅是道的名相，还没有传授给你道的本质，你难道认为掌握道的根本了吗？这就像仅有很多雌性而没有雄性，又怎会产卵繁殖后代呢？你拿着道去同世俗的东西相比较，必定会显露心迹，这便是巫师能拿你来占卜的原因。你试着带他同来，让他为我相相面。”第二天，列子和季咸一同来见壶子。他出来对列子说：“唉！你的先生临近死亡，不能救了，活不了十几天了。我看到怪异的症状，就像湿灰不可复燃。”列子走进屋，悲痛不已，泪水沾湿衣襟，把季咸的话转告给壶子。壶子说：“刚才我对他显露了像大地那样寂静沉稳的形貌，气息既不动也不止，他大概是看见我堵塞了生机，因此说我快死了。你再尝试同他来一次！”第二天，列子又带着季咸来见壶子。他出来对列子说：“走运呀！你的先生幸亏遇见了我，他的病大好了。整个人都有生机了，我看到他的神气在闭塞之中如湿灰复燃，有转机了。”列子进去把季咸的话告诉壶子。壶子说：“刚才我向他显露了像天地间自然生长般温和的形貌，虚名和利益都不能侵入，而生机从脚跟向上发动，这便是闭塞之中发动生机。他大概是看见我生机萌动的预兆了。你再试着同他一起来！”第二天，列子又带着季咸见了壶子。季咸出来对列子说：“你的先生端坐于此，形神变化不定，我无法给他相面。等他安定下来，我再来给他相面。”列子进屋将此话告诉壶子。壶子说：“刚才我把无任何固定迹象的虚静显示给他，他大概是看见我心平气和的机兆了。鲸鲵盘旋形成的深水为渊，不流动的深水为渊，流动的深水为渊，满而溢出的水形成的回旋水流为渊，下注的水形成的回旋水流为渊，从侧面涌出的水形成的回旋水流为渊，决出水道又被壅塞的水形成的回旋水流为渊，从地下冒出而积聚的水形成的回旋水流为渊，不同源头而后合流的水形成的回旋水流也为渊，波流虽然变幻无常，但都属于静默的渊，这就是九渊。你再尝试和他一起来！”第二天，列子又和季咸一起去见壶子。他尚未站稳，就惊慌失色地逃走了。壶子说：“追上他！”列子前去却没有赶上，返回向壶子报告说：“不见踪影，也不知去向了，我没有追上他。”壶子说：“刚才我把我还未从道的本原中出来的样子向他显露。无所执着顺其自然地面对他，于是他摸不清我究竟是什么东西，认为我像草一样随风而倒，认为我像水一样随波而流，所以就吓跑了。”在这之后，列子自认为未尝学到什么，就返回家中自学，三年没有出门，为他的妻子烧火煮饭，喂养猪如同伺候人，凡事不分远近亲疏，除去雕琢，返回质朴，无情无知，仅以形体存于世上，在纷繁的大千世界里，封闭心窍，专心守一，终生如此。

原文

子列子之齐，中道而反，遇伯昏瞀人。伯昏瞀人曰：“奚方而反[①]？”曰：“吾惊焉。”“恶乎惊？”“吾食于十浆[②]，而五浆先馈。”伯昏瞀人曰：“若是，则汝何为惊己[③]？”曰：“夫内诚不解[④]，形谍成光[⑤]，以外镇人心，使人轻乎贵老，而整其所患[⑥]。夫浆人特为食羹之货，多余之赢；其为利也薄，其为权也轻，而犹若是。而况万乘之主[⑦]，身劳于国，而智尽于事；彼将任我以事，而效我以功，吾是以惊。”伯昏瞀人曰：“善哉观乎！汝处己，人将保汝矣[⑧]。”无几何而往，则户外之屦满矣[⑨]。伯昏瞀人北面而立，敦杖蹙之乎颐[⑩]。立有间，不言而出。宾者以告列子。列子提履徒跣而走[⑪]，暨乎门，问曰：“先生既来，曾不废药乎[⑫]？”曰：“已矣。吾固告汝曰，人将保汝，果保汝矣。非汝能使人保汝，而汝不能使人无汝保也，而焉用之感也？感豫出异[⑬]。且必有感也，摇而本身，又无谓也。与汝游者，莫汝告也。彼所小言[⑭]，尽人毒也。莫觉莫悟，何相孰也[⑮]！”

注释

①方：缘故。反：同“返”。

②十浆：十家卖酒浆的店铺。浆，泛指液体，特指酒浆。

③惊己：受惊而失去自控。

④内诚：内心的情欲。诚，情。解：排解。

⑤谍：通“渫”，泄。

⑥整（jī）：招致。

⑦万乘之主：古人以一车四马为一乘，万乘之主指拥有一万辆兵车的君主。这里泛指国君。

⑧保：依附。

⑨屦（jù）：用麻、葛等制成的草鞋。

⑩敦：竖起，支撑。蹙：皱。颐：下巴。

⑪履：鞋。徒跣（xiǎn）：赤脚步行。跣，光脚。

⑫废药：比喻教导之言。废，通“发”。

⑬感豫：讨别人欢心，别人被自己感化。

⑭小言：精巧而不入大道的论述。

⑮相孰：犹相善，相互得益。

译文

列子去齐国，半路返回，碰到伯昏瞀人。伯昏瞀人问他：“为什么半路返回呢？”列子答道：“我深感惊讶。”“你为什么感到惊讶呢？”“我曾在十家卖酒浆的店铺里饮酒，其中就有五家抢着白送给我喝。”伯昏瞀人说：“既然这样，又有什么使得你感到惊讶呢？”列子答道：“心中的情欲不能去除，就会行为媚俗，外表光彩，靠仪表来压服人心，就会使人对自己的敬重超过老者，而招致祸患。那些卖酒浆的人只是做点儿羹食之类的小生意，盈余并不多；他们获得的利润非常微薄，拥有的权力十分轻微，竟如此对待我。更何况掌握兵车万乘的君主，他们为国家终日操劳，为政事竭尽才智；他将重任交付于我，要我为国家立功效劳，所以我感到惊讶。”伯昏瞀人说：“你的观察细致入微！你安心等着吧，人们将会归附于你。”不久，伯昏瞀人去探望列子，看到厅堂的门外摆满了前来拜访者的鞋子。伯昏瞀人向北站立，用拐杖抵着下巴而使皮肉皱起。站了一会儿，没有说话就往外走。迎接宾客的人去报告列子。列子连忙提起鞋子，光着脚追到大门口，问道：“先生既然都来了，就不留下教诲之言给我吗？”伯昏瞀人说：“算了。我原先就告诉过你，人们将会归附你，果真都来归附你了。不是你能使别人归附你，而是你无法使别人不归附你，那么你到底如何做到感化别人到这种境地呢？必定是通过讨他人的欢心而表现得与众不同。而你要感化别人，就会使得自己的本性动摇，这毫无益处。与你交往的人，不能教给你这番道理。他们的那些细巧媚惑之言，全部是毒害人心的东西。和他们相处，无法互相启发，又怎么能互相获益呢！”

原文

杨朱南之沛①，老聃西游于秦②，邀于郊。至梁而遇老子③。老子中道仰天而叹曰：“始以汝为可教，今不可教也。”杨朱不答。至舍，进涫漱巾栉④，脱履户外，膝行而前，曰：“向者夫子仰天而叹曰：‘始以汝为可教，今不可教。’弟子欲请夫子辞，行不间，是以不敢。今夫子间矣，请问其过。”老子曰：“而睢睢⑤，而盱盱⑥，而谁与居？大白若辱⑦，盛德若不足。”杨朱蹴然变容曰⑧：“敬闻命矣！”其往也，舍者迎将家⑨，公执席⑩，妻执巾栉，舍者避席，炀者避灶⑪。其反也，舍者与之争席矣。

注释

①杨朱：战国初期哲学家，魏国人，古书中又将他称为阳子居。沛：地名，在今江苏沛县。

②老聃：即老子，道家学派创始人，姓李，名耳，字伯阳，楚国苦县厉乡曲仁里人，曾担任周王室守藏室史（管理藏书的官员）。

③梁：沛郊的地名。

④涫（guàn）：通“盥”，盥洗，本文指洗脸、洗手的水。漱：漱口，本文指漱口水。巾：毛巾。栉：梳篦。

⑤睢睢（suī）：张目，傲视的样子。

⑥盱盱（xū）：仰目，傲视的样子。

⑦辱：黑。

⑧蹴然：惭愧不安的样子。

⑨舍者：旅店中的所有人。将：送。家：旅社。

⑩执席：恭候于座席之旁。

⑪炀（yàng）：灶下烧火。

译文

杨朱向南去往沛邑，恰逢老子西游到秦国，杨朱在郊野迎候。在梁地见到了老子。老子在半途中仰天叹道：“我原本以为你是可以教导的，如今看来是不可以了。”杨朱沉默不语。到了旅舍，杨朱给老子奉上洗漱用品，然后把鞋子脱下来放在门外，双膝跪在地上，说：“刚才先生仰天叹道：‘起初我以为你是可以教导的，如今看来是不可教导的。’学生想请教先生这其中的含义，因为忙着赶路，所以不敢发问。现在先生有空闲了，请告诉我不可教导的缘由。”老子回答：“你那一副骄傲跋扈的样子，谁愿意同你相处呢？记住，最洁白的东西应该认为仍有污浊，道德高深的人应该仍以谦卑虚心自居。”杨朱肃然起敬，面露愧色说：“敬听先生的教诲了！”他动身去往沛邑的时候，旅店中的所有人迎送他；吃饭时，旅店主人在座席旁恭候；洗漱时，旅店主人的妻子为他送洗漱用品；坐下休息时，先到的人见了他急忙离座起立；对着灶口取暖时，见了他立即离开灶头。等他从沛邑回来的时候，旅舍的客人就敢和他争席而坐了。

原文

杨朱过宋[①]，东之于逆旅[②]。逆旅人有妾二人，其一人美，其一人恶[③]；恶者贵而美者贱。杨朱问其故。逆旅小子对曰[④]：“其美者自美，吾不知其美也；其恶者自恶，吾不知其恶也。”杨朱曰：“弟子记之！行贤而去自贤之行，安往而不爱哉？”

注释

①宋：周朝的一个诸侯国，国都商丘，在今河南东部和山东、江苏、安徽之间。

②逆旅：旅舍。

③恶：丑陋，与“美”相对。

④小子：指旅店主人。

译文

杨朱途经宋国，向东借宿于一家旅店。旅店的主人有两个妾，一个貌美，一个丑陋；可是丑女受主人尊重宠爱而美女却遭到轻视。杨朱向店主询问其中的缘故。店主回答说：“那个漂亮的自以为很美，我却看不出她美在哪里；那个丑陋的自以为很丑，可我却看不出她丑在哪里。”杨朱说：“弟子们记住！做了善事但不自以为做了善事，这样的人到哪里不被人敬爱呢？”

原文

天下有常胜之道，有不常胜之道。常胜之道曰柔，常不胜之道曰强。二者亦知[①]，而人未之知。故上古之言：强，先不己若者[②]；柔，先出于己者[③]。先不己若者，至于若己，则殆矣。先出于己者，亡所殆矣。以此胜一身若徒[④]，以此任天下若徒，谓不胜而自胜，不任而自任也。粥子曰[⑤]："欲刚，必以柔守之；欲强，必以弱保之。积于柔必刚，积于弱必强。观其所积，以知祸福之乡[⑥]。强胜不若己[⑦]，至于若己者刚[⑧]；柔胜出于己者，其力不可量。"老聃曰："兵强则灭，木强则折。柔弱者生之徒，坚强者死之徒。"

注释

①亦：当作"易"，容易。

②先：胜于，胜过。不己若者：力量不及自己的人。

③出于己者：力量比自己大的人。

④一身：一个人。若徒：此道，这样的取胜之道。

⑤粥子：亦作"鬻子"，名熊，相传是楚国君主的祖先。

⑥乡：通"向"，趋向，势头。

⑦强胜：靠刚强获胜。

⑧刚：应为"戕"，残害。

译文

天下有常胜之道，也有不常胜之道。常胜之道是柔弱，不常胜之道是刚强。这二者清晰可见，但大多数人都不知道。所以上古有句话说：

凭借刚强，只能战胜不及自己的人；凭借柔弱，却能战胜比自己强的人。如果只能战胜不及自己的人，等到他与自己能力相当了，那就危急了。如果能战胜比自己强的人，便不会感到危急了。用来战胜身心的是这个道理，用来应付天下事同样是这个道理，这叫作虽不是有意战胜而自然战胜，不是有意胜任而自然胜任。鬻子说："要想刚，必须靠柔来守护；要想强，必须靠弱来保障。柔积聚起来必定刚，弱积聚起来必定强。察看它们所积聚的东西，便能知道祸福的走向。凭借刚强打败不如自己的人，等到他与自己能力相当，就会遭到灾祸；凭借柔弱打败超过自己的人，那能力便深不可测。"老子说："兵器强大就会被毁灭，木材强硬就会被折断。柔弱是生存之道，刚强是灭亡之路。"

原文

状不必童[1]，而智童；智不必童，而状童。圣人取童智而遗童状[2]，众人近童状而疏童智。状与我童者，近而爱之；状与我异者，疏而畏之。有七尺之骸[3]，手足之异，戴发含齿，倚而趣者[4]，谓之人；而人未必无兽心。虽有兽心，以状而见亲矣。傅翼戴角[5]，分牙布爪，仰飞伏走，谓之禽兽；而禽兽未必无人心。虽有人心，以状而见疏矣。庖牺氏、女娲氏、神农氏、夏后氏[6]，蛇身人面，牛首虎鼻：此有非人之状，而有大圣之德。夏桀、殷纣、鲁桓、楚穆[7]，状貌七窍，皆同于人，而有禽兽之心。而众人守一状以求至智，未可几也[8]。黄帝与炎帝战于阪泉之野[9]，帅熊、罴、狼、豹、貙、虎为前驱[10]，雕、鹖、鹰、鸢为旗帜[11]，此以力使禽兽者也。尧使夔典乐[12]，击石拊石[13]，百兽率舞[14]；《箫韶》九成[15]，凤皇来仪[16]：此以声致禽兽者也。然则禽兽之心，奚为异人？形音与人异，而不知接之之道焉[17]。圣人无所不知，无所不通，故得引而使之焉。禽兽之智有自然与

人童者，其齐欲摄生[18]，亦不假智于人也[19]。牝牡相偶，母子相亲；避平依险，违寒就温；居则有群，行则有列；小者居内，壮者居外；饮则相携，食则鸣群。太古之时，则与人同处，与人并行。帝王之时，始惊骇散乱矣。逮于末世[20]，隐伏逃窜，以避患害。今东方介氏之国，其国人数数解六畜之语者[21]，盖偏知之所得[22]。太古神圣之人，备知万物情态，悉解异类音声。会而聚之，训而受之，同于人民。故先会鬼神魑魅[23]，次达八方人民，末聚禽兽虫蛾。言血气之类，心智不殊远也。神圣知其如此，故其所教训者无所遗逸焉。

注释

①童："同"的同声假借字，下文的"童"都是这个意思。

②遗：放弃。

③骸：指形骸，身体。

④倚：直立。趣（qū）：快步行走。

⑤傅：附着。

⑥庖牺氏：亦作包牺、宓羲、伏羲、伏戏，传说为中华民族的人文始祖，与女娲氏兄妹成婚而繁衍人类。女娲氏：传说为中华民族的人文始祖，相传她曾用黄土造人，炼五色石补天。神农氏：传说中的上古帝王，相传他发明了农业与医药，曾尝百草，教人治病。夏后氏：传说中的上古帝王，相传是他建立了夏朝。

⑦夏桀：名履癸，夏朝的最后一位君主，荒淫暴虐，最终被商汤所灭。殷纣：即商纣，名受，又称帝辛，商朝的最后一位君主，残暴淫虐，被周武王所灭。鲁桓：即鲁桓公，春秋时鲁国国君，公元前711—前694年在位，多非礼之行，后被齐襄公所杀。楚穆：即楚穆王，春秋时楚国国君，公元前625—前614年在位。杀父自立，多行不义。

⑧几（jī）：通"冀"，希冀，期待。

⑨黄帝：传说中的古代帝王，姓姬，号轩辕氏、有熊氏。炎帝：传说上古时期姜姓部落的首领，号烈山氏。

⑩罴（pí）：熊的一种，似熊而大，俗称人熊。貙（chū）：兽名。

⑪鹖（hé）：鸟名，雉类，似野鸡。鸢：亦称“老鹰”。

⑫尧：名放勋，传说中陶唐氏部落首领。夔（kuí）：人名，传为尧、舜时的乐官。

⑬石：指石制的磬。拊（fǔ）：击。

⑭率：相从。

⑮《萧韶》：也称《大韶》。虞舜乐曲名。九成：犹言九章、九阕。

⑯凤皇来仪：谓凤凰飞舞且有容仪，古人以为是祥瑞。

⑰接：交际，交结。

⑱齐：都。摄生：养生，保养身体。

⑲假：借助。

⑳逮：及，等到。末世：衰乱之世。

㉑数数（shuò）：此指勉强。

㉒偏知：片面的知识。

㉓魑（chī）魅（mèi）：古代传说中出入山泽的鬼怪。

译文

形貌不一定相同，而智力相同；智力不一定相同，而形貌相同。圣人看重智力相同的，疏远形貌相同的；世人却接近形貌相同的，疏远智力相同的。形貌和自己相同的，就亲近并喜欢他；形貌与自己相异的，就远离而惧怕他。凡有七尺高的身躯，手脚的功能不相同，头上生发，口中长着牙齿，可以直立行走的，为人；但人不一定不存在兽心。即使有兽心，也因形貌相同就互相亲近。身上长着长翅，头上长着角，张牙舞爪，高高地飞翔或俯身奔跑，叫作禽兽；但禽兽不一定不存在人心。即使有人心，也因形貌与人相异就遭到疏离。庖牺氏、女娲氏、神农氏、夏后氏，长着蛇身人面，牛头虎鼻：他们都长着不同于人的形貌，却有着最圣贤的品德。夏桀、殷纣、鲁桓公、楚穆王，形貌七窍，均与人相同，但他们却怀有禽兽之心。世人固守着单一的形貌来找寻最高智慧的人，这是不可能办到的。黄帝与炎帝在阪泉的原野上作战，皇帝率领熊、罴、狼、豹、貙、虎担任先锋，雕、鹖、鹰、鸢作为旗帜，这是用武力来使用禽兽。尧帝任命夔掌管乐律，击打石磬，百兽纷纷起舞；他演奏了虞舜的《箫韶》乐曲九阕，吸引凤凰飞来朝见，这是以乐声招来禽兽。既然这样，为什么禽兽之心与人不同呢？是因为它们的形貌、声音与人不同，所以人们不知道和它们相处的办法。圣人无所不知，无所不晓，所以可以召集或驱使它们。禽兽的智力天然有与人相同之处，它们需要生存，在这方面的智力绝不会比人低。雌雄结为配偶，母子相互亲爱；避开平川依附险峻，躲避寒冷靠近温暖；成群居住，成行游走；柔弱的居住在里面，壮实的守护在外围；饮水就相互扶持，吃食就呼朋引伴。在太古时代，禽兽就与人居住在一处，和人并排走动。到了帝王统治的时期，它们才开始见人惊慌失措而四处逃跑。当天下衰亡的时候，它们见人更是隐匿逃窜到深山老林里，躲避祸害。现在东方的介氏之国，那里的百姓还能勉强听懂一些六畜的语言，那是片面的知识而得到的才能。太古时期的圣人，知晓万物的性情状态，了解一切异类的语言。他们把禽兽召集在一起，训练它们接受训导，把它们当作人看待。因而，先朝会鬼神妖怪，其次才喊来八方人民，最后再聚集禽兽昆虫。这说明有血气的物类，心性智力都相差无几。圣人明白这个道理，所以他们所教化训练的物类就无一遗漏。

原文

宋有狙公者[1]，爱狙，养之成群。能解狙之意，狙亦得公之心。损其家口[2]，充狙之欲。俄而匮焉[3]，将限其食。恐众狙之不驯于己也，先诳之曰："与若芧[4]，朝三而暮四，足乎?"众狙皆起而怒。俄而曰："与若芧，朝四而暮三，足乎?"众狙皆伏而喜。物之以能鄙相笼[5]，皆犹此也。圣人以智笼群愚，亦犹狙公之以智笼众狙也。名实不亏，使其喜怒哉!

注释

①狙（jū）公：养猴子的老人。狙，猕猴。

②家口：家中的口粮。

③匮：缺乏，贫苦。

④芧（xù）：橡栗。

⑤鄙：鄙俗。笼（lǒng）：笼络，蒙蔽。

译文

宋国有一位饲养猴子的老者，非常喜爱猴子，在家里养的猴子成群结队。他知晓猴子的性情，猴子也明白老者的心意。老者缩减家人的口粮，来满足猴子的食欲。不久家里的粮食缺少，他想限制猴子的食量。又担心猴子们不肯驯服，就先哄骗它们说："给你们吃橡栗，早上给三颗，晚上给四颗，够吗?"猴子们一听，都气得乱跳起来。过了一会儿老者又说："给你们吃橡栗，早上给四颗，晚上给三颗，这下足够了吧?"猴子们听了，都高兴地伏在地上。世间万物之所以能用智巧或鄙陋的方法就可以笼络，道理就在这个故事中。圣人用智慧笼络愚昧之人，也如同养猴老者用智巧来笼络猴子们一样。名义和实际都无所亏损，但能使他们高兴或愤怒啊！

原文

纪渻子为周宣王养斗鸡[1]。十日而问："鸡可斗已乎?"曰："未也，方虚骄而恃气[2]。"十日又问。曰："未也，犹应影响[3]。"十日又问。曰："未也，犹疾视而盛气[4]。"十日又问。曰："几矣[5]。鸡虽有鸣者，已无变矣。望之似木鸡矣，其德全矣[6]。异鸡无敢应者，反走耳[7]。"

注释

①纪渻（shěng）子：虚构的人物。

②虚骄：虚浮而骄矜。恃气：自恃意气。

③影：指鸡的身影。响：指鸡鸣叫的声音。

④疾视：怒目而视。盛气：盛气凌人。

⑤几矣：差不多可以了。

⑥德全：指达到了气专志一的精神状态。

⑦反走：反身逃走。

译文

纪渻子为周宣王驯养斗鸡。十天过后，周宣王问他："鸡可以斗了吗?"他回答道："不行，它没有本事却骄妄自负。"又一个十天后再问他。回答："不可以，它对其他鸡的影子和鸣声还有反应。"又一个十天后再问他。回答："还不行，它看到其他鸡时的目光还很锐利而富有盛气。"又一个十天后问他。回答："差不多可以了。其他鸡即使鸣叫，它也不为所动了。看上去就像一只木鸡，它的德行已经完备了。其他鸡没有敢应战于它的，看到它就掉头逃走了。"

原文

惠盎见宋康王[①]。康王蹀足謦欬[②]，疾言曰："寡人之所说者[③]，勇有力也，不说为仁义者也。客将何以教寡人？"惠盎对曰："臣有道于此，使人虽勇，刺之不入，虽有力，击之弗中。大王独无意邪？"宋王曰："善，此寡人之所欲闻也。"惠盎曰："夫刺之不入，击之不中，此犹辱也。臣有道于此，使人虽有勇，弗敢刺，虽有力，弗敢击。夫弗敢，非无其志也。臣有道于此，使人本无其志也。夫无其志也，未有爱利之心也。臣有道于此，使天下丈夫女子，莫不驩然皆欲爱利之。此其贤于勇有力也，四累之上也[④]。大王独无意邪？"宋王曰："此寡人之所欲得也。"惠盎对曰："孔、墨是已[⑤]。孔丘、墨翟，无地而为君，无官而为长；天下丈夫女子莫不延颈举踵而愿安利之[⑥]。今大王，万乘之主也，诚有其志，则四竟之内皆得其利矣[⑦]。其贤于孔、墨也远矣。"宋王无以应。惠盎趋而出。宋王谓左右曰："辩矣[⑧]，客之以说服寡人也！"

注释

①惠盎：战国时宋国人，曾担任魏国宰相，善辩。

②蹀（dié）：顿足。謦（qǐng）欬（kài）：咳嗽。

③说：通"悦"，喜爱。

④累：堆叠，引申为层次。

⑤墨：墨子，春秋战国时期思想家，墨家学派的创始人，主张“兼爱”“尚贤”“尚同”“明鬼”。

⑥延颈举踵：伸长脖颈，踮起脚，形容迫切期望。

⑦竟：通“境”，指全国。

⑧辩：能言善辩。

译文

惠盎拜访宋康王。康王顿足咳嗽，焦躁地说：“我爱好的是勇武有力，不喜好仁义那一套。你打算拿什么来教我呢？”惠盎回答：“我有这样一种道术，可以使人勇武却刺不进我，虽然力气很大却打不中我。大王难道对此没有兴趣吗？”宋王说：“很好，这就是我想领教的。”惠盎又说：“刺不到我，打不中我，这对我而言仍是一种耻辱。我还有这样一种道术，能使人勇武却不敢来刺我，虽然很有力却不敢来打我。不敢刺不敢打，但并非没有这样的念头。我这儿还有一种道术，能让他根本就没有刺人、打人的念头。没有这种念头，也没有爱护和有利于他人的想法。我还有一种道术，能让天下的男人女人没有不欢欢喜喜地爱护和施利于他人的。这种道术比勇武有力更高深，远超过刚才所说的四种办法。大王难道对此不感兴趣吗？”宋王说道：“这就是我所期望学到的。”惠盎应道：“孔丘和墨翟便是如此。孔丘、墨翟不拥有一片国土，天下百姓却视之为君王；没有一官半职，天下百姓却视之为尊长；天下的男人女人没有不伸长脖颈、踮起脚，希望安抚、施利于他们的。现在大王身为掌握兵车万乘的国君，若有此抱负，那么全国的百姓都能得到益处。这比孔丘、墨翟高妙多了。”宋王无言以对。惠盎快步走出屋子。宋康王对左右近臣说：“果真能言善辩，他这一番话说服本王了！”

周穆王第三

原文

周穆王时[①]，西极之国有化人来[②]，入水火，贯金石；反山川，移城邑；乘虚不坠，触实不硋[③]。千变万化，不可穷极。既已变物之形，又且易人之虑。穆王敬之若神，事之若君。推路寝以居之[④]，引三牲以进之[⑤]，选女乐以娱之[⑥]。化人以为王之宫室卑陋而不可处，王之厨馔腥蝼而不可飨[⑦]，王之嫔御膻恶而不可亲[⑧]。穆王乃为之改筑。土木之功，赭垩之色[⑨]，无遗巧焉。五府为虚[⑩]，而台始成。其高千仞，临终南之上[⑪]，号曰中天之台。简郑、卫之处子娥媌靡曼者[⑫]，施芳泽[⑬]，正蛾眉[⑭]，设笄珥[⑮]，衣阿锡[⑯]，曳齐纨[⑰]，粉白黛黑[⑱]，佩玉环，杂芷若以满之[⑲]，奏《承云》、《六莹》、《九韶》、《晨露》以乐之[⑳]。月月献玉衣，旦旦荐玉食。化人犹不舍然[㉑]，不得已而临之。居亡几何，谒王同游[㉒]。王执化人之袪[㉓]，腾而上者，中天乃止。暨及化人之宫。化人之宫，构以金银，络以珠玉；出云雨之上而不知下之据，望之若屯云焉[㉔]。耳目所观听，鼻口所纳尝，皆非人间之有。王实以为清都、紫微、钧天、广乐[㉕]，帝之所居。王俯而视之，其宫榭若累块积苏焉[㉖]。王自以居数十年不思其国也。化人复谒王同游，所及之处，仰不见日月，俯不见河海。

光影所照，王目眩不能得视；音响所来，王耳乱不能得听。百骸六藏[27]，悸而不凝。意迷精丧，请化人求还。化人移之，王若殒虚焉[28]。既寤，所坐犹向者之处，侍御犹向者之人。视其前，则酒未清，肴未昲[29]。王问所从来。左右曰："王默存耳[30]。"由此穆王自失者三月而复。更问化人。化人曰："吾与王神游也，形奚动哉？且曩之所居，奚异王之宫？曩之所游，奚异王之圃？王闲恒有[31]，疑蹔亡[32]。变化之极，徐疾之间，可尽模哉[33]？"王大悦。不恤国事[34]，不乐臣妾，肆意远游。命驾八骏之乘，右服骅骝而左绿耳[35]，右骖赤骥而左白䕘[36]，主车则造父为御[37]，離𦐇为右；次车之乘[38]，右服渠黄而左逾轮，左骖盗骊而右山子，柏夭主车[39]，参百为御，奔戎为右。驰驱千里，至于巨蒐氏之国[40]。巨蒐氏乃献白鹄之血以饮王，具牛马之湩以洗王之足[41]，及二乘之人。已饮而行，遂宿于昆仑之阿[42]，赤水之阳[43]。别日升于昆仑之丘，以观黄帝之宫，而封之以诒后世[44]。遂宾于西王母[45]，觞于瑶池之上[46]。西王母为王谣[47]，王和之，其辞哀焉。西观日之所入，一日行万里。王乃叹曰："於乎！予一人不盈于德而谐于乐，后世其追数吾过乎[48]！"穆王几神人哉！能穷当身之乐，犹百年乃徂[49]，世以为登假焉[50]。

注释

①周穆王：西周天子，昭王之子。

②西极之国：西方极远的国家。化人：掌握幻术的人。

③硋（ài）：阻碍。

④路寝：古代君主办理政务的宫室。

⑤三牲：指祭祀用的牛、羊、猪。

⑥女乐：古代女子乐队，犹歌伎。

⑦厨馔（zhuàn）腥蝼：泛指食物。蝼，指像蝼蛄一样的臭味。飨：通“享”，享用。

⑧嫔御：嫔妃。

⑨赭：本指红土，这里指红褐色。垩（è）：本指白土，这里引申为白色。

⑩五府：分别指太府、玉府、内府、外府、膳府，古代国家收藏财货的五个府库。

⑪终南：指终南山，在今陕西西安西南。

⑫简：挑选。郑：古国名。卫：古国名。处子：处女。娥媌（miáo）：美丽，妖艳。靡曼：柔弱。

⑬芳泽：化妆用的脂粉香膏。

⑭蛾眉：修长弯曲的眉毛。

⑮笄（jī）：簪子，古人用来插住挽起的头发。珥（ěr）：指古代女子的珠玉耳饰。

⑯阿：东阿，在今山东东阿。锡：细软的布。

⑰曳：拖。齐：指齐国。纨：细绢。

⑱黛：古代女子用于画眉的青黑色颜料。

⑲芷若：香草名。芷，即白芷，也叫辟芷。若，即杜若。

⑳《承云》、《六莹》、《九韶》、《晨露》：皆为传说中的古乐曲名。

㉑舍然：释然。舍，通“释”。

㉒谒：请。

㉓祛（qū）：衣服的袖口。

㉔屯云：积聚的云层。

㉕清都、紫微：古代神话中天帝居住的地方。钧天、广乐：传说中天上的音乐。这里指仙乐弹奏的地方。

㉖宫榭：宫殿。累块：累积起来的土块。积苏：堆积起来的茅草。

㉗百骸：指人的所有骨节。六藏：即六脏。藏，通“脏”。

㉘殒虚：从虚空中坠落。殒，通“陨”，坠落。

㉙肴：荤菜。昲（fèi）：晒干。

㉚默存：默默地待着。

㉛闲：通“娴”，娴熟。

㉜蹔：通“暂”，暂时。

㉝模：揣测，捉摸。

㉞恤：忧愁。

㉟服：古代通常用四马驾一车，居中的两匹马称为服。

㊱骖（cān）：驾车的四马中居于两侧的两匹马称为骖。

㊲主车：专门供穆王乘坐的车。造父：人名，穆王时的善御者。

㊳次车：随从的车子。

㊴柏夭：穆王的随从。主车：居车左之人。

㊵巨蒐（sōu）：西戎国名。

㊶湩（dòng）：乳汁。

㊷阿：曲隅，山脚下的曲折处。

㊸阳：山之南、水之北称为阳。

㊹封：通“丰”，扩大、修缮。

㊺宾于西王母：成为西王母的宾客。西王母，古代神话中女仙之首。

㊻觞：饮酒。瑶池：神话传说中昆仑山上的池名，为西王母所居住。

㊼谣：不配乐的歌。

㊽数（shǔ）：陈列罪状。

㊾徂（cú）：通“殂”，死亡。

㊿登：上。假（xiá）：当作“遐”，远去。

译文

周穆王时，从西方极远的国家来了一个懂幻术的人，他能潜身入水火，在金属岩石中穿行；可以颠倒山河，能够移动城池；脚踩虚空也不下坠，触及实物也不受阻碍。他变化莫测，不可穷尽。既能改变物体的形态，又能控制人的思想。穆王像敬重神灵一样敬重他，像侍奉国君一样侍奉他。还让出自己豪华的宫室给他居住，拿来祭祀用的三牲来供他享用，挑选能歌善舞的美女供他娱乐。但是这位幻术师却并不满足，他认为穆王的宫殿卑微简陋无法居住，穆王的食物腥臭腐烂无法享用，穆王的嫔妃膻臭难看不得亲近。于是穆王又为他重新建造新的宫殿。新宫殿有精工细作的土木雕刻、五彩斑斓的装饰粉刷，其精妙程度无可比拟。为此耗尽了国库，这楼台才得以建成。楼台高耸千仞，比终南山还要高，号称中天之台。挑选郑国和卫国妖艳柔媚的年轻女子，让她们浓施脂粉，淡扫蛾眉，给她们头上戴上金簪，耳上戴上珠饰，穿上来自东阿的细软丝裙，腰上系上来自齐地的细致绢带，脸上是莹白蜜粉，淡扫蛾眉，再戴上华美的玉环，因为佩戴白芷、杜若一类的香草，她们身上也散发出香气，并演奏《承云》《六莹》《九韶》《晨露》等古乐曲，穆王希望通过这些取悦幻术师。不仅如此，穆王还每月向他进献玉衣，每天供奉美食。但幻术师依然不满意，只是不得已才去了中天之台居住。没住多久，他邀请穆王一起外出游玩。穆王牵着他的衣袖，腾空而起，直到飞到半空中才停下来。接着便到了幻术师的宫殿。幻术师的宫殿用金银构筑，用珠玉修饰；宫殿耸立于云雨之上，其下不知以什么为依托，远远望去就好像是堆积起来的云层。在这里，周穆王耳听、目见、鼻嗅、口尝，都不是人间所能有的东西。穆王确信这里就是天帝所居住的清都紫微宫，这里就是奏着钧天广乐曲的仙居。穆王再俯视自己的宫殿，那些亭台楼阁就像是累积的土块与堆叠的乱草。他认为自己就算在这里住上几十年也不会思念自己的国家。幻术师又请穆王一同游玩，所到的地方，抬头不见太阳、月亮，低头不见江河湖海。光影交错，穆王眼花缭乱无法直视；音响回荡，穆王耳内杂扰无法听清。全身上下的骨节、五脏六腑都因为惊悸而不能控制，整个人也无法专注。穆王心志昏迷，精神颓丧，于是请幻术师带他回去。幻术师推了穆王一把，穆王好像坠落到了虚空之中。醒来后，发现自己还是坐在原来的位置，两边侍奉的还是原来的人。再看看眼前的东西，酒水尚在，菜肴尚未变干。穆王询问自己是从哪里来的。左右的侍从说："大王不过是默默地神游了一会儿。"从此穆王精神恍惚了三个月才恢复正常。穆王再问幻术师。幻术师说："我与大王是在梦中游玩，身体哪里动过呢？而且天上居住的宫殿，与大王的宫殿有什么不同呢？您在天上游玩的花园，与大王的花园有什么不同呢？大王对恒久的实际存在已经习惯了，对暂时出现的虚无感到怀疑。事物变化的极致，时间流逝的缓急，怎么可能全部透彻掌握呢？”穆王听了大为喜悦。从此不再关心国家的政务，不亲近大臣与嫔妃，毫无顾忌地到遥远的地方去游玩。他下令侍从驾驶八匹骏马拉的两辆车，主车以右骅骝、左绿耳为中间的两匹服马，右赤骥、左白㵘为两旁的两匹骖马，穆王乘坐这辆车，由造父为驾车人，离𦥯右坐；次车由右渠黄、左逾轮为服马，左盗骊、右山子为两匹骖马，由柏夭主车，参百为驾车人，奔戎右坐。两辆车驰驱了一千里，到了巨蒐氏的国家。巨蒐氏献上了白天鹅的血液供穆王饮用，准备牛马的乳汁给穆王洗脚，主副车的随从也受到了款待。宴饮过后，穆王继续出发，并住宿在昆仑山麓、赤水北岸。第二天穆王登上昆仑山，观赏了昔日黄帝的宫殿，并堆起土堆，为后人留下标记。之后，他还去了西王母的住处做客，在瑶池上与西王母畅饮。西王母为穆王吟诵歌谣，穆王也随之唱和，词调哀婉而动人。后来他又详细观看太阳落山的地方，一天时间就行了万里之遥。于是，穆王叹道：“哎呀！我道德并不完满，却还自在地享乐，后世的人恐怕要谴责我的过错了吧！”穆王差不多就是神人啊！享尽了一生的快乐，活了一百岁才去世，世人还以为他登天升仙了呢。

原文

老成子学幻于尹文先生[①]，三年不告。老成子请其过而求退。尹文先生揖而进之于室，屏左右而与之言曰：“昔老聃之徂西也[②]，顾而告予曰：有生之气，有形之状，尽幻也。造化之所始，阴阳之所变者，谓之生，谓之死。穷数达变，因形移易者，谓之化，谓之幻。造物者其巧妙，其功深，固难穷难终。因形

者其巧显，其功浅，故随起随灭。知幻化之不异生死也，始可与学幻矣。吾与汝亦幻也，奚须学哉？”老成子归，用尹文先生之言深思三月，遂能存亡自在，憣校四时[3]；冬起雷，夏造冰；飞者走，走者飞。终身不箸其术，故世莫传焉。子列子曰：“善为化者，其道密庸[4]，其功同人[5]。五帝之德[6]，三王之功[7]，未必尽智勇之力，或由化而成。孰测之哉？”

注释

①老成子：战国时期宋国人。尹文：战国时期齐国人。

②徂（cú）：往，到。

③憣（fān）：变乱。校：通“交”。

④密庸：隐秘而平庸。

⑤同人：与普通人一样。

⑥五帝：均为传说中的上古帝王，说法不一。一说为黄帝、颛顼、帝喾、唐尧、虞舜；一说为太皞（伏羲）、炎帝（神农）、黄帝、少皞、颛顼；一说为少昊（皞）、颛顼、高辛（帝喾）、唐尧、虞舜。

⑦三王：指夏禹、商汤以及周文王。

译文

老成子跟着尹文先生学习幻术，可是过了三年都未受到尹文先生的传授。老成子请求他指出自己的罪过，并表示想退学回家。尹文先生拱手作揖，把老成子引进室内，屏退了旁人才对他说：“以前老聃去往西方的时候，回头告诉我说：富于生机的气息，具有形状的事物，都是虚幻的。天地的开端，阴阳的变化，这叫作生，这叫作死。穷究自然规律，通达变化本源，随着形体来变化的东西，叫作化，叫作幻。拥有巧妙的天机，具备深远的功德，本就难以穷尽终结。跟随形体变易的，它的机巧明显，功德浅薄，所以时而产生，时而幻灭。懂得了幻化与生死之间原本就没有差异，才可以开始学习幻术。我和你的存在也只是一场虚幻而已，还有什么可学习的呢？”老成子回去后，好好思考了尹文先生的话，如此三个月后，他便能自如地掌握存在的规律，变换四季的运转；冬天能唤出雷鸣，夏天能造出冰雪；让那天上飞翔的落到地上行走，让在地上行走的转而到天空飞翔。老成子终身都不炫耀自己的幻术，所以到后世便失传了。列子先生说：“善于幻化的人，他的道术隐秘而平庸，他的功绩也宛如常人。五帝的美德，三王的功业，不一定都是由智慧和勇猛的力量获得的，也许是凭借幻化的作用而成就的。谁又能说得准呢？”

原文

觉有八征[①]，梦有六候[②]。奚谓八征？一曰故[③]，二曰为[④]，三曰得，四曰丧[⑤]，五曰哀，六曰乐，七曰生，八曰死。此者八征，形所接也。奚谓六候？一曰正梦，二曰蘁梦[⑥]，三曰思梦，四曰寤梦，五曰喜梦，六曰惧梦。此六者，神所交也。不识感变之所起者，事至则惑其所由然；识感变之所起者，事至则知其所由然。知其所由然，则无所怛[⑦]。一体之盈虚消息，皆通于天地，应于物类。故阴气壮，则梦涉大水而恐惧[⑧]；阳气壮，则梦涉大火而燔爇[⑨]；阴阳俱壮，则梦生杀。甚饱则梦与，甚饥则梦取。是以以浮虚为疾者，则梦扬；以沉实为疾者，则梦溺。藉带而寝[⑩]，则梦蛇；飞鸟衔发，则梦飞。将阴梦火，将疾梦食。饮酒者忧，歌舞者哭。子列子曰：“神遇为梦，形接为事。故昼想夜梦，神形所遇。故神凝者想梦自消。信觉不语，信梦不达，物化之往来者也[⑪]。古之真人，其觉自忘，其寝不梦，几虚语哉？”

注释

①征：征兆，某种现象显现的缘故与未来。

②候：占验，依据某种现象预料其原因与未来。

③故：指以前的事情。

④为：指当下的事情。

⑤丧：丧失，损失。

⑥蘁梦：噩梦。蘁，通“噩”。

⑦怛（dá）：恐惧，惊疑。

⑧阴气壮，则梦涉大水而恐惧：古代阴阳理论认为水为阴，火为阳，故对梦的原因有此种解释。

⑨燔：烧。爇（ruò）：烧灼。

⑩藉：坐卧其上。

⑪物化：事物的交互变化。

译文

觉醒有八种情况，做梦有六种占验。哪八种情况？一是事故，二是作为，三是获得，四是丧失，五是悲哀，六是喜悦，七是生存，八是死亡。这八种情况，都是形体与外界接触而产生的。什么是六种占验？一是由日常生活而做的梦，二是受到惊吓而做的梦，三是心有所想而做的梦，四是醒来依旧出神而做的梦，五是因欣喜欢乐而做的梦，六是心生恐惧而做的梦。这六种占验，都是精神与外界相互沟通而产生的。不了解感应变化的起源，事情一旦发生就会疑惑其由来；了解了感应变化的起源，事情一旦发生自然明白其中的缘由。理解了事情的由来就不会感到忧虑恐惧了。一个人体魄的充实、空虚、亏损、增强，都与天地相通，与外物相应。因此阴气过于旺盛，就会梦见涉足大水而恐惧；阳气过于旺盛，就会梦见徒步过大火而被灼烧；阴阳二气都过于旺盛，就会梦见生死格斗。吃得太饱则会梦到慷慨付出给予，肚子饥饿会梦见夺取别人财物。所以，脉象虚弱而得病的人会梦到自己的身体飞扬到天空之上，血气沉实而得病的就会梦见自己溺水。压着衣带睡觉会梦见蛇，飞鸟衔住头发会梦见飞翔。气血要转为阴冷会梦见烤火，身体将病会梦见进食。饮酒的人会做忧愁的梦，唱歌跳舞的人则会在梦中哭泣。列子说："精神与客观存在的外界相通就会出现梦，形体与事物接触便会产生事情。所以日有所思，夜有所梦，不过是精神形体与外界相接触的结果。精神凝结的人，各种空想与梦境都不复存在。真正的清醒不用语言表达，真正的梦幻不能以常情晓之，这都不过是万物自然变化导致的罢了。古代修得真道的那些人，觉醒时会忘却自身的存在，睡眠时又不会受到梦境的干扰，这难道是虚假之言吗？"

原文

西极之南隅有国焉，不知境界之所接，名古莽之国。阴阳之气所不交，故寒暑亡辨[①]；日月之光所不照，故昼夜亡辨。其民不食不衣而多眠。五旬一觉，以梦中所为者实，觉之所见者妄。四海之齐[②]，谓中央之国，跨河南北[③]，越岱东西[④]，万有余里。其阴阳之审度[⑤]，故一寒一暑；昏明之分察[⑥]，故一昼一夜。其民有智有愚。万物滋殖，才艺多方。有君臣相临，礼法相持。其所云为不可称计[⑦]。一觉一寐，以为觉之所为者实，梦之所见者妄。东极之北隅有国，曰阜落之国。其土气常燠[⑧]，日月余光之照，其土不生嘉苗。其民食草根木实，不知火食，性刚悍，强弱相藉[⑨]，贵胜而不尚义；多驰步，少休息，常觉而不眠。

注释

①亡：无。辨：分辨。

②四海：这里指全国或天下。齐：通“脐”，中央。

③河：指黄河。

④岱：指泰山。

⑤审：分明。度：程度，本文指阴阳二气的比例。

⑥分：分界。察：明显。

⑦云为：言行。

⑧燠（yù）：暖。

⑨藉：践踏，欺侮。

译文

遥远的西方南部边隅有一个国家，不清楚其国境边界与何处相接，名叫古莽之国。这个国家阴阳之气不相合，因而没有寒暑之分；日月的光亮也照射不到，所以也没有白天黑夜。那里的百姓不吃饭、不穿衣，总在睡觉。每五十天醒来一次，会将梦中的所作所为当成真实的，将醒后的所见所闻当成虚假的。四海的中央有一个中央之国，地域横跨黄河南北，横越泰山东西，有一万多里。那里的阴阳分明，因而一年之中有寒也有暑；黑暗与光明也分界明显，因此一天之中有白昼也有黑夜。那里的百姓有的智慧，有的愚昧。那里万物可以很好地滋养繁殖，人们也拥有包罗万象的才能技艺。有君主与臣民临朝执政，一起治理国家，也有礼仪与法律帮助维持统治。他们的言论与作为多得不能以数字统计。人们每天一睡一醒，认为醒着的时候所做的都是真实的，梦中的所见所闻才是虚妄。遥远的东方北边角落有个国家，名叫阜落之国。那里的土地与气候常年干旱燥热，日月之光昼夜照耀大地，田里长不出好禾苗。

老百姓只能吃草根与树木的果实，不知道用火将事物烤熟，天性刚强凶悍，强者与弱者之间相互欺凌，只注重自己的胜利而不崇尚礼仪；很多时候都在四处奔走，很少休息，经常醒着而不睡觉。

原文

周之尹氏大治产，其下趣役者侵晨昏而弗息[1]。有老役夫，筋力竭矣，而使之弥勤。昼则呻呼而即事，夜则昏惫而熟寐。精神荒散，昔昔梦为国君[2]。居人民之上，总一国之事。游燕宫观[3]，恣意所欲，其乐无比。觉则复役。人有慰喻其勤者，役夫曰："人生百年，昼夜各分。吾昼为仆虏，苦则苦矣；夜为人君，其乐无比。何所怨哉？"尹氏心营世事，虑钟家业[4]，心形俱疲，夜亦昏惫而寐。昔昔梦为人仆，趋走作役，无不为也；数骂杖挞，无不至也。眠中啽呓呻呼[5]，彻旦息焉。尹氏病之，以访其友。友曰："若位足荣身，资财有余，胜人远矣。夜梦为仆，苦逸之复，数之常也。若欲觉梦兼之，岂可得邪？"尹氏闻其友言，宽其役夫之程，减己思虑之事，疾并少间[6]。

注释

①趣：奔走。侵：迫近。

②昔：通"夕"，夜。

③燕：通"宴"，宴饮。

④钟：专心。

⑤啽（ān）呓：说梦话。

⑥少：稍微。间：间歇，这里是缓解的意思。

译文

周国有个姓尹的人大范围地经营地产，在他手下服役的人从早忙到晚都不能休息。其中有个老役夫，尽管累得筋疲力尽，但却被更频繁地使唤。老仆役白天呻吟哀呼着去干活儿，晚上在昏沉疲惫中入睡。精神恍惚散漫，夜夜梦见自己成为一国之君。位居百姓之上，总揽一国大事。在宫殿花园中游玩宴饮，想干什么就干什么，其中的快乐无可比拟。醒来后，他又成了别人的仆役。有人曾劝慰开导他过于勤苦，老役夫说："人生顶多一百年，白天与黑夜各占一半。我白天做仆人受奴役，的确是够辛苦了；可我夜晚做国君，快乐无比。既然如此，还有什么可怨恨的呢?"而尹氏整天钻研世事，为整个家业操劳思虑，不管是精神上还是身体上都疲惫万分，晚上也同样在昏沉疲惫中入睡。夜夜梦见自己变成别人的奴仆，奔走服役，有干不完的活儿；经常受到数落责骂，有受不完的罪。睡眠中呻吟哀呼，一直到天亮醒来才得以平息。尹氏为此困扰不已，便去请求朋友的帮助。朋友说："你的地位足以使你荣耀，你还有绰绰有余的财产，相比别人强很多了。夜里梦见做了奴仆，劳苦与逸乐循环往复，这是自然规律。你想在醒时与梦中都很快乐，怎么能实现呢?"听了他朋友的话，尹氏便放宽了仆人劳作的限度，减少了自己对世事的苦心思虑，于是大家的痛苦就得到了缓解。

原文

郑人有薪于野者[①]，遇骇鹿[②]，御而击之[③]，毙之。恐人见之也，遽而藏诸隍中[④]，覆之以蕉[⑤]，不胜其喜。俄而遗其所藏之处，遂以为梦焉。顺途而咏其事。傍人有闻者，用其言而取之。既归，告其室人曰："向薪者梦得鹿而不知其处；吾今得之，彼直真梦矣。"室人曰："若将是梦见薪者之得鹿邪？讵有

薪者邪[6]？今真得鹿，是若之梦真邪?”夫曰：“吾据得鹿，何用知彼梦我梦邪?”薪者之归，不厌失鹿[7]，其夜真梦藏之之处，又梦得之之主。爽旦[8]，案所梦而寻得之。遂讼而争之，归之士师[9]。士师曰：“若初真得鹿，妄谓之梦；真梦得鹿，妄谓之实。彼真取若鹿，而与若争鹿。室人又谓梦仞人鹿[10]，无人得鹿。今据有此鹿，请二分之。”以闻郑君。郑君曰：“嘻！士师将复梦分人鹿乎?”访之国相。国相曰：“梦与不梦，臣所不能辨也。欲辨觉梦，唯黄帝、孔丘。今亡黄帝、孔丘，孰辨之哉？且恂士师之言可也[11]。”

注释

①薪：砍柴。

②骇鹿：受惊的鹿。

③御：迎。

④遽：急促。隍：没有水的护城壕，这里指干涸的水沟。

⑤蕉：通“樵”，柴草。

⑥讵（jù）：岂，难道。

⑦厌：安心，甘心。

⑧爽旦：天明。爽，明。

⑨士师：官名，掌管禁令、狱讼、刑罚，古代泛指法官。

⑩仞：通“认”。

⑪恂：相信，顺从。

译文

郑国有个樵夫在野外砍柴，遇上一头受惊的鹿，便迎头追击杀死了它。他怕被人看见，便急急忙忙把鹿藏在了干涸的水沟中，并在上面覆盖上柴草，他感到很开心。但没过多久，樵夫忘了自己藏鹿的地方，便以为是做了一场梦，回家的路上一直嘟囔这件事。路边有个人听到他说的话，便按照他的话找到了鹿并将其带回家。回到家以后，告诉妻子说："刚才有个樵夫说梦见自己得到一头鹿但又忘记将其藏在哪里了；我现在得到了这头鹿，他是做了一个真实的梦啊。"妻子说："你大概是梦见砍柴人得到了鹿吧？难道真有那个砍柴人吗？现在你真的得到了鹿，是你做了一个真实的梦吧？"丈夫说："我都根据他的话得到了鹿，何必再追究是他做梦还是我做梦呢？"砍柴人回到家后，不甘心就这么丢失了鹿，当天夜里果然梦到了藏鹿的地方，还梦见了拿走鹿的人。第二天一早，他就按照梦中的情境，果真找到了拿走鹿的人。于是两人为这只鹿的归属而争执起来，结果闹到了士师那里。士师对樵夫说："你最初真的得到了鹿，却胡说是梦；真是在梦中得到了鹿，又说这是事实。而他真的拿走了你的鹿，你又和他争这只鹿。他妻子又说他是在梦中认取了别人的鹿，可见并没有什么人真的得到了这只鹿。现在既然只有一只鹿，那你们各自分一半吧。"这事传到了郑国的国君那里。国君说："唉！这士师大概是在梦中让他们分鹿的吧？"为此他询问宰相。宰相说："是梦不是梦，这是我无法辨别的。要想分辨是醒还是梦，恐怕只有黄帝和孔丘能做到了。现在黄帝与孔丘并不存在这个世界上，谁还能分辨清楚呢？姑且就按照士师的裁决算了。"

原文

宋阳里华子中年病忘[①]，朝取而夕忘，夕与而朝忘；在途则忘行，在室则忘坐；今不识先，后不识今。阖室毒之[②]。谒史而卜之，弗占；谒巫而祷之，弗禁；谒医而攻之，弗已。鲁有儒生自媒能治之[③]，华子之妻子以居产之半请其方。儒生曰："此固非卦兆之所占，非祈请之所祷，非药石之所攻。吾试化其心，

变其虑，庶几其瘳乎[4]！”于是试露之，而求衣；饥之，而求食；幽之，而求明。儒生欣然告其子曰：“疾可已也。然吾之方密，传世不以告人。试屏左右[5]，独与居室七日。”从之。莫知其所施为也，而积年之疾一朝都除。华子既悟，乃大怒，黜妻罚子[6]，操戈逐儒生[7]。宋人执而问其以。华子曰：“曩吾忘也，荡荡然不觉天地之有无[8]。今顿识既往，数十年来存亡、得失、哀乐、好恶，扰扰万绪起矣[9]。吾恐将来之存亡、得失、哀乐、好恶之乱吾心如此也，须臾之忘，可复得乎？”子贡闻而怪之，以告孔子。孔子曰：“此非汝所及乎！”顾谓颜回纪之[10]。

注释

①阳里华子：人名。病忘：患上了健忘症。

②阖：全。毒：苦，指被他害得很苦。

③自媒：自我举荐。

④瘳（chōu）：病愈。

⑤屏（bǐng）：屏退。

⑥黜：训斥。

⑦戈：古代的一种兵器，横刃，装有木长柄。

⑧荡荡然：渺茫、空荡、高远的样子。

⑨扰扰：纷乱的样子。

⑩纪：通“记”，记录。

译文

宋国有一个叫阳里华子的人，中年时患上了健忘症，早晨拿的东西到晚上就忘了，晚上给的东西到早晨就忘了；在路上他不记得行走，在家里又忘记要坐下；现在不知道过去，以后又记不起现在。全家都被他拖累苦了。家人请史官为他占卜，却一点儿也不灵验；又请巫师来为他祷告，还是无济于事；请医生来为他诊治，同样毫无起色。鲁国有一个儒生向华子的家人自荐，说能治好他的病，华子的妻子和儿女就以家产的一半作为报酬，向他求取药方。儒生说："这种病本来就不是算卦龟卜就能起效的，也不是靠祈祷能生效的，更不是药物针灸所能诊治的。我试试感化他的心灵，让他的思想发生变化，差不多能够治好吧！"于是试着让华子赤裸着身体，他便去寻找衣服；又试着让华子饿肚子，他感到饥饿也会要吃饭；又试着把华子关在幽闭的暗室中，他感到昏暗时便要求有光明。儒生高兴地对华子的儿子说："这病有救了。但我的方法是保密的，不能外传。所以请屏退左右服侍的人，只让我单独和他在室内待七天。"大家同意了他的要求。没有人知道儒生在屋子里做了什么，但是华子长年积累的疾病居然真的被彻底治愈了。从病中清醒过来的华子，却勃然大怒，他叱骂妻子，惩罚儿子，并拿起戈矛驱赶儒生。宋国人把他拦住并问他为什么这样做。华子说："过去我健忘，脑子里空空荡荡不知道天地是有还是无。现在突然明白了以前的一切，数十年来的生死存亡、荣辱得失、喜怒哀乐、好恶喜厌，这纷乱的千头万绪全部出现了。我害怕将来的生死存亡、荣辱得失、喜怒哀乐、好恶喜厌就会像现在这样扰乱我的心，若再想求得片刻的忘却，还有可能吗？"子贡听了这件事后感到怪异，就把这件事告诉了孔子。孔子说："这不是你所能理解的啊！"回头叫颜回把此事记录下来。

原文

秦人逢氏有子[①]，少而惠[②]，及壮而有迷罔之疾[③]。闻歌以为哭，视白以为黑，飨香以为朽[④]，尝甘以为苦，行非以为是：意之所之，天地、四方，水火、寒暑，无不倒错者焉。杨氏告

其父曰："鲁之君子多术艺，将能已乎。汝奚不访焉？"其父之鲁。过陈，遇老聃，因告其子之证⑤。老聃曰："汝庸知汝子之迷乎⑥？今天下之人皆惑于是非，昏于利害。同疾者多，固莫有觉者。且一身之迷不足倾一家，一家之迷不足倾一乡，一乡之迷不足倾一国，一国之迷不足倾天下。天下尽迷，孰倾之哉？向使天下之人其心尽如汝子，汝则反迷矣。哀乐、声色、臭味⑦、是非，孰能正之？且吾之言未必非迷，而况鲁之君子迷之邮者⑧，焉能解人之迷哉？荣汝之粮⑨，不若遄归也⑩。"

注释

①逄（páng）：姓。

②惠：通"慧"，聪明。

③迷罔：指精神迷乱失常。

④飨：食用。朽：臭味。

⑤证：同"症"，疾病。

⑥庸：何以，怎么。

⑦臭（xiù）味：气味。

⑧邮：通"尤"，尤其。

⑨荣：通"赢"，负担。

⑩遄（chuán）：急速。

译文

秦国的逄氏有一个儿子，小时候非常聪慧，但长大以后却得了精神错乱的疾病。他听到歌声以为是在哭泣，看见白色以为是黑色，闻到香味以为是臭味，尝到甜味以为是苦味，做错了事却认为是对的：只要是他意念所涉及的，天地、四方，水火、寒暑，无不颠倒错乱。一个姓杨的人对孩子的父亲说："鲁国的君子掌握很多道术技艺，或许能治愈你的儿子。你何不去寻访他们呢？"孩子的父亲便赶往鲁国。途经陈国时，遇见了老聃，便把儿子的病症告诉了他。老聃说："你怎么会知道你儿子的精神错乱？现在天下的人都分不清楚是非对错，把利害关系也搞得糊里糊涂。患这种病的人很多，就没有人察觉到这种病症了。而且一个人迷乱不足以使一家倾覆，一家人迷乱不足以使一乡倾覆，一乡人迷乱不足以使一国倾覆，一国人迷乱不足以使天下倾覆。天下人都迷乱，还有什么可倾覆的呢？如果使天下人的心都像你儿子，那么你就反而是精神错乱的人了。那悲哀欢乐、声音美色、香气臭气、是非对错，有谁能给予一个正确的判断标准呢？我这些话未必不是错乱之语，更何况鲁国的君子们精神尤其错乱，又怎么能替别人解除错乱迷惑呢？背上你的粮食，不如快些回家去吧。"

原文

燕人生于燕，长于楚，及老而还本国。过晋国，同行者诳之，指城曰："此燕国之城。"其人愀然变容①。指社曰："此若里之社②。"乃喟然而叹。指舍曰："此若先人之庐。"乃涓然而泣③。指垄曰④："此若先人之冢。"其人哭不自禁。同行者哑然大笑，曰："予昔绐若⑤，此晋国耳。"其人大惭。及至燕，真见燕国之城社，真见先人之庐冢，悲心更微。

注释

①愀然：忧伤的样子。

②社：祭祀社神之处。

③涓然：缓缓落泪的样子。

④垄：坟墓。

⑤绐（dài）：哄骗。

译文

有个人在燕国出生，在楚国长大，到老年时他便从楚国回到燕国。路过晋国时，同行的人哄骗他，指着城墙说："这是燕国的城墙。"那人听了，脸上便显出了凄怆的表情。同行的人指着土地庙说："这是你家乡的土地庙。"那人开始慨然长叹。同行的人指着房舍说："这是你的祖先的房屋。"那人开始潸然泪下。同行的人指着坟墓说："这是你祖先的墓地。"那人忍不住号啕大哭起来。同行的人放声大笑说："我刚才是在骗你，这才刚到了晋国。"那人听了对自己之前的表现大为羞愧。等到真的到了燕国，真的见到了燕国的城墙和土地庙，真的见到祖先的旧居和墓地时，这个人的悲哀情绪反而减弱了。

仲尼第四

原文

仲尼闲居，子贡入侍，而有忧色。子贡不敢问，出告颜回。颜回援琴而歌。孔子闻之，果召回入，问曰："若奚独乐?"回曰："夫子奚独忧?"孔子曰："先言尔志。"曰："吾昔闻之夫子曰'乐天知命故不忧'，回所以乐也。"孔子愀然有间曰[①]："有是言哉？汝之意失矣。此吾昔日之言尔，请以今言为正也。汝徒知乐天知命之无忧，未知乐天知命有忧之大也。今告若其实：修一身，任穷达，知去来之非我，亡变乱于心虑，尔之所谓乐天知命之无忧也。曩吾修《诗》、《书》，正礼乐，将以治天下，遗来世；非但修一身，治鲁国而已。而鲁之君臣日失其序[②]，仁义益衰，情性益薄。此道不行一国与当年[③]，其如天下与来世矣？吾始知《诗》、《书》、礼乐无救于治乱，而未知所以革之之方。此乐天知命者之所忧。虽然，吾得之矣。夫乐而知者，非古人之所谓乐知也。无乐无知，是真乐真知；故无所不乐，无所不知，无所不忧，无所不为。《诗》、《书》、礼乐，何弃之有？革之何为?"颜回北面拜手[④]，曰："回亦得之矣。"出告子贡。子贡茫然自失，归家淫思七日，不寝不食，以至骨立[⑤]。颜回重往喻之，乃反丘门，弦歌诵书，终身不辍。

注释

①愀（qiǎo）然：忧伤哀愁的样子。有间（jiàn）：一会儿。

②序：这里指君臣、长幼之间的等级秩序。

③当年：一生。

④北面拜手：古代学生敬师的礼仪。老师坐北朝南，学生朝北叩拜。拜手，两膝跪地，两手拱合，俯头至手与心平，而不至地。也叫“空首”，为古代男子跪拜礼的一种。

⑤骨立：形容人消瘦到极点。

译文

孔子独自在屋里闲坐，子贡进去侍奉他，看见孔子面带愁容。子贡没敢问原因，就出来告诉了颜回。颜回便拿来琴，一边弹，一边唱起歌来。孔子听到后，果然招呼颜回进屋，问道：“你为何一人快乐？”颜回说：“先生为何一人忧愁？”孔子说：“先说说你的心思。”颜回答道：“我之前听先生说‘乐天知命所以不忧愁’，这便是我快乐的原因。”孔子为之凄然动容，过了一会儿，说：“有这样的话吗？你理解得太狭窄了。这只是我以往说过的话而已，让我用现在的话来纠正吧。你只知道乐天知命无忧的一方面，却不懂得乐天知命也有着巨大的忧愁。现在我告诉你其中的道理：修养一个人的身心，不管遭遇困厄还是显达，明白人生过去和未来的变迁由不得自己决定，内心不因一切纷扰而迷失错乱，这就是你所谓的乐天知命而无忧。以前我修编《诗》《书》，修订礼乐，打算用它们来治理天下，并流传后世；不仅仅是为了修养自身，也不仅仅为了治理鲁国。但鲁国的君臣日渐破坏他们应有的尊卑等级秩序，仁义道德日益衰退，人性真情越发淡薄。这种政治主张在我有生之年都无法在一个国家实现，更何况在天下和后世推行呢？我才明白《诗》、《书》、礼乐对于治理乱世并无补救之效，但又不知道改变这种局面的方法。这正是乐天知命的人会有忧虑的原因。即使这样，我现在已经得到了领悟。现在的乐天知命，并不是古人所说的乐与知。无乐无知，便是真乐真知；所以才能无所不乐，无所不知，无所不忧，无所不为。做到如此，那么《诗》、《书》、礼乐，何必还要抛弃呢？何必要改变它们呢？”颜回面北拱手叩拜道：“我也领悟了。”他出来告诉子贡。子贡茫然不知所措，回家苦苦思考了七天，废寝忘食，以至瘦骨嶙峋。颜回又去对他重新开导，他才回到孔子门下，从此弹奏唱歌、诵读诗书，终生不辍。

原文

陈大夫聘鲁①，私见叔孙氏②。叔孙氏曰：“吾国有圣人。”曰：“非孔丘邪？”曰：“是也。”“何以知其圣乎？”叔孙氏曰：“吾常闻之颜回，曰：‘孔丘能废心而用形。’”陈大夫曰：“吾国亦有圣人，子弗知乎？”曰：“圣人孰谓？”曰：“老聃之弟子有亢仓子者③，得聃之道④，能以耳视而目听。”鲁侯闻之大惊，使上卿厚礼而致之。亢仓子应聘而至。鲁侯卑辞请问之。亢仓子曰：“传之者妄。我能视听不用耳目，不能易耳目之用。”鲁侯曰：“此增异矣。其道奈何？寡人终愿闻之⑤。”亢仓子曰：“我体合于心，心合于气，气合于神，神合于无。其有介然之有⑥，唯然之音⑦，虽远在八荒之外，近在眉睫之内，来干我者，我必知之。乃不知是我七孔四支之所觉，心腹六藏之所知⑧，其自知而已矣。”鲁侯大悦。他日以告仲尼，仲尼笑而不答。

注释

①聘：古代各国之间派遣使者互访。

②叔孙氏：鲁国的贵族。

③亢仓子：人名，也作“庚桑楚”“亢桑子”，相传为老子的学生。

④道：指亢仓子视听不用耳目的奥秘。

⑤终愿：迫切希望。

⑥介：通“芥”，细微。

⑦唯：原指回应之声。这里当指声音轻微。

⑧六藏（zàng）：六脏。藏，同“脏”。

译文

陈国的大夫受派遣出使鲁国，私下去参见了叔孙氏。叔孙氏说：“我国有位圣人。”陈国大夫说：“不是孔丘吗？”叔孙氏说：“正是。”陈国大夫问：“为何说他是圣贤呢？”叔孙氏回答：“我常听颜回说：‘孔丘处世接物能够舍弃心智而只用形体。’”陈国大夫说：“我国也有位圣人，您不知道吗？”叔孙氏问：“这位圣人是谁？”陈国大夫回答：“老聃有一个叫亢仓子的弟子，他学得了老聃的道术，能够用耳朵看东西，用眼睛听声音。”鲁侯听了，大为震惊，派遣上卿带着丰厚的礼物去邀请亢仓子。亢仓子应邀来到鲁国。鲁侯以谦卑的言辞向他请教。亢仓子说：“传话的人所言不实。我可以不用耳目去听和看，却不能交换它们的功能。”鲁侯说：“这就更奇特了。这究竟是什么道术？寡人实在想听听。”亢仓子回答：“我的形体契合于内心，内心契合于元气，元气契合于精神，精神又契合于虚空。如果有极细微的物体，有极轻微的响动，即便远在天边，或是近在眼前，只要来扰乱我，我必定能够觉察到。竟不知是我七窍四肢所察觉到的，还是心腹六脏感知到的，不过就是自然而然地知道罢了。”鲁侯大为欢喜。后来，他将此事告诉了孔子，孔子听了，只是笑而不答。

原文

商太宰见孔子[①]，曰："丘圣者欤？"孔子曰："圣则丘何敢，然则丘博学多识者也。"商太宰曰："三王圣者欤[②]？"孔子曰："三王善任智勇者，圣则丘弗知。"曰："五帝圣者欤？"孔子曰："五帝善任仁义者，圣则丘弗知。"曰："三皇圣者欤？"孔子曰："三皇善任因时者[③]，圣则丘弗知。"商太宰大骇，曰："然则孰者为圣？"孔子动容有间，曰："西方之人有圣者焉，不治而不乱，不言而自信，不化而自行，荡荡乎民无能名焉[④]。丘疑其为圣。弗知真为圣欤？真不圣欤？"商太宰嘿然心计曰[⑤]："孔丘欺我哉！"

注释

①商太宰：商，即周代的宋国，周公平定武庚叛乱后，把商旧都周围的地区分封给微子，建都商丘，是为宋国。太宰，官名，掌管王室内外事务，或辅佐君主处理政事。

②三王：指夏禹、商汤、周文王。

③三皇：传说中的古代帝王。说法不一，一说为天皇、地皇、泰皇；一说为伏羲、女娲、神农；一说伏羲、神农、祝融；一说燧人、伏羲、神农。因时：顺应时势。

④名：指称，称谓。

⑤嘿（mò）然心计：内心默默地盘算。嘿，同"默"。

译文

宋国的太宰见了孔子，问："孔子你是圣人吗？"孔子说："我怎么敢当圣人，我不过是博学多识的人。"宋国太宰问："那么三王是圣人吗？"孔子说："三王是善于任用智慧果敢的人，是不是圣人，我可不知道。"又问："五帝是圣人吗？"孔子说："五帝是善于推行道德仁义的人，是不是圣人，我也不知道。"又问："三皇是圣人吗？"孔子说："三皇是善于顺应时势的人，是不是圣人，我也不知道。"宋国太宰十分惊异，说："那么谁才是圣人呢？"孔子的神色有所变化，然后说："西方有位圣人，不治理国家而国家并不混乱，不发表言论却自然得到信任，不施行教化而教化自然地流行开来，人们无法用言语来赞颂他的伟大。我猜测他就是圣人。但不知道他真的是圣人？真的不是圣人？"宋国太宰听了，默默思忖说："孔子在哄骗我吧！"

原文

子夏问孔子曰："颜回之为人奚若[①]？"子曰："回之仁贤于丘也[②]。"曰："子贡之为人奚若？"子曰："赐之辩贤于丘也[③]。"曰："子路之为人奚若[④]？"子曰："由之勇贤于丘也。"曰："子张之为人奚若[⑤]？"子曰："师之庄贤于丘也。"子夏避席而问曰："然则四子者何为事夫子？"曰："居[⑥]！吾语汝。夫回能仁而不能反[⑦]，赐能辩而不能讷[⑧]，由能勇而不能怯[⑨]，师能庄而不能同[⑩]。兼四子之有以易吾，吾弗许也。此其所以事吾而不贰也[⑪]。"

注释

①颜回：孔子的学生，鲁国人，字子渊，有仁德，好学。奚若：何如，怎么样。

②贤：胜过，高出。

③辩：能说会道。

④子路：孔子的学生，鲁国人，仲氏，名由，字子路，性格直爽果敢。

⑤子张：孔子的学生，春秋时陈国人，颛孙氏，名师。

⑥居：坐。

⑦反：灵活。

⑧讷：说话迟缓。

⑨怯：胆小、怯懦，这里指在必要时的退让。

⑩同：谦卑随和，与人合群。

⑪贰：怀疑，变心

译文

子夏问孔子说："颜回的为人怎么样？"孔子回答："颜回的仁爱高过我。"子夏问："子贡的为人怎么样？"孔子回答："子贡的论辩能力超过我。"子夏问："子路的为人怎么样？"孔子回答："子路的英勇高过我。"子夏又问："子张的为人怎么样？"孔子回答："子张的严肃庄重高过我。"子夏起立问道："既然这样，那么这四个人为何要侍奉您，拜您为师呢？"孔子说："坐下！我来告诉你。颜回能以仁爱待人但不懂得适时变通，子贡能言善辩但不懂得适时保持缄默内敛，子路为人勇敢但不能做到适时退让，子张为人严肃庄重但不懂得谦逊随和。即使把这四个人的优点放在一起来与我互换，我也不会同意。这就是他们拜我为师而从无二心的缘故。"

原文

子列子既师壶丘子林，友伯昏瞀人，乃居南郭[①]。从之处者，日数而不及。虽然，子列子亦微焉[②]。朝朝相与辩，无不闻。而与南郭子连墙二十年[③]，不相谒请；相遇于道，目若不相见者。门之徒役以为子列子与南郭子有敌不疑[④]。有自楚来者，问子列子曰："先生与南郭子奚敌？"子列子曰："南郭子貌充心虚，耳无闻，目无见，口无言，心无知，形无惕[⑤]。往将奚为？虽然，试与汝偕往。"阅弟子四十人同行[⑥]。见南郭子，果若欺魄焉[⑦]，而不可与接。顾视子列子，形神不相偶，而不可与群。南郭子俄而指子列子之弟子末行者与言[⑧]，衎衎然若专直而在雄者[⑨]。子列子之徒骇之。反舍，咸有疑色。子列子曰："得意者无言[⑩]，进知者亦无言[⑪]。用无言为言亦言，无知为知亦知。无言与不言，无知与不知，亦言亦知。亦无所不言，亦无所不知；亦无所言，亦无所知。如斯而已。汝奚妄骇哉？"

注释

①南郭：南面的外城。

②微：道术精微。

③南郭子：复姓南郭，隐者。

④徒役：门徒。敌：仇恨。

⑤惕：变易。

⑥阅：检查挑选。

⑦欺魄：古代用来祈雨的土偶。

⑧末行者：古代讲究长幼有序，排在末行的，当为初入门的弟子。

⑨衎衎（kàn）然：刚直的样子。专直：独断直率。在雄：意即争强好胜。

⑩得意者：通晓真意的人。

⑪进：通“尽”。

译文

列子向壶丘子林拜师，结交伯昏瞀人以后，就住在南面的外城。跟随他并与其交往的人多得数不胜数。即使这样，列子的道术也足够精微，仍能从容应对。每日和到来的人在一起相互论辩，闻名遐迩。但他与南郭子二十年隔墙而居，却从来不相往来；在路上相遇，也好像不曾看到对方。列子的弟子们都以为列子与南郭子之间有仇。有个从楚国来的人向列子询问：“先生与南郭子之间有仇吗？”列子回答：“南郭子外貌充盈，内心安静，耳无所闻，目无所见，口无所言，心无所知，形体无所变易。我去看望他又能干什么呢？既然这样，我姑且与你一同试着去看看吧。”列子拣选了四十名弟子一同前往。看到南郭子，果然就像泥塑木雕，旁人无法与他接触交流。他回过头看了看列子，形体和心神好像是分离的，根本无法合群共处。一会儿，南郭子指着列子的弟子中站在最后排的一位，同他讲话，侃侃而谈，显露出一副追逐真理、无往不利的样子。列子的弟子们对此十分诧异。回到住处，脸上仍挂着疑惑不解的神色。列子对弟子们说：“领会真谛的人不必穷尽其言，无所不知的人也不必言说。将无言作为表述也是言说，将无知当作知道也是有知。而以无言当作不加表述，以无知当作不知道，这也是一种言说和有知。因此，也就无所不言，无所不知；也就无所言，无所知。不过如此而已，你们何必无端诧异呢？”

原文

子列子学也[1]，三年之后，心不敢念是非，口不敢言利害，始得老商一眄而已[2]。五年之后，心更念是非，口更言利害，老商始一解颜而笑。七年之后，从心之所念[3]，更无是非；从口之所言，更无利害，夫子始一引吾并席而坐。九年之后，横心之所念[4]，横口之所言，亦不知我之是非利害欤，亦不知彼之是非利害欤，外内进矣。而后眼如耳，耳如鼻，鼻如口，口无不同[5]。心凝形释，骨肉都融；不觉形之所倚，足之所履，心之所念，言之所藏。如斯而已。则理无所隐矣。

注释

①子列子学也：指列子向老商氏讨教乘风之道。

②眄：斜着眼看。

③从（zòng）：同“纵”，任由，任凭。

④横（hèng）：这里当作“放纵”解。

⑤口：当为衍文。

译文

列子学道术，三年后，心中不敢思虑是非，口里不敢言说利害，才博得老商氏斜眼看了一下。五年后，心中更加不敢思虑是非，口里更加不敢谈论利害，老商氏这才对他开颜一笑。七年后，任凭心怎样去想，更加没有是非；任凭口里怎样说，更不论利害，先生才让列子与之并席而坐。九年后，放纵心思去思考，放纵口头去言说，不知道自己的是非利害，也不知道别人的是非利害，身心内外完全融合于道。自此，他眼睛的功能如同耳朵一般，耳朵的功能如同鼻子一般，鼻子的功能像嘴巴一般，所有五官无不同。于是心神凝聚，形体消散，骨骸血肉全与自然融合；体察不到身体所倚赖的，脚下所踩踏的，心中所牵挂的，言语里所蕴含的。仅此而已。所以一切道理都无法对他有所隐藏了。

原文

初，子列子好游。壶丘子曰："御寇好游，游何所好？"列子曰："游之乐所玩无故[1]。人之游也，观其所见；我之游也，观其所变。游乎游乎！未有能辨其游者。"壶丘子曰："御寇之游固与人同欤，而曰固与人异欤[2]？凡所见，亦恒见其变。玩彼物之无故，不知我亦无故。务外游，不知务内观[3]。外游者，求备于物；内观者，取足于身。取足于身，游之至也；求备于物，游之不至也。"于是列子终身不出，自以为不知游。壶丘子曰："游其至乎！至游者，不知所适；至观者，不知所视。物物皆游矣，物物皆观矣，是我之所谓游，是我之所谓观也。故曰：游其至矣乎！游其至矣乎！"

注释

①故：旧，这里指熟识的景物。

②而：语助词，表转折。

③内观：对自身的注视、观察。

译文

列子初学道术的时候，很喜爱外出游览。壶丘子便问他说：“你爱好游览，这游览有什么值得爱好的呢?”列子回答：“游览的乐趣，在于所游玩的事物不是陈旧不变的。他人游览是观赏事物的表面，我游览是为了观察事物的变化。游览啊游览！没有人能分辨这两种截然不同的游览。”壶丘子说：“你的游览本来就无异于他人，怎么能说和别人不同呢?但凡看到表面观赏事物，那么就能看出事物内在的变化。你只懂得所玩赏的事物的更新变化，却不懂得自身也是更新变化的。一门心思观察事物的变化，不知道自身也在变化。欣赏事物，就会要求外物的完备；反观自身，才能从自身取得充实完备。从自身取得完备，是游览的最高境界；向外物要求完备，则是不完美的游览。”于是，列子终身没有外出游览，自认为还不知道什么是最高境界的游览。壶丘子说：“这就是最高境界的游览啊！最高境界的游览，就是不知道去往何方；最深刻的观赏，就是不知道要观赏什么。所有事物都游览了，所有事物都观赏了，这就是我所谓的游览，我所谓的观赏。所以说：这样的游览就达到最高境界了啊！这样的游览就达到最高境界了啊!”

原文

龙叔谓文挚曰[①]：“子之术微矣。吾有疾，子能已乎?”文挚曰：“唯命所听。然先言子所病之证[②]。”龙叔曰：“吾乡誉不以为荣，国毁不以为辱；得而不喜，失而弗忧；视生如死；视富如贫；视人如豕；视吾如人。处吾之家，如逆旅之舍；观吾之乡，如戎蛮之国。凡此众疾，爵赏不能劝，刑罚不能威，盛衰、利害不能易，哀乐不能移。固不可事国君，交亲友，御妻

子[3]，制仆隶。此奚疾哉？奚方能已之乎？”文挚乃命龙叔背明而立，文挚自后向明而望之，既而曰：“嘻！吾见子之心矣：方寸之地虚矣[4]。几圣人也！子心六孔流通，一孔不达。今以圣智为疾者，或由此乎！非吾浅术所能已也。”

注释

①龙叔：春秋时宋国人。文挚：相传为春秋时宋的名医，一说为战国人，曾为齐威王医治病患。

②证：同“症”，病症。

③御：支配。

④方寸之地：指人心。虚：指世俗的名利和情欲思虑都已消除。

译文

龙叔对文挚说：“您的医术很高明。我患了疾病，您能医治吗？”文挚回答：“一切遵从您的吩咐。但是要请您先说说您的病症。”龙叔说：“我获得乡人的称誉，没有感到光荣；受到国家的诋毁，没有感到耻辱；有所取得而不欢喜，有所失去而不忧虑；看待生如同死；看待富如同贫；看待人如同猪；看待自己如同他人。住在自己的家里，就像住在旅舍；视家乡为僻远的蛮荒之国。这些病症，爵赏不能将其劝止，刑罚不能将其威吓，盛衰、利害不能变更，喜怒哀乐无法动摇。自然我就不能侍奉国君，结交亲友，管教妻子儿女，役使奴隶仆人。这到底是什么病呢？什么药方才能医治呢？”文挚便叫龙叔背对着光亮站立，他在后面顺着光线细细察看，过了一会儿，他叫道：“呀！我看到您的心啦：您的心已经空虚了。您差不多成为圣人啦！您的心窍中，六窍流通，唯有一孔尚未畅通。如今您把这圣人的心智当成疾病，这大概就是那一孔还没有畅通的原因啊！并不是我浅陋的医术所能治愈的。”

原文

无所由而常生者[1]，道也。由生而生，故虽终而不亡，常也[2]。由生而亡，不幸也。有所由而常死者，亦道也。由死而死，故虽未终而自亡者，亦常也。由死而生，幸也[3]。故无用而生谓之道[4]，用道得终谓之常；有所用而死者亦谓之道，用道而得死者亦谓之常。季梁之死[5]，杨朱望其门而歌。随梧之死，杨朱抚其尸而哭。隶人之生，隶人之死[6]，众人且歌[7]，众人且哭。

注释

①由：相当于“因”，即借助、根据。

②常：常理，亦即必然之理。

③幸：幸运，侥幸。

④无用而生谓之道：无所依靠而生存的叫作道。

⑤季梁：战国初期魏国人，为杨朱的好友。

⑥隶人：泛指一般人。

⑦且：或者。

译文

无所依靠而永存的，是道。依据生存之道而生存，所以虽然生命终结了，但为生之道也不会消灭，这是常理。依据生存之道应该生存却死亡的，这是不幸。有所依靠而最终死亡的，也是道。根据死亡之道而死亡，所以生命虽未终结而自行消亡的，这也是道的常理。根据死亡之道应当死亡却得以生存的，这是幸运。所以无所依靠而生存的称为道，依从道的规律而生命终结的称为常理；有所依靠而死亡的也称为道，依从道的规律而死去的也称为常理。季梁逝去，杨朱远远望着他的家门口歌唱。随梧逝去，杨朱抚着他的尸体痛哭不已。常人的出生或是死亡，众人歌唱或是号哭。

原文

目将眇者[①]，先睹秋毫[②]；耳将聋者，先闻蜹飞[③]；口将爽者[④]，先辨淄、渑[⑤]；鼻将窒者，先觉焦朽；体将僵者，先亟犇佚[⑥]；心将迷者，先识是非：故物不至者则不反。

注释

①眇（miǎo）：失明。这里泛指眼瞎。

②睹：看见。秋毫：喻极细微的东西。

③蜹（ruì）：蚊子。

④爽：差。

⑤淄、渑（shéng）：皆为古水名，在今山东境内。

⑥亟（jí）：急，急切。犇佚：也作“奔佚”或“奔逸”，疾驰。

译文

眼睛马上失明的人，反倒能明察秋毫；耳朵马上失聪的人，反倒先能听到蚊子飞舞的声音；口舌即将失去味觉的人，反倒先能辨别淄水和渑水味道的差异；鼻子即将失去嗅觉的人，反倒先能嗅到焦烂腐朽的气息；身体马上要僵直的人，反倒先能轻快地奔跑；心神马上要迷乱的人，反倒先能分辨是非：所以事物不发展到极端，就不会走向其反面。

原文

郑之圃泽多贤[①]，东里多才[②]。圃泽之役有伯丰子者[③]，行过东里，遇邓析[④]。邓析顾其徒而笑曰："为若舞彼来者[⑤]，奚若？"其徒曰："所愿知也。"邓析谓伯丰子曰："汝知养养之义乎[⑥]？受人养而不能自养者，犬豕之类也；养物而物为我用者，人之力也。使汝之徒食而饱，衣而息，执政之功也。长幼群聚而为牢藉庖厨之物[⑦]，奚异犬豕之类乎？"伯丰子不应。伯丰子之从者越次而进曰[⑧]："大夫不闻齐鲁之多机乎[⑨]？有善治土木者，有善治金革者[⑩]，有善治声乐者，有善治书数者[⑪]，有善治军旅者，有善治宗庙者，群才备也。而无相位者，无能相使者。而位之者无知，使之者无能[⑫]，而知之与能为之使焉[⑬]。执政者，乃吾之所使，子奚矜焉[⑭]？"邓析无以应，目其徒而退。

注释

①圃泽：地名，在今河南中牟。贤：有德行的人。这里指遵奉道家清静无为学说的隐者。

②东里：地名，在今河南新郑城内。

③伯丰子：亦叫百丰，列子的门徒。

④邓析：春秋时法家先驱，郑国人，实为名家。

⑤舞：嘲弄。

⑥养养：受人供养与自力谋生。前一"养"为被养，后一"养"为自养。

⑦牢：牲畜居住的栏圈。藉：此指竹木围绕而成的栅栏圈。

⑧越次：越过尊卑秩序。

⑨机：机巧，机敏。

⑩金革：犹言兵革，兵器铠甲的总称。

⑪书数：指六艺中的“书”“数”，书法和算术。

⑫使之者：支使他人的人。

⑬知：有知识的人。之与：犹连同。能：有才能的人。

⑭矜：自以为贤能。

译文

郑国的圃泽聚集着很多贤德的隐士，东里聚集着很多有才的隐士。圃泽有一个名叫伯丰子的隐士，外出途经东里，碰到了邓析。邓析回头对他的弟子笑道：“我为你们去嘲弄嘲弄那个走来的人如何？”他的弟子说：“这恰好就是我们想看的。”邓析就对伯丰子说：“你知道受人供养和自食其力的含义吗？受人供养而不能自食其力的，便是如同猪狗之类的畜生；供养他物并使之为我所用，这便是人的能力。让你们吃饱、穿暖、睡好，这是我们这些执政者的功劳。而你们只会老老少少群居度日，就像住在牲畜的栅栏圈里，吃着厨房的食物，这与猪狗之类的畜生有什么区别？”伯丰子没有理会他。跟在伯丰子后面的一个随从越过尊卑秩序，走上前对邓析回答道：“大夫您未曾听说齐、鲁两国有众多机巧之士吗？他们有的善于土木建筑，有的善于制造兵器铠甲，有的善于谱曲奏乐，有的善于书法算术，有的精通指挥军队作战，有的善于主持宗庙祭祀，可谓人才云集。但是他们之间却没有谁能主宰谁，没有谁能支使谁。相反，凌驾于他们之上的人倒没有知识，能支使他们的人倒没有才能，有知识且有才能的人都被他们所役使。你们这些自命不凡的执政者，恰恰是被我们所使唤的仆人呀，您还有什么可得意的呢？”邓析无话可说，只好用眼神示意自己的弟子们退了回去。

原文

公仪伯以力闻诸侯[1]，堂谿公言之于周宣王[2]，王备礼以聘之。公仪伯至，观形，懦夫也。宣王心惑而疑曰："女之力何如？"公仪伯曰："臣之力能折春螽之股[3]，堪秋蝉之翼[4]。"王作色曰[5]："吾之力能裂犀兕之革[6]，曳九牛之尾[7]，犹憾其弱。女折春螽之股，堪秋蝉之翼，而力闻天下，何也？"公仪伯长息退席[8]，曰："善哉王之问也！臣敢以实对。臣之师有商丘子者，力无敌于天下，而六亲不知；以未尝用其力故也。臣以死事之。乃告臣曰：'人欲见其所不见，视人所不窥；欲得其所不得，修人所不为。故学视者先见舆薪[9]，学听者先闻撞钟。夫有易于内者无难于外。于外无难，故名不出其一家。'今臣之名闻于诸侯，是臣违师之教，显臣之能者也；然则臣之名不以负其力者也，以能用其力者也；不犹愈于负其力者乎？"

注释

①公仪伯：周朝时期的贤士。

②堂谿公：周朝时期的贤士。周宣王：西周天子，名靖，周厉王之子。

③春螽（zhōng）：样子像蚱蜢的昆虫，触角呈丝状，以翅膀摩擦发音。又名"螽斯"。股：大腿。

④堪：胜任。一说通"勘"，刺破。

⑤作色：脸色有所变化。

⑥兕（sì）：古代犀牛一类的兽名，皮厚，可以制革。

⑦曳：拖。

⑧长息：长声叹息。退席：犹避席，离座，古人常常用“避席”来表达尊崇或郑重。

⑨舆薪：满车的柴草，形容大而易见的事物。

译文

公仪伯因力大而驰名于诸侯，堂谿公将此事告诉了周宣王，周宣王便备下丰厚的礼物去聘请他。公仪伯到来之后，看他形貌，倒是个软弱无力的人。周宣王满心疑虑，问道：“你的力气如何?”公仪伯回答：“我的力气可以折断春螽的大腿，刺破秋蝉的羽翼。”周宣王脸色一变说：“我的力气可以撕裂犀牛的皮革，拉住九头牛的尾巴，尚且还恨自己的力气太小。而你只能折断春螽的大腿，刺破秋蝉的羽翼，却以力大而驰名天下，这是为何?”公仪伯深深叹息了一声，离座而起，说：“大王问得好啊！让我来告诉您实情。我的一位老师名叫商丘子，力大天下无敌，但他的父母兄弟妻子却全然不知；因为他从不运用他的力气。我一心一意地侍奉他。他才对我说：‘一个人要看到别人看不到的东西，就应去观察别人察觉不到的东西；要想得到他人得不到的东西，就应去做他人做不到的事情。所以练习眼力的人应该先观察满车子的柴草，练习听力的人应该先听撞钟的巨响。要想修养自己的身心，就先达到轻松把握自己，再把握身心以外的东西就不会困难。在外做到不困难了，因此名声就不会传出自己的家门。’现在我的名声传闻于诸侯，是我违背了老师的教导，显露了我的能力的缘故。但是我的名声不是凭借力气获得的，而是以能够恰当地使用自己的力气而获得的；这不是远胜过以力气大而著称的人吗?”

原文

中山公子牟者[1]，魏国之贤公子也。好与贤人游，不恤国事，而悦赵人公孙龙[2]。乐正子舆之徒笑之[3]。公子牟曰：“子何笑牟之悦公孙龙也?”子舆曰：“公孙龙之为人也，行无师，学无友，佞给而不中[4]，漫衍而无家[5]，好怪而妄言。欲惑人之心，屈人之口，与韩檀等肄之[6]。”公子牟变容曰：“何子状公孙龙之过欤[7]？请闻其实。”子舆曰：“吾笑龙之诒孔穿[8]，言‘善射者能令后镞中前括[9]，发发相及，矢矢相属[10]；前矢造准而无绝落，后矢之括犹衔弦[11]，视之若一焉。’孔穿骇之。龙曰：‘此未其妙者。逢蒙之弟子曰鸿超[12]，怒其妻而怖之。引乌号之弓，綦卫之箭[13]，射其目。矢来注眸子而眶不睫[14]，矢隧地而尘不扬[15]。’是岂智者之言与?”公子牟曰：“智者之言固非愚者之所晓。后镞中前括，钧后于前[16]。矢注眸子而眶不睫，尽矢之势也。子何疑焉?”乐正子舆曰：“子，龙之徒，焉得不饰其阙?吾又言其尤者[17]。龙诳魏王曰：‘有意不心。有指不至。有物不尽。有影不移[18]。发引千钧[19]。白马非马[20]。孤犊未尝有母。’其负类反伦，不可胜言也。”公子牟曰：“子不谕至言而以为尤也[21]，尤其在子矣。夫无意则心同。无指则皆至。尽物者常有。影不移者，说在改也。发引千钧，势至等也。白马非马，形名离也。孤犊未尝有母，非孤犊也。”乐正子舆曰：“子以公孙龙之鸣皆条也。设令发于余窍[22]，子亦将承之。”公子牟默然良久，告退，曰：“请待余日，更谒子论。”

注释

①中山公子牟：即魏牟，魏国公子，战国时期人，因封于中山，故名中山公子牟。

②公孙龙：赵国人，战国时哲学家。

③乐正子舆：复姓乐正，名子舆。

④佞给：口齿伶俐，巧言谄媚，指擅长花言巧语。

⑤漫衍：不受拘束，散漫。

⑥韩檀：人名，也作“桓团”，战国时赵人。肄：研习。

⑦状：申诉，陈述，这里有列数罪过的含义。

⑧诒（dài）：哄骗。

⑨括：通“栝”，箭之末端。

⑩相属（zhǔ）：相衔接。

⑪犹衔弦：箭的尾端正好搭在弓弦上。

⑫逢（páng）蒙：人名，夏代善于射箭的人。鸿超：逢蒙的弟子，也善于射箭。

⑬綦（qí）卫：古代的一种良箭，出产于綦地，故名。

⑭眶（kuàng）：眼圈。睫（jié）：眨眼睛。

⑮隧（zhuì）：通“坠”，坠落。

⑯钧：通“均”，同。钧后于前，指后箭与前箭的用力、方向等完全一样。

⑰尤：突出来的。

⑱有影不移：一般人认为人的影子是随人而动的，但公孙龙认为影子是静止不动的，影子的变化是由于人移动之后产生了新的影子，原有的影子消失了。影子只有生成与消失，而无法移动。

⑲发：头发。引：牵引。钧：古代重量单位之一，一般以三十斤为一钧，千钧即三万斤。

⑳白马非马：一般概念的马与白马是不能相提并论的。白马，白色的马。马，指一般概念的马。

㉑尤：过错。

㉒余窍：指肛门。

译文

中山公子牟，是一位贤能的魏国公子。喜欢与有才学的贤士交游，不关心国家大事，却十分欣赏赵国人公孙龙。乐正子舆一伙人却笑话他。公子牟问道："你们为什么要嘲笑我欣赏公孙龙呢？"子舆回答："公孙龙为人处世，没有老师教导，做学问没有朋友相互切磋，巧言善辩而不合情理，思想散漫而不成流派，喜好标新立异而言辞荒诞。总想迷惑人们的心，折服人们的口舌，与韩檀等人在一起研习歪门邪道。"公子牟脸色一变说："你为何把公孙龙描述得这么过分？请说出你的依据来。"乐正子舆道："我笑的是公孙龙欺骗孔穿一事呀，他说'擅长射箭的人，能让后面的箭头射中前面一支箭的箭尾，一发紧接着一发，每支箭都相连接；最前面的箭射中靶心，中间的箭也不曾跌落，最后一支箭尾刚好搭在弓弦上，望过去就好像一根相连的直线。'孔穿听了，大为诧异。公孙龙却说：'这还算不上最惊奇的。夏朝神箭手逢蒙有个名叫鸿超的弟子，对老婆发怒时就恐吓她。拉开黄帝的乌号之弓，搭上卫国的綦卫箭，直射老婆的眼睛。箭飞到她眼前，她连眼皮都不眨一下，箭掉落到地上，也不扬起一点儿灰尘。'难道这是智者说的话吗？"公子牟回答："智者说的话本来就不是愚笨之人所能明白的。后箭能射中前箭的箭尾，是因为射箭时力度均衡，瞄准点保持不变。箭飞到眼前而不眨一下，是因为箭到达眼前，箭势刚好用尽了。你有什么可不解的呢？"乐正子舆道："你是公孙龙的门徒，怎能不帮他掩饰他的缺点与错误呢？我还要说说他更加荒诞的地方。公孙龙欺骗魏王说：'意念非本心。从事物的指称得不到事物的本质。物体无法分割完。影子是不会移动的。头发丝能悬吊千钧重物。白马不是马。孤牛犊从未有过母亲。'他违背种种事物本质，违反世人公认的常理，真是不胜枚举。"公子牟说："你不理解这些高深莫测的道理，将它们看作是荒谬的，荒谬的其实是你吧。消除了意念，就和本心相同。取消事物的指称，就能得到事物的本质。物体分割到最后，仍然还有客观物体的存在。

影子不移动，是因为它们在不停地变换。头发丝可以悬千钧重物，是因为它们的受力均衡。白马不是马，因为具体实物和名称不相同。孤牛犊不曾有过母亲，如果有母亲，那就不算孤牛犊了。”乐正子舆说道：“你把公孙龙的奇谈怪论也都奉为真理。他就算放个屁，你恐怕也会去奉承的。”公子牟默然不语许久，然后告辞说：“请你等上几天，我再来找你辩论。”

原文

尧治天下五十年，不知天下治欤，不治欤？不知亿兆之愿戴己欤①，不愿戴己欤？顾问左右，左右不知。问外朝，外朝不知。问在野，在野不知。尧乃微服游于康衢②，闻儿童谣曰：“立我蒸民③，莫匪尔极④。不识不知⑤，顺帝之则⑥。”尧喜问曰：“谁教尔为此言？”童儿曰：“我闻之大夫。”问大夫。大夫曰：“古诗也。”尧还宫，召舜，因禅以天下。舜不辞而受之。

注释

①亿兆：指黎民百姓。

②康衢：畅通无阻的大路。

③立：通“粒”，指米食，此处谓有谷米可食用，作动词用。蒸民：老百姓。蒸，众。

④莫匪：莫非。匪，同“非”。极：中正的法则。

⑤知：同“智”，智谋。

⑥则：法则。

译文

尧统治天下五十年，不知道社会是治理好了呢，还是没治理好？不知道天下百姓是愿意拥戴自己呢，还是不愿拥戴自己？他询问左右大臣，他们都不知道。询问外朝的官员，他们也不知道。又询问民间的贤人，他们也说不知道。于是，尧就去康庄大道上微服巡访，他听到儿童在唱歌谣："使我的百姓安居乐业，无非就是那中正美德。不需要智慧和知识，只需顺从帝王的法则。"尧开心地问他们："谁教你们唱这首歌谣的？"小孩儿回答："我们从大夫那儿听来的。"尧又去问大夫。大夫回答："这是古诗。"尧回到宫里，就召见舜，把王位禅让给他。舜没有推让就接纳了。

原文

关尹喜曰："在己无居①，形物其箸②。其动若水，其静若镜，其应若响。故其道若物者也③。物自违道，道不违物。善若道者，亦不用耳，亦不用目，亦不用力，亦不用心。欲若道而用视听形智以求之，弗当矣。瞻之在前，忽焉在后；用之弥满六虚④，废之莫知其所。亦非有心者所能得远，亦非无心者所能得近。唯默而得之而性成之者得之⑤。知而亡情，能而不为，真知真能也。发无知，何能情？发不能，何能为？聚块也，积尘也，虽无为而非理也。"

注释

①居：固定，偏执。

②形物：此处指事物之理。其：当作“自”。

③若：服从。

④用：指道发挥作用。六虚：同“六合”，指上下和四方。

⑤性：本性，自然之性，此处指顺从事物的本性。

译文

关尹喜说：“自己的内心能做到不偏执一端，外界事物之理就自然显明。行动如流水一样自然，如镜子一样安静，回应外物时如同回音一样不变原貌。所以说，道是服从事物的。只有事物本身去违反道，而道却从不违反物。善于领会道的人，不借助耳朵，不借助眼睛，不借助力气，也不借助心智。领会道想借助视觉、听觉、形体、心智去求得，那是不适当的。刚刚还看到道在前面，突然它又跑到了后面；它发挥作用时充盈天地四方，不发挥作用时它又不知去往何处了。也不是有心求道的人能同它疏远，也不是无心求道的人能同它亲近。只有虚心默然和体察本性的人能够取得它。懂得事理而泯灭情感，能干而无为，才是真正的智慧，真正的能干。启发那些无知之物，怎么会产生情感呢？启发那些无能之物，怎么会有所作为呢？堆叠的土块呀，沉积的灰尘呀，虽然无所作为，但这并非无为的真理。”

汤问第五

原文

殷汤问于夏革[①]，曰："古初有物乎？"夏革曰："古初无物，今恶得物？后之人将谓今之无物，可乎？"殷汤曰："然则物无先后乎？"夏革曰："物之终始，初无极已。始或为终，终或为始，恶知其纪[②]？然自物之外，自事之先，朕所不知也。"殷汤曰："然则上下八方有极尽乎？"革曰："不知也。"汤固问。革曰："无则无极，有则有尽；朕何以知之？然无极之外复无无极，无尽之中复无无尽。无极复无无极，无尽复无无尽。朕以是知其无极无尽也，而不知其有极有尽也。"汤又问曰："四海之外奚有？"革曰："犹齐州也[③]。"汤曰："汝奚以实之[④]？"革曰："朕东行至营[⑤]，人民犹是也。问营之东，复犹营也。西行至豳[⑥]，人民犹是也。问豳之西，复犹豳也。朕以是知四海、四荒、四极之不异是也[⑦]。故大小相含，无穷极也。含万物者，亦如含天地。含万物也故不穷，含天地也故无极。朕亦焉知天地之表不有大天地者乎？亦吾所不知也。然则天地亦物也。物有不足，故昔者女娲氏练五色石以补其阙；断鳌之足以立四极[⑧]。其后共工氏与颛顼争为帝[⑨]，怒而触不周之山[⑩]，折天柱，绝地维[⑪]；故天倾西北，日月辰星就焉；地不满东南，故百川水潦归焉[12]。”汤又问：“物有巨细乎？有修短乎？有同异乎？”革曰：“渤海之东不知几亿万里，有大壑焉[13]，实惟无底之谷，其下无底，名曰归墟[14]。八纮九野之水[15]，天汉之流[16]，莫不注之，而无增无减焉。其中有五山焉：一曰岱舆[17]，二曰员峤，三曰方壶，四曰瀛洲，五曰蓬莱。其山高下周旋三万里，其顶平处九千里。山之中间相去七万里，以为邻居焉。其上台观皆金玉，其上禽兽皆纯缟[18]。珠玕之树皆丛生[19]，华实皆有滋味[20]，食之皆不老不死。所居之人皆仙圣之种；一日一夕飞相往来者，不可数焉。而五山之根无所连箸，常随潮波上下往还，不得暂峙焉[21]。仙圣毒之[22]，诉之于帝。帝恐流于西极，失群仙圣之居，乃命禺彊使巨鳌十五举首而戴之[23]。迭为三番，六万岁一交焉。五山始峙而不动。而龙伯之国有大人[24]，举足不盈数步而暨五山之所[25]，一钓而连六鳌，合负而趣[26]，归其国，灼其骨以数焉[27]。于是岱舆、员峤二山流于北极，沉于大海，仙圣之播迁者巨亿计[28]。帝凭怒[29]，侵减龙伯之国使阨[30]，侵小龙伯之民使短。至伏羲神农时，其国人犹数十丈。从中州以东四十万里得僬侥国[31]，人长一尺五寸。东北极有人名曰诤人，长九寸。荆之南有冥灵者[32]，以五百岁为春，五百岁为秋。上古有大椿者[33]，以八千岁为春，八千岁为秋。朽壤之上有菌芝者，生于朝，死于晦。春夏之月有蠓蚋者[34]，因雨而生，见阳而死。终北之北有溟海者[35]，天池也。有鱼焉，其广数千里，其长称焉[36]，其名为鲲[37]。有鸟焉，其名为鹏[38]，翼若垂天之云，其体称焉。世岂知有此物哉？大禹行而见之，伯益知而名之[39]，夷坚闻而志之[40]。江浦之间生麽虫[41]，其名曰焦螟[42]，群飞而集于蚊睫，弗相触也。栖宿去来，蚊弗觉也。离朱、子羽方昼拭眦扬眉而望之[43]，弗见其形；觥俞、师旷方夜擿耳俛首而听之[44]，弗闻其声。

唯黄帝与容成子居空峒之上[45]，同斋三月，心死形废；徐以神视，块然见之，若嵩山之阿；徐以气听，砰然闻之[46]，若雷霆之声。吴楚之国有大木焉，其名为櫾[47]，碧树而冬生，实丹而味酸；食其皮汁，已愤厥之疾[48]。齐州珍之，渡淮而北而化为枳焉[49]。鸜鹆不逾济[50]，貉逾汶则死矣[51]；地气然也。虽然，形气异也，性钧已，无相易已。生皆全已，分皆足已。吾何以识其巨细？何以识其修短？何以识其同异哉？”

注释

①夏革：字子棘，为汤大夫。

②纪：头绪。

③齐州：中央之州，泛指中国。齐，中央。

④实：验证。

⑤营：营州，古十二州之一。

⑥豳（bīn）：在今陕西旬邑西。

⑦四海：泛指全国各地。四荒：泛指四方边荒的地方。四极：泛指四方边远的地方。

⑧鳌：传说中的海中大龟。

⑨共工氏：传说中的古代部落首领，姜姓，为炎帝的后裔。颛顼：传说中上古部落联盟的首领，黄帝之孙。

⑩不周之山：神话传说中的山名。

⑪地维：维系大地的绳子。

⑫潦：积水。

⑬大壑：大海。

⑭归墟：传说为大海中无底之谷，谓众水聚合之处。

⑮八纮（hóng）：八方极其遥远之地。九野：天之八方中央。

⑯天汉：天河，即银河，传说天河与海相接。

⑰岱舆：先秦神话中东海外的仙山。

⑱纯缟：纯白色。

⑲珠玕（gān）：珠玉。

⑳华：同“花”。实：果实。

㉑暂（zàn）峙：暂时停留。

㉒毒：烦恼。

㉓禺（yú）彊：古代神话传说中的北极之神，人头鸟身。

㉔龙伯之国：古代传说中的大人国。

㉕暨：及，到。

㉖趣：通“趋”，赶路。

㉗灼：烧。数：占卦。

㉘播迁：迁移。

㉙浥：愤懑。

㉚侵：逐渐。阨（ài）：通“隘”，狭小。

㉛僬（jiāo）侥（yáo）国：古代传说中的矮人国。

㉜荆：荆州，古九州之一。冥灵：木名，生长在江南，以叶生为春，叶落为秋。

㉝椿：传说中的神树，以八千年为春，以八千年为秋。

㉞蠓（měng）蚋（ruì）：小飞虫。

㉟终北：传说中的古国名，位于极北处。溟海：传说中极北处的大海。

㊱称：相称。

㊲鲲：传说中的大鱼。

㊳鹏：传说中的大鸟。

㊴伯益：古代嬴姓各族的祖先，因治水有功，被选为禹的继承人。禹去世后，禹子启夺取了王位。

㊵夷坚：古代传说中博学多才的人

㊶麽（mó）：细微。

㊷焦螟：古代传说中极其微小的虫。

㊸离朱：神话传说中的人物，视力极好，可在百里之外看见秋毫之

末。子羽：传说中的明目者。眦（zì）：眼眶。

㊹䚦（zhì）俞：传说中听力非常好的人。师旷：字子野，生而无目，博学多才，尤其精通音乐，具备极强的辨音能力。擿（zhì）：搔爬。俛："俯"的异体字，低头。

㊺容成子：古代传说中的得道之人。空峒：又作"崆峒"，山名，在今甘肃平凉西。

㊻砰：象声词，形容声音很大。

㊼櫾（yòu）：同"柚"，似橘而大，皮厚而味酸，此指柚树。

㊽已：使病愈。愤厥：由于体内之气郁结而产生的痉挛昏厥。

㊾淮：淮河。枳（zhǐ）：亦称"枸橘"，果肉少而味道酸。

㊿鸜（qú）鹆（yù）：鸟名，即八哥。济：济水。

51貉（hé）：兽名，又称"狗獾"。汶：水名，即今四川岷江。

译文

殷汤问夏革道："太古之初存在物体吗？"夏革回答说："若太古时代并无物体存在，那么现在怎么会有物体存在呢？如果未来的人说现在没有物体存在，可以吗？"殷汤又问："那么物体的产生就不存在先后了吗？"夏革回答："物体的开始和终结，本来就没有固定的界定。开始或许就是终结，而终结或许就是开始，又如何弄清它们的头绪呢？但如果说物之外还存在什么，事发之前又是怎样，我就不清楚了。"殷汤再问："那么天地八方有极端和尽头吗？"夏革回答："我不知道。"殷汤一再发问。夏革才答道："既然是虚空，自然就没有极限，既然是实物，自然就没有尽头，那么我怎么会知道呢？因为没有极限之外更是连没有极限都没有，没有穷尽之中更是连没有穷尽都没有。没有极限再加上没有没有极限，没有穷尽再加上没有没有穷尽。因此我从这里得知虚空是没有极限的，实物是没有尽头的，而不知道它们是有极限、有尽头的。"殷汤听了又问："四海之外有什么呢？"夏革回答："与四海之内一样。"殷汤追问道："你凭什么来证实呢？"夏革回答："我向东去往营州，见那里的百姓像这里的一样。我问营州以东是怎样的，他们说也像营州一样。我朝西去到豳州，见那里的百姓像这里的一样。我问豳州以西是怎样的，他们说也像豳州一样。我因此知道四海之外、四方蛮荒、世界尽头都和这里没有什么两样。所以大小事物互相包含，没有穷尽和极限。包含万物就如同包含天地一样。包含万物所以就无穷无尽，包含天地所以就无极无限。我又怎么知道天地之外就没有比天地更大的存在呢？这也是我无从得知的。但是天地也不过是物。物总有不足之处，因此昔日有女娲氏采炼五色石来填补天地的残缺，斩断大龟的四肢来支撑四方极边。后来共工氏与颛顼争夺帝位，失败之后一怒之下，一头撞向不周山，撞断了擎天柱，撞断了系地绳；结果天空就向西北方倾斜，日月星辰也随之移向那里；大地向东南方塌陷，百川积水全部汇集到那里。"殷汤又问道："事物有大小之分吗？有长短之别吗？有同异之分吗？"夏革回答："渤海以东不知道几亿万里远的地方，有一片浩瀚的大海，那其实是一个无底的深谷，它下面没有底，叫作归墟。天上地下八极九方的水流，天际银河的波浪，无不灌注到这里，但归墟的水位一直不增不减。浩瀚的大海上有五座山：第一座叫岱舆，第二座叫员峤，第三座叫方壶，第四座叫瀛洲，第五座叫蓬莱。每座山高低方圆三万里，山顶有平地九千里。山与山之间，相隔七万里，相邻分布。山上的亭台楼观都是金玉建筑，飞鸟走兽的皮毛都是雪白的。珍珠宝玉之树在山上遍地生长，奇花异果的滋味鲜美，吃了便可长生不老。山上居住的都是神仙；日日夜夜，在空中飞来飞去，相互来往，数不胜数。但五座山的根基却不与海底相连，常常随着波涛潮水起伏颠簸，来回漂移，没有片刻的安静。神仙们为之苦恼，便向天帝诉说此事。天帝担心这五座山漂向西极，使神仙们流离失所，于是命令北方之神禺彊，指挥十五只巨大的海龟抬起头来顶住大山。并分为三批轮换，六万年交接一次。这样，五座大山才安定下来，耸立不动。但是，龙伯之国有个巨人，抬起脚没几步就到达五座山前，投下钓钩，一次就钓取了六只海龟，将它们一并背在肩上，快步赶回自己的国家，烧灼大龟们的甲骨来占卜吉凶。于是岱舆和员峤这两座山便失去依托，漂向北极，淹没到大海里，为此流离迁徙的神仙们不胜枚举。天帝大发雷霆，便逐渐削减龙伯之国的版图，使之渐渐变狭小，逐步缩短龙伯国民的身材，使之慢慢变矮小。即使这样，到了伏羲、神农的时代，那个国家的人身材还有数十丈高。从中州往东四十万里有一个僬侥国，那儿的百姓身长只有一尺五寸。东北极地有一种人名叫诤人，身高只有九寸。荆州南面有一种叫冥灵的大树，以五百岁为一春，五百岁为一秋。上古时候有一种大椿树，以八千岁为一春，八千岁为一秋。朽木腐壤之上长的野菌灵芝，早晨刚出生，黄昏便死去。春夏两季有叫蠓蠓和蚊蚋的小虫，碰上下雨就出生，见到太阳就死去。终北国的北方有个溟海，叫作天池。其中有种鱼，鱼背宽数千里，身体长短与之相称，名叫鲲。那里还有一种鸟，名叫鹏，翅膀张开就像天上无边的云彩，它的身体大小也与之相称。世人难道知道有这种东西吗？大禹巡行时见到它，伯益得知后，就给它取个名字，夷坚听说后，就将它记载下来。江边生长着一种极其细小的昆虫，名字叫作焦螟，成群飞舞地聚在蚊子的眼睫毛上，彼此不会触及。它们在那里栖宿来去，蚊子都无所察觉。视力超群的离朱和子羽大白天擦拭眼睛，细细观察，也无法看到它们的形体；听觉极其灵敏的鯱俞和师旷，深夜时搔耳俯首倾听，也无法听到它们的声响。只有黄帝和容成子住在空峒山上，一同斋戒三个月，变得心如死灰，形同废木；才缓缓以心神去省察，看到它们的身体魁然，仿佛嵩山的丘陵巍然耸立；再徐徐用元气来聆听，听见它们砰然作响，仿佛雷霆的声音。吴国、楚国生长着一种名字叫柚的高大的树木，树叶碧绿，到了冬天依旧青翠，果实是朱红色的，味道酸甜；服用它的果皮和果汁，可以治愈因体气郁结而导致的痉挛昏厥。中原一带的人十分珍视它，但渡过淮河来到北方种植，它就变成了不堪食用的枳实。八哥不能飞跃济水，狗獾渡过汶水就会死亡；是各个地方的水土差异使它们变成这样的。即使万物的形体气质均有所差异，但各自的习性与各自生长的环境都是相适宜的，不能相互调换。它们各自的生存条件都已完备，天分条件都已充足。我又如何来辨别它们之间的大小呢？如何辨别它们之间的长短呢？如何辨别它们之间的同异呢？”

原文

太形、王屋二山[1]，方七百里，高万仞；本在冀州之南[2]，河阳之北[3]。北山愚公者[4]，年且九十，面山而居。惩山北之塞[5]，出入之迂也[6]，聚室而谋，曰："吾与汝毕力平险，指通豫南[7]，达于汉阴[8]，可乎？"杂然相许[9]。其妻献疑曰："以君之力，曾不能损魁父之丘[10]，如太形、王屋何？且焉置土石？"杂曰："投诸渤海之尾[11]，隐土之北。"遂率子孙荷担者三夫，叩石垦壤，箕畚运于渤海之尾。邻人京城氏之孀妻有遗男，始龀[12]，跳往助之[13]。寒暑易节，始一反焉。河曲智叟笑而止之，曰："甚矣汝之不惠！以残年余力，曾不能毁山之一毛；其如土石何？"北山愚公长息曰："汝心之固，固不可彻[14]，曾不若孀妻弱子。虽我之死，有子存焉；子又生孙，孙又生子；子又有子，子又有孙：子子孙孙，无穷匮也，而山不加增，何苦而不平？"河曲智叟亡以应。操蛇之神闻之[15]，惧其不已也，告之于帝。帝感其诚，命夸蛾氏二子负二山，一厝朔东[16]，一厝雍南[17]。自此，冀之南、汉之阴无陇断焉[18]。

注释

①太形：山名，即太行山。王屋：山名。在今山西境内。

②冀州：地名，九州之一，今河北、山西、河南的黄河以北和辽宁的辽河以西地区。

③河阳：古县名，在今河南省孟州西。

④愚公：虚构人物。

⑤惩：原意为“戒”，此意为苦于。

⑥迂：曲，远。

⑦指通：直通。豫南：豫州的南部。

⑧汉阴：汉水南岸，汉水也称汉江。

⑨杂然：同声貌。杂，都，共同。

⑩魁父：小土山名。在今河南开封境内。

⑪渤海之尾：渤海的边上。

⑫龀（chèn）：同“龇”，儿童换齿，代指童年。

⑬跳：跳跃。

⑭彻：通。

⑮操蛇之神：传说中手拿着蛇的山神。

⑯厝（cuò）：放置。朔：朔方，在今山西北部。

⑰雍：雍州，古时九州之一，在今陕西、甘肃、青海一带。

⑱陇：通“垄”，土丘，本文指山岗。断：阻断，隔开。

译文

太行、王屋这两座山，方圆七百里，高达一万仞，原本坐落在冀州的南面，河阳的北面。北山有一位叫愚公的老人，年近九十岁了，居住在这两座山的对面。苦于山北道路的堵塞，出入道路要绕许多弯路，于是召集全家人一起商量，他说：“我与你们一同拼尽全力来削平门前大山的阻隔，使大道直通豫州南部，达到汉水南边，行吗？”大家一听，纷纷表示赞同。但他的妻子却提出了疑问：“依靠你这点儿力量，尚且不能挖平像魁父这类的小土丘，怎能移除太行、王屋这两座大山呢？况且，那些挖出来的泥土石块搬到哪儿呢？”大家不约而同地说：“把它们扔到渤海边，隐土的北面去。”于是，愚公便带领着儿孙之中能挑担子的三个人，砸石头，挖泥土，将土石装进土筐运到渤海之滨。他的邻居京城氏的寡妇，有一个遗腹子，才七八岁，也蹦蹦跳跳地跑来帮忙。他们寒来暑往，一年到头，才能往返一次。河曲有个叫智叟的老汉，嘲笑着劝阻愚公说：“你也太不明智啦！凭着你这点儿风烛残年留下的力气，就连山上的一棵小草都不能拔掉，还能把泥土石块怎么样呢？”愚公长叹一声，回答说：“你的思想太顽固了，顽固得一窍不通，你竟然还不如那个寡妇和小孩子。就算我死了，可我的儿子还在；儿子又生孙子，孙子又生儿子；孙子的儿子又有儿子，他的儿子又有孙子：子子孙孙，无穷无尽，但山不会再增高了，还担心挖不平它吗？”河曲智叟听了，无话可答。山神听说此事，恐怕愚公他们无休止地挖下去，便向天帝禀告。天帝被愚公的诚心所打动，就下令让大力神夸蛾氏的两个儿子背走了两座大山，一座安放在朔方的东部，一座安放在雍州的南部。自此，冀州的南部直到汉水的南边，再也没有大山的阻塞了。

原文

夸父不量力①，欲追日影，逐之于隅谷之际②。渴欲得饮，赴饮河、渭③。河渭不足，将走北饮大泽。未至，道渴而死。弃其杖，尸膏肉所浸④，生邓林⑤。邓林弥广数千里焉⑥。

注释

①夸父：传说中的神话人物。

②隅谷：古代传说中日落的地方。

③河：黄河。渭：渭河。

④膏肉：脂膏和血肉。浸：浸润。

⑤邓林：桃林。

⑥弥：远。

译文

夸父自不量力，想追上太阳的影子，一直追到太阳降落的隅谷旁。他口渴极了，想要喝水，就跑去黄河、渭河饮水。黄河、渭河的水不够喝，他打算跑去喝北面大湖里的水。只是还没有跑到，他就在半路上渴死了。他遗弃的手杖，浸润在尸体的脂膏和血肉之中，生长出一片繁盛的树林，名叫邓林。邓林覆盖面积达方圆好几千里。

原文

大禹曰："六合之间①，四海之内，照之以日月，经之以星辰②，纪之以四时③，要之以太岁④。神灵所生，其物异形；或夭或寿，唯圣人能通其道。"夏革曰："然则亦有不待神灵而生，不待阴阳而形，不待日月而明，不待杀戮而夭，不待将迎而寿⑤，不待五谷而食，不待缯纩而衣⑥，不待舟车而行。其道自然，非圣人之所通也。"

注释

①六合：天地和四方。

②经：经纬，引申为布满。

③纪：原指整理。这里引申为安排秩序。

④要（yāo）：约定，规定。太岁：也称"岁星"，即木星。

⑤将迎：保养。

⑥缯（zēng）：古代对丝织品的称谓。

译文

大禹说："天地四方之间，四海之内，有日月的照耀，星辰的围绕，又以四时的变化安排它的秩序，以太岁星的循环规定它的纪年。神灵所孕育产生的万事万物，都有各自的外形性质；有的短命，有的长寿，只有圣人可以明白它们的规律。"夏革说："然而也有不靠神灵的孕育而产生的，不依靠阴阳的运动而形成的，不依靠日月的照耀而明亮的，不遭到杀戮而夭折的，不特意保养而长寿的，不依靠五谷而饱腹的，不依靠丝绵而暖身的，不凭借车船而行路的。这一切都遵循自然之道生成，并非圣人所能通晓的。"

原文

禹之治水土也，迷而失涂①，谬之一国②。滨北海之北，不知距齐州几千万里，其国名曰终北，不知际畔之所齐限③。无风雨霜露，不生鸟兽、虫鱼、草木之类。四方悉平，周以乔陟④。当国之中有山，山名壶领，状若甔甀⑤。顶有口，状若员环⑥，名曰滋穴。有水涌出，名曰神瀵⑦，臭过兰椒⑧，味过醪醴⑨。一源分为四埒⑩，注于山下。经营一国⑪，亡不悉遍。土气和，亡札厉⑫。人性婉而从物，不竞不争；柔心而弱骨，不骄不忌；长幼侪居⑬，不君不臣；男女杂游，不媒不聘；缘水而居，不耕不稼；土气温适，不织不衣；百年而死，不夭不病。其民孳阜亡数⑭，有喜乐，亡衰老哀苦。其俗好声，相携而迭谣⑮，终日不辍音。饥惓则饮神瀵，力志和平。过则醉，经旬乃醒。沐浴

神瀵，肤色脂泽，香气经旬乃歇。周穆王北游过其国，三年忘归。既反周室，慕其国，惝然自失[16]。不进酒肉，不召嫔御者，数月乃复。管仲勉齐桓公因游辽口[17]，俱之其国，几克举[18]。隰朋谏曰[19]："君舍齐国之广，人民之众，山川之观，殖物之阜[20]，礼义之盛，章服之美，妖靡盈庭，忠良满朝。肆咤则徒卒百万[21]，视㧑则诸侯从命[22]，亦奚羡于彼而弃齐国之社稷，从戎夷之国乎？此仲父之耄[23]，奈何从之？"桓公乃止，以隰朋之言告管仲。仲曰："此固非朋之所及也。臣恐彼国之不可知之也。齐国之富奚恋？隰朋之言奚顾？"

注释

①涂：同"途"，路途。

②之：到，去往。

③际畔：边界。齐限：界限。

④周：环绕。乔：高大。陟（zhì）：层叠的山。

⑤甔（dān）甀（zhuì）：口径狭小的瓮。

⑥员环：圆环。员，同"圆"。

⑦瀵（fèn）：从地下喷出的泉水。

⑧臭（xiù）：气味。兰：兰草，即泽兰，香草。椒：花椒。

⑨醪（láo）醴（lǐ）：香醇的美酒。

⑩埒（liè）：山上的水路。

⑪经营：犹往来，指流水轮回盘绕。

⑫札：因遭瘟疫而早夭。厉：通"疠"，染疫病。

⑬侪（chái）居：同辈共居。

⑭孳：生长。阜：繁盛。

⑮迭谣：轮流唱歌。

⑯惝（chǎng）然：失意的样子。

⑰管仲：春秋时齐国宰相，名夷吾，字仲，曾辅佐齐桓公称霸，被称为“仲父”。

⑱克：能够。举：行动。

⑲隰（xí）朋：齐桓公时大夫，与管仲同为齐桓公的辅臣。

⑳殖：种植。阜：盛多。

㉑肆：放肆。咤：叱责，怒斥。

㉒视：通“指”。㧑（huī）：通“挥”，指挥。

㉓耄（mào）：年老昏聩。

译文

大禹整治水土，迷失了路途的方向，错误地进入了一个国家。该国临近北海的北边，不知道与中国相距几千万里远，这个国家名叫终北国，不知道它的边界在哪里。这里终年没有风雨霜露，也没有鸟兽、虫鱼、草木之类的生物生存在此。四方都是一马平川，周围环绕着崇山峻岭。在国土中央有一座山，山名叫壶领，形状像只小口腹大的陶罐。山顶上有个洞口，形状如同圆环，名叫滋穴。洞口有水不断涌出，名叫神瀵，它的气味香过兰椒，味道香甜好似美酒。一股源泉分流为四道水流，倾注到山下。在全国轮回盘绕，遍及各处。这儿土地丰润，气候暖和，不存在瘟疫。国家的百姓性情含蓄和顺，不追逐，不搏斗；心地柔美，品性谦和，不骄傲，不忌妒；老幼同居共处，不分君臣上下；男子女子一起游玩，不用媒妁，不需要聘礼；临近水岸而居，不耕种土地，不收获庄稼；土地气候温和适宜，不织布帛，也不穿衣服；长命百岁而死去，不存在短命，不存在病痛。这儿的百姓繁衍无数，人口兴旺，只有喜悦快乐，没有衰老愁苦。这儿的风俗喜爱唱歌，结伴而行，轮番歌唱，歌声终日不停。如果肚子饥饿，精神疲倦了就喝神瀵的泉水，力气和精神马上变得充沛。但喝得多了就会醉倒，十多天才可苏醒过来。用神瀵的泉水沐浴，皮肤滋润洁白而光滑，浑身的香气十多天才消失。周穆王到北方巡览时途经此国，一住就是三年，留恋不舍。回到自己的国家以后，仍思念终北之国，精神恍惚，若有所失。不饮酒也不食肉，不宠幸嫔妃，数月后才恢复正常。管仲劝说齐桓公乘巡游辽口之便，一同到终北国去，眼看就要出发了。隰朋劝阻说："大王拥有辽阔的国土、众多的百姓、壮美的山川、丰饶的物产、隆盛的礼仪、华丽的服饰、满后宫的美女、满朝的忠臣良将。一声令下就召集百万雄师，任意指挥便可使得诸侯莫不听命，又为什么要艳羡其他国家而抛弃齐国的大好江山，到那些夷族人的国家去呢？现在仲父老糊涂了，怎么能听从他的话呢？"齐桓公便取消了出游的行程，又把隰朋的话转告给了管仲。管仲说："这本就不是隰朋所能明白的。我恐怕不能考察那个国家了。齐国的富饶又有什么可贪恋的？隰朋的话又有什么可顾及的呢？"

原文

南国之人祝发而裸①，北国之人鞨巾而裘②，中国之人冠冕而裳。九土所资③，或农或商，或田或渔；如冬裘夏葛④，水舟陆车，默而得之，性而成之。越之东有辄沐之国⑤，其长子生，则鲜而食之，谓之宜弟⑥。其大父死⑦，负其大母而弃之⑧，曰：鬼妻不可以同居处。楚之南有炎人之国⑨，其亲戚死⑩，㱙其肉而弃之⑪，然后埋其骨，乃成为孝子。秦之西有仪渠之国者⑫，其亲戚死，聚柴积而焚之⑬。燻则烟上⑭，谓之登遐⑮，然后成为孝子。此上以为政，下以为俗，而未足为异也。

注释

①祝发：剃去头发。

②韜（mò）巾：古代男子用于束发的头巾，此处“韜”作动词用，犹“裹”。

③九土：九州土地。资：供给资源。

④葛：葛衣，蚕丝织物。

⑤越：越国。辄沐之国：古代传说中的国家，在今海南岛。

⑥宜弟：多生儿子。

⑦大父：祖父。

⑧大母：祖母。

⑨炎人之国：古代传说中的国家，在今越南一带。

⑩亲戚：古指父母兄弟等，此指父母。

⑪死（xiǔ）：剔除，一说腐烂。

⑫仪渠之国：古代传说中的国家，在今甘肃一带。

⑬祡：同“柴”。

⑭燻：烟火升腾。

⑮登遐：又作“登霞”，升天成仙。

译文

南方的人剃去头发，赤裸着身子；北方的人布巾裹头，穿着皮袄；中原的人头戴帽子，身穿衣裙。九州大地提供各种资源，人们或是务农或是经商，或是耕田或是捕鱼；就好比冬天穿皮袄，夏天穿葛衣，水上乘船，岸上坐车一样，潜移默化就学会了，是依靠先天本性自然而然形成的。越国的东面有个国家叫辄沐，这个国家的人生出第一个儿子，就解剖吃掉，说这样做往后会多生儿子。祖父死了，他们就把祖母背到荒郊野外扔掉，说：不可以和鬼的老婆居住在一起。楚国的南边有炎人之国，他们的父母去世，家人便将尸体上的肉剔除掉，然后把骨骸埋葬，这样做才能称为孝子。秦国的西面有一个仪渠之国，他们的父母去世，就堆积柴火，焚烧尸体。看见火焰和浓烟熏腾上升，就说是死人登天成仙了，这样做才能称为孝顺。在那里，这些做法官府当成政事推行，在民间已作为风俗履行，并不足为奇。

原文

孔子东游，见两小儿辩斗。问其故。一儿曰："我以日始出时去人近，而日中时远也。"一儿以日初出远，而日中时近也。一儿曰："日初出大如车盖①，及日中，则如盘盂：此不为远者小而近者大乎？"一儿曰："日初出沧沧凉凉，及其日中如探汤②：此不为近者热而远者凉乎？"孔子不能决也。两小儿笑曰："孰为汝多知乎③？"

注释

①车盖：古代车顶的圆形伞盖。

②探：试探，伸手。汤：热水。

③为：通"谓"，说。

译文

孔子到东方游历，在路旁看见有两个小孩争论不休。孔子上前询问他们争论的缘故。一个小孩说："我认为太阳刚升起的时候离人最近，到了中午离人最远。"另一个小孩认为太阳刚升起的时候离人最远，中午的时候离人最近。前一个小孩说："太阳刚升起的时候差不多有车盖那样大，到了中午，却只有盘子那么大：这不正是因为离得远的看起来小，离得近的看起来大吗？"后一个小孩说："太阳刚出来时，天气还凉快，到了中午就热得像手伸到汤锅里似的：这不正是离得近就热，离得远就凉的道理吗？”孔子没能判断谁对谁错。两个小孩笑着说：“谁说你见多识广呢？”

原文

均，天下之至理也，连于形物亦然[1]。均发均县[2]，轻重而发绝[3]，发不均也。均也，其绝也莫绝。人以为不然，自有知其然者也。詹何以独茧丝为纶[4]，芒针为钩[5]，荆筱为竿[6]，剖粒为饵，引盈车之鱼于百仞之渊、汩流之中[7]；纶不绝，钩不伸，竿不挠。楚王闻而异之，召问其故。詹何曰：“臣闻先大夫之言，蒲且子之弋也[8]，弱弓纤缴[9]，乘风振之，连双鸧于青云之际[10]。用心专，动手均也。臣因其事，放而学钓[11]。五年始尽其道。当臣之临河持竿，心无杂虑，唯鱼之念；投纶沉钩，手无轻重，物莫能乱。鱼见臣之钩饵，犹沉埃聚沫[12]，吞之不疑。所以能以弱制强，以轻致重也。大王治国诚能若此，则天下可运于一握，将亦奚事哉？”楚王曰：“善。”

注释

①连于：对于。

②县：悬挂。

③绝：断绝。

④詹何：战国时期哲学家，楚国人。纶：鱼线。

⑤芒针：如同麦芒般纤细的针。

⑥荆筱（xiǎo）：细荆条。

⑦汩（gǔ）流：激流。

⑧蒲且子：古代楚国擅长射鸟的人。弋：以细绳系在箭上射。

⑨缴（zhuó）：系在箭上的生丝绳，射鸟时用。

⑩鸧（cāng）：鸟名，又名“鸧鹒”、“黄鹂”。

⑪放：通“仿”，仿效。

⑫沉埃聚沫：下沉的尘埃，聚集的泡沫。

译文

均衡，这是天下最公正的真理，对于有形的具体事物也是一样。譬如头发所受的重力均衡，悬挂重物就不会掉落。如果轻重不均匀，头发就会断绝，这是头发受力不均衡的缘故。如果力量均匀，则本来会断绝的也不断绝了。有的人不这样以为，但自然有明白这个道理的人。詹何用一根蚕丝作为钓丝，用纤细的芒针作为钓钩，用细小的荆条作为钓竿，剖开饭粒作为鱼饵，从百仞深渊和滔滔激流之中，钓起一条可以装满一辆车的大鱼；而且钓丝不断，鱼钩不弯，钓竿不折。这件事传到了楚王耳中，楚王感到非常惊奇，就召来詹何，问其中的缘故。詹何答道：“我曾听先父说，蒲且子射鸟的时候，操持柔弱的弓箭，在箭上系纤细的丝绳，顺风拉弦，一箭射中两只在高空中飞舞的黄鹂。这是他专心致志，手上用力均衡的缘故。我从中受到启发，仿效他射鸟的技巧，来学习钓鱼。经过五年练习才掌握其中的规律。当我在河边持起钓竿的时候，心中不存在一丝杂念，只想着钓鱼；我投出钓丝，沉下鱼钩，手上用力轻重均衡，外界事物不能干扰我的心神。鱼儿看见我的诱饵，就好像下沉的尘埃、聚集的泡沫，就毫不犹豫地吞了下去。这就是我能以柔弱制服刚强，以轻物招来重物的缘故。假若大王治理国家也能照这个道理，那么天下尽可以运转于股掌之中，还用得着做其他的事吗？”楚王说：“好。”

原文

鲁公扈、赵齐婴二人有疾[1]，同请扁鹊求治[2]，扁鹊治之。既同愈。谓公扈、齐婴曰：“汝曩之所疾，自外而干府藏者[3]，固药石之所已。今有偕生之疾，与体偕长；今为汝攻之，何如？”二人曰：“愿先闻其验[4]。”扁鹊谓公扈曰：“汝志强而气弱，故足于谋而寡于断。齐婴志弱而气强，故少于虑而伤于专。若换汝之心，则均于善矣。”扁鹊遂饮二人毒酒[5]，迷死三日，剖胸探心，易而置之；投以神药，既悟如初。二人辞归。于是公扈反齐婴之室，而有其妻子；妻子弗识。齐婴亦反公扈之室，有其妻子；妻子亦弗识。二室因相与讼，求辨于扁鹊。扁鹊辨其所由，讼乃已。

注释

①公扈、齐婴：前为鲁国人，后为赵国人。

②扁鹊：战国时期的名医，姓秦，名越人，精通各类医学和医术。

③干：干扰。府藏：腑脏。

④验：症状，征兆。

⑤毒酒：指用作麻醉剂的药酒。

译文

鲁国的公扈和赵国的齐婴都患有疾病，一起去请求名医扁鹊医治，于是扁鹊给他们治疗。不久疾病痊愈。扁鹊对公扈和齐婴二人说：“你们之前得的这种疾病，是外界病源侵犯了腑脏所造成，原本药物和针石就可以治愈的。现在你们还有先天的疾病，随着身体一起生长；如今我替你们根治，如何？”公扈和齐婴二人说：“先请您讲一下这种病的症状。”扁鹊对公扈说：“你心志强盛而气质柔弱，所以善于谋虑，但欠缺决断。齐婴则心志柔弱而气质强盛，因此欠缺谋虑而过于专断。如果把你们的心交换一下，那就都好啦。”于是，扁鹊就给他们两人服下药酒，使他们昏迷了三天，接着剖开他们的胸膛，取出心脏，交换位置；然后再给他们服用一种特效神药，两人醒来之后就像以前一样健康。两人向扁鹊告辞，各自回家。于是，公扈来到了齐婴的家里，还占据他的妻子儿女；齐婴的妻子儿女不认他。齐婴则来到了公扈的家里，也占据了他的妻子儿女；公扈的妻子儿女同样不认他。这两家人因此相互争吵起来，要求扁鹊来道出原委。扁鹊说明了整件事的缘由，两家的争端才得以平息。

原文

瓠巴鼓琴而鸟舞鱼跃①，郑师文闻之②，弃家从师襄游③。柱指钧弦④，三年不成章⑤。师襄曰：“子可以归矣。”师文舍其琴，叹曰：“文非弦之不能钧，非章之不能成。文所存者不在弦，所志者不在声。内不得于心，外不应于器，故不敢发手而动弦。且小假之，以观其后。”无几何，复见师襄。师襄曰：“子之琴何如？”师文曰：“得之矣。请尝试之。”于是当春而叩商弦以召南吕⑥，凉风忽至，草木成实。及秋而叩角弦以激夹钟⑦，温风徐回，草木发荣。当夏而叩羽弦以召黄钟⑧，霜雪交下，川池暴沍⑨。及冬而叩徵弦以激蕤宾⑩，阳光炽烈，坚冰立散。将终，命宫而总四弦⑪，则景风翔，庆云浮，甘露降，澧泉涌⑫。师襄乃抚心高蹈曰⑬：“微矣子之弹也！虽师旷之清角⑭，邹衍之吹律⑮，亡以加之。彼将挟琴执管而从子之后耳。”

注释

①鲍（páo）巴：传说中的乐师，擅长鼓琴。

②师文：春秋时期郑国的乐师，擅长弹琴瑟。

③师襄：春秋时期鲁国的乐官，擅长弹琴、击磬，孔子曾跟他学琴。

④柱指：在琴的柱弦上用手指确定音位。钧弦：调和琴弦。钧，通“均”，调谐。

⑤章：一曲为一章。

⑥商：中国传统五音之一，为五音中的金音，与萧索的秋色相对应。召：呼应，这里指扣动琴弦，奏出某律的曲调。南吕：十二律中的第十律，对应于一年中的农历八月份（以下注皆以农历计），故作为秋声与商弦相配合。十二律为中国古代律制，偶数各律称“吕”，奇数各律称“律”。

⑦角：中国传统五音之一，属木音，与春相对应。激：激发，这也与“召”相同，表示拨动琴弦，奏出某律的曲调。夹钟：第四律，与二月份相对应，故与角弦相配合。

⑧羽：中国传统五音之一，属水音，与冬相对应。黄钟：第一律，与十一月份对应，故与羽弦相配合。

⑨暴：突然。冱（hù）：冰冻。

⑩徵（zhǐ）：中国传统五音之一，属火音，与夏相对应。蕤（ruí）宾：第七律，与五月份相对应，故与徵弦相配合。

⑪宫：中国传统五音之一，属土音，与季夏相对应。

⑫澧泉：醴泉，甘甜的泉水。

⑬蹈：顿足踏地，跳。

⑭师旷：春秋时晋平公乐师，字子野。清角：用角音独奏的乐曲。

⑮邹衍：齐国人，战国末期阴阳家。吹律：用管乐吹奏的乐曲。

译文

据传瓠巴弹琴，能让鸟儿闻声在空中飞舞，鱼儿闻声在河中跳跃，郑国的乐师师文听说此事，就舍下家业，向乐官师襄拜师学习。他确定音位，调整琴弦，学了三年都奏不成一支曲子。师襄说：“你可以回家了。”师文放下琴，叹口气说：“我并不是不能调整琴弦，也不是不会弹奏曲子。我的思虑不在琴弦上，我的志向也不在于声乐上。现在我对内还不能控制自己的心意，对外还无法适应乐器，所以就不敢轻易拨动琴弦。请再宽限些时日，看看我今后的表现吧。”没过多久，师文再次拜见师襄。师襄问道：“现在你的琴弹得怎么样了？”师文回答：“已经能轻松驾驭了。请让我试着弹给您听听。”于是，当春天来临，他拨动与秋天相应的金音的商弦，来呼应代表金秋八月的南吕乐律，苍凉的琴声一起，忽地吹来凉爽的秋风，花草树木都结出了果实。当秋天到了，他拨动与春天相应的木音角弦，来呼应初春二月的夹钟乐律，柔和的琴声响起，和煦的春风便徐徐迂回，枯萎的草木便纷纷萌芽开花。当夏天到了，他又拨动与冬天相应的水音羽弦，来呼应寒冬腊月的黄钟乐律，激荡的琴声响起，顿时霜雪交加，河水结冰。当冬天来临，他再拨动与夏天相应的火音徵弦，来呼应盛夏五月的蕤宾乐律，欢乐的琴声一起，瞬时烈日当空，坚冰消融。乐曲进入尾声，他换用宫调合奏四弦，顿时祥和之风吹拂而来，吉祥彩云冉冉浮现，清凉甘露从天而降，甘甜泉水源源涌出。师襄欣喜得手舞足蹈，说：“你的演奏太高妙了！就算是师旷吹奏的清角之曲，邹衍吹奏的管乐声律，也无法超过你。他们都将挟着琴瑟、拿着箫管来向你拜师请教呢。”

原文

薛谭学讴于秦青[1]，未穷青之技，自谓尽之，遂辞归。秦青弗止，饯于郊衢[2]。抚节悲歌[3]，声振林木，响遏行云[4]。薛谭乃谢求反，终身不敢言归。秦青顾谓其友曰："昔韩娥东之齐[5]，匮粮，过雍门[6]，鬻歌假食[7]。既去而余音绕梁欐[8]，三日不绝，左右以其人弗去。过逆旅，逆旅人辱之。韩娥因曼声哀哭[9]，一里老幼悲愁，垂涕相对，三日不食。遽而追之[10]。娥还，复为曼声长歌，一里老幼喜跃抃舞[11]，弗能自禁，忘向之悲也。乃厚赂发之[12]。故雍门之人至今善歌哭，放娥之遗声[13]。"

注释

①薛谭、秦青：古代传说中秦国擅长唱歌的人。讴：歌唱。

②饯：以酒水食物送行。衢：四通八达的道路。

③抚：拍打。节：古代竹制乐器，可用作歌唱伴奏。

④响遏行云：形容歌声高亢，高入云霄，阻止了飘动着的云朵。遏，阻止。

⑤韩娥：古代传说中韩国善于唱歌的人。

⑥雍门：齐国的大门。

⑦鬻（yù）：卖。假：借。

⑧梁欐（lì）：房屋的栋梁。

⑨曼声哀哭：长声痛哭。

⑩遽：急。

⑪抃（biàn）舞：因欢乐而拍手舞蹈。抃，两手拍击。

⑫赂：馈赠财物。发：送行。

⑬放：通“仿”，仿效。

译文

薛谭向秦青学唱歌，还没学完秦青的技巧，就自以为已经完全掌握了，于是向秦青告辞回家。秦青也没有挽留，送他到城外的大路，为他设宴饯行。席间秦青拍打着竹制的乐器，慷慨悲歌，高亢的歌声震撼了林间树木，冲入云霄，阻拦住了飘动的浮云。薛谭听了，便向他道歉，请求返回继续向秦青学习，终身再也不敢说回家的话了。秦青回头对他的朋友说：“从前韩娥往东去往齐国，途中粮尽，在经过雍门时，就依靠卖唱来换取食物。她离开以后，歌声的余音还萦绕在栋梁上，三天没有断，附近的人们还以为她没有离开。她又路过一家旅店，旅店里的人欺侮她。韩娥便长声痛哭，久久不息，全乡的男女老少都感到十分悲伤，彼此对视流泪，整整三日寝食难安。他们急忙去追赶她。韩娥回来后，又为大家歌唱，全乡的男女老少都兴高采烈、手舞足蹈，不能自禁，忘掉了往日的伤悲。于是大家赠给她丰厚的财物，护送她离开。所以齐国雍门地方的人直到如今还善于唱歌和悲哭，就是仿效了韩娥遗留下的歌声啊。”

原文

伯牙善鼓琴[①]，锺子期善听[②]。伯牙鼓琴，志在登高山。锺子期曰：“善哉！峨峨兮若泰山！”志在流水。锺子期曰：“善哉！洋洋兮若江河[③]！”伯牙所念，锺子期必得之。伯牙游于泰山之阴，卒逢暴雨[④]，止于岩下；心悲，乃援琴而鼓之。初为霖雨之操[⑤]，更造崩山之音。曲每奏，锺子期辄穷其趣。伯牙乃舍

琴而叹曰："善哉，善哉，子之听夫！志想象犹吾心也。吾于何逃声哉？"

注释

①伯牙：古代传说中春秋时期人，擅长弹琴。

②锺子期：古代传说中春秋时期人，擅长知音。

③洋洋：形容浩瀚的样子。

④卒：同"猝"，突然。

⑤霖雨：连绵大雨。操：琴曲的一种，曲调凄婉，一般为表达内心的焦虑忧愁、处世的窘困贫苦而作。

译文

伯牙擅长弹琴，锺子期擅长聆听。伯牙弹琴，内心向往登上高山。锺子期喝彩道："太妙了！巍峨雄壮就像泰山一样！"伯牙转而内心向往滔滔流水。锺子期又赞叹道："太好了！波澜壮阔就像江河一样！"但凡是伯牙弹琴时心中所想的，锺子期都能从琴声中领会。有一次，伯牙到泰山北麓游览，突然遇上天降大雨，于是躲在岩石下面避雨；由于心中悲伤顿起，就取过琴来弹奏。一开始他弹了体现连绵大雨的曲子，接着又奏出了宛如山崩地裂的声音。每奏一曲，锺子期马上就参透其中旨趣。于是，伯牙放下琴，感叹道："妙啊，妙啊，您的鉴赏力！您的所感所想就同我的心一样。我怎样才能在琴声里隐藏自己的心声呢？"

原文

周穆王西巡狩①，越昆仑，不至弇山②。反还，未及中国，道有献工人名偃师③，穆王荐之④，问曰："若有何能？"偃师曰："臣唯命所试。然臣已有所造，愿王先观之。"穆王曰："日以俱来，吾与若俱观之。"越日偃师谒见王。王荐之，曰："若与偕来者何人耶？"对曰："臣之所造能倡者⑤。"穆王惊视之，趣步俯仰⑥，信人也⑦。巧夫顉其颐⑧，则歌合律；捧其手，则舞应节。千变万化，惟意所适。王以为实人也，与盛姬内御并观之⑨。技将终，倡者瞬其目而招王之左右侍妾⑩。王大怒，立欲诛偃师。偃师大慑⑪，立剖散倡者以示王，皆傅会革、木、胶、漆、白、黑、丹、青之所为⑫。王谛料之⑬，内则肝、胆、心、肺、脾、肾、肠、胃，外则筋骨、支节、皮毛、齿发，皆假物也，而无不毕具者。合会复如初见⑭。王试废其心，则口不能言；废其肝，则目不能视；废其肾，则足不能步。穆王始悦而叹曰："人之巧乃可与造化者同功乎？"诏贰车载之以归⑮。夫班输之云梯⑯，墨翟之飞鸢⑰，自谓能之极也。弟子东门贾、禽滑釐闻偃师之巧以告二子⑱，二子终身不敢语艺，而时执规矩⑲。

注释

①巡狩：又作"巡守"，古代帝王每隔五年出外视察诸侯所镇守的地方，称"巡狩"。

②弇山：即崦嵫山，在今甘肃天水境内。

③献工：献上技艺。偃师：古代传说中的能工巧匠。

④荐：接见。

⑤倡：倡优，古代以乐舞戏谑为业的艺人。这里指乐舞戏谑，用作动词。

⑥趣：同“趋”，疾步行走。

⑦信人：真人。

⑧顉（qīn）：通“揿”，向下按。

⑨盛姬：周穆王的宠姬。

⑩瞬：眨眼。

⑪慑：惧怕，害怕。

⑫傅会：同“附会”，凑合。白、黑、丹、青：皆为可做颜料的矿物，如白垩、黑炭、丹砂和青雘（huò）。

⑬谛：留意，仔细。料：计点，审查。

⑭合会：会合，聚在一起。

⑮贰车：副车，古代帝王外出时的随从的车辆。

⑯班输：即鲁班，姓公输名班，春秋时鲁国人，中国古代有名的建筑工匠。

⑰墨翟：即墨子，春秋战国时期思想家，墨家学派创始人。飞鸢：老鹰，这里指墨子用木头制成的飞鹰。

⑱东门贾：公输班弟子。禽滑（gǔ）釐（xī）：墨翟弟子。

⑲规：圆规，用于校正圆形的工具。

译文

周穆王西行巡视，跨过昆仑山，直至登上弇山。在返回的路上，尚未到达国界，遇见一个自愿献艺的工匠，名叫偃师，穆王接见了他，问道：“你有什么技艺？”偃师回答：“我对大王唯命是从。但我已经制造了一物，希望大王先观赏一下。”穆王说：“明天你把它带来，我和你一同观赏。”第二天，偃师拜见周穆王。穆王接见他，问道：“与你同来的是什么人呀?”偃师回答：“是我制造的能歌善舞的艺人。”穆王用惊奇的目光注视着那艺人疾走、缓行、低头、昂首，简直就像个真人。更巧妙的是，按低它的下巴，它就唱出合乎旋律的歌声；抬起它的两手，就跳起符合节拍的舞步。其千变万化，随意而为。穆王以为它是真人，便召来宠爱的盛姬和妃嫔们一同观赏。就在表演快要结束的时候，那艺人眨着眼睛对穆王身边的妃嫔眉目传情。穆王勃然大怒，立即要杀死偃师。偃师惧怕万分，连忙把艺人拆散，向穆王展示，原来整个身体都是用皮革、木块、树脂、油漆、白垩、黑炭、丹砂、青雘之类的东西组合而成的。穆王又仔细地审查，只见它体内有着肝、胆、心、肺、脾、肾、肠、胃，体外则是筋骨、肢节、皮毛、齿发，虽然都是虚造的，但无不齐全。把这些东西重新组装后，艺人又恢复原状。穆王试着取出它的心脏，它的嘴巴就不能说话；取出肝脏，它的眼睛就看不见了；取出肾脏，双脚就不能走动了。穆王这才欣喜地叹道：“人的技艺竟能与自然造化有相同的功效吗?”他下令让随从的马车载上这个能歌善舞的艺人一道回国。鲁班制造了云梯，墨翟制造了木鸢，他们都自认为技能已超群绝伦。他们的弟子东门贾和禽滑釐听说了偃师的技艺，就分别转告给自己的老师。于是，这两位老师便终身不敢再谈论技艺，而只有时刻老实地守着他们做木工用的圆规和直尺埋头苦练。

原文

甘蝇[①]，古之善射者，彀弓而兽伏鸟下[②]。弟子名飞卫[③]，学射于甘蝇，而巧过其师。纪昌者[④]，又学射于飞卫。飞卫曰：“尔先学不瞬，而后可言射矣。”纪昌归，偃卧其妻之机下[⑤]，以目承牵挺[⑥]。二年之后，虽锥末倒眦[⑦]，而不瞬也。以告飞卫。飞卫曰：“未也，必学视而后可。视小如大，视微如著，而

后告我。”昌以氂悬虱于牖[8]，南面而望之[9]。旬日之间，浸大也；三年之后，如车轮焉。以睹余物，皆丘山也。乃以燕角之弧[10]，朔蓬之簳射之[11]，贯虱之心，而悬不绝。以告飞卫。飞卫高蹈拊膺曰[12]：“汝得之矣！”纪昌既尽卫之术，计天下之敌己者，一人而已；乃谋杀飞卫。相遇于野，二人交射；中路矢锋相触，而坠于地，而尘不扬。飞卫之矢先穷[13]。纪昌遗一矢；既发，飞卫以棘刺之端扞之[14]，而无差焉。于是二子泣而投弓，相拜于涂，请为父子。克臂以誓，不得告术于人。

注释

①甘蝇：古代传说中善于射箭的人。

②彀（gòu）弓：拉满弓弦。

③飞卫：古代传说中善于射箭的人。

④纪昌：古代传说中善于射箭的人。

⑤偃卧：仰卧。机：这里专指织布机。

⑥承：跟随。牵挺：织布机上的踏脚板。

⑦锥末：锥尖。倒：通“到”。

⑧氂（máo）：牦牛的毛。牖（yǒu）：窗。

⑨南面：面朝南。

⑩燕角之弧：用燕国的牛角做成的弓。

⑪朔蓬之簳（gǎn）：用楚国的蓬秆做成的箭。朔，此指楚国。蓬，蓬草，秆用来做箭。簳，箭杆。

⑫蹈：跳。拊：拍。膺：胸。

⑬穷：尽。

⑭棘：长刺的草木。扞（hàn）：抵御。

译文

甘蝇，是古代传说中的神箭手，只要他拉满弓，野兽就吓得趴下，飞鸟就吓得落地。他的弟子名叫飞卫，向甘蝇学射箭，技艺已经超过了老师。有个名叫纪昌的人，又来向飞卫学射箭。飞卫对他说："你先学会盯住一个目标不眨眼睛，然后再说学射箭的事。"纪昌回到家里，仰卧在他妻子的织布机下，双眼死死盯住织机一上一下的踏板。两年后，就算锋利的锥尖刺到眼眶边，他的眼睛都不眨一下。于是去禀告飞卫。飞卫说："还不够，你必须练好眼力才可以学射箭。当你能练到看极小的物体就像很大的物体，看模糊的目标也能看得很清楚时，你再来向我禀告。"纪昌在牛尾巴毛上系上一只虱子，悬挂在窗口上，天天面朝南方注视着它。十多天后，那虱子渐渐在眼中显得越来越大；三年后，竟显得有车轮那么大。再看看其他事物，都如山丘那么大了。于是纪昌拿起燕国牛角做成的弓，楚国蓬秆制成的箭，向虱子射去，利箭穿透虱子的心，而悬挂虱子的牛尾毛却没被射断。于是，纪昌又跑去禀告飞卫。飞卫听了后高兴得跳了起来，拍着胸脯说："你已经掌握射箭的奥妙啦！"纪昌完全掌握了飞卫的箭术以后，心里算计着，天下可以与自己相匹敌的，不过飞卫一人而已；就图谋杀掉飞卫。一次，两人在野外相遇，便张弓对射起来；彼此的箭头在飞行途中相互碰击，落到地上，却没有一丝灰尘扬起。飞卫的箭先射没了。纪昌还剩下最后一支；他张弓发箭，飞卫用棘刺的尖端来抵御飞来的箭，竟毫发无损。于是，两个人激动得含着泪扔掉手中的弓，在路上对拜，请求结为父子。他们在手臂上刻下记号，并发誓永远不把射箭的绝技告诉他人。

原文

造父之师曰泰豆氏[①]。造父之始从习御也，执礼甚卑，泰豆三年不告。造父执礼愈谨，乃告之曰：“古诗言：‘良弓之子，必先为箕；良冶之子[②]，必先为裘。’汝先观吾趣[③]。趣如吾，然后六辔可持[④]，六马可御[⑤]。”造父曰：“唯命所从。”泰豆乃立木为涂[⑥]，仅可容足；计步而置，履之而行。趣走往还，无跌失也。造父学之，三日尽其巧。泰豆叹曰：“子何其敏也？得之捷乎！凡所御者，亦如此也。曩汝之行，得之于足，应之于心。推于御也，齐辑乎辔衔之际[⑦]，而急缓乎唇吻之和，正度乎胸臆之中，而执节乎掌握之间。内得于中心，而外合于马志，是故能进退履绳而旋曲中规矩[⑧]，取道致远而气力有余，诚得其术也。得之于衔，应之于辔；得之于辔，应之于手；得之于手，应之于心。则不以目视，不以策驱[⑨]；心闲体正，六辔不乱，而二十四蹄所投无差[⑩]；回旋进退，莫不中节[⑪]。然后舆轮之外可使无余辙，马蹄之外可使无余地。未尝觉山谷之崄，原隰之夷[⑫]，视之一也。吾术穷矣。汝其识之！”

注释

①泰豆氏：古代传说中善于驾驭马车的人。

②良冶：擅长铸造金属器具的人。

③趣（qū）：趋，疾走。

④六辔（pèi）：古代一般是一车四马，共有八辔，但外侧两骖马的内辔是拴在车身上的，所以御者手中持有六根辔。辔，缰绳。

⑤六马：古代天子大驾以六马驭车。

⑥涂：通“途”，路途。

⑦齐：协调。辑：原指车舆。这里指驾车的马匹。衔：横在马口中的铁片。殷、周时代用青铜制作。

⑧履绳：遵循准绳。旋曲中规矩：指车马回曲盘旋合于法度。规矩，即规则、法制。

⑨策：马鞭。

⑩二十四蹄：造父习御，当以天子六驭为准，所以有二十四蹄之说。

⑪中节：合乎节度。

⑫原隰（xí）：广平与低湿之地。夷：平展。

译文

造父的师父名叫泰豆氏。造父一开始向他学驾车时，礼数十分谦卑恭敬，三年过去，泰豆却不肯传授他一点儿技术。于是造父待师的礼数更加谨慎谦恭，泰豆才对造父说：“古诗说：‘制弓好手的儿子，必定先学会编织簸箕；打铁良匠的儿子，必定先学习缝纫皮袄。’你先观察我是如何疾步快走的。等你能走得像我一样，那么就可以执掌六根缰绳，能够驾驭六匹骏马了。”造父说：“一切听从您的吩咐。”于是，泰豆竖立起一排木桩当作道路，每根木桩上只能容下一只脚；又算好步幅来放置这些木桩，然后踩在木桩上行走。只见他来回奔走，既没有跌跤，也没有任何闪失。造父学习他的样子，三天后就完全学会了在木桩上行走的技巧。泰豆赞叹道：“你怎么会这么灵敏？掌握得如此迅速！其实驾驭车马，也是同样的道理。刚才你在木桩上行走，已经做到落脚得当，与心相应。用到驾车上，就是在缰绳和衔铁之间协调好驾车的马匹，并用轻重得当的吆喝来掌握马匹奔驰速度的快慢，在自己的胸中把握好分寸，而手掌中要掌握适当的节奏来控制缰绳。在内得之于心，在外则契合于马群的脾性，这样就能进退如同踩着准绳，盘旋就如同照着圆规一样精准，即使跑得再远，马的气力也绰绰有余，这才算真正掌握了驾驭车马的技术。做到自如地运用衔铁，就能与缰绳相对应；缰绳掌握得适当，就能与手掌相对应；手掌处置适当，就能与内心相对应。这样就不必靠眼睛来观察，不必用马鞭来驱赶；心神安闲，身体端正，六根缰绳稳操不乱，而二十四只马蹄起落无差；进退无不合于节度。然后就能在仅容得下车轮的小路上驾驭，能在只容得下马蹄的险道上行驶。完全不会觉得高山深谷是危险的，原野洼地是平坦的，在你看来它们都是一样的。我的驾驭技术已经对你和盘托出了。你牢牢地记在心里吧！”

原文

魏黑卵以昵嫌杀丘邴章[1]，丘邴章之子来丹谋报父之仇。丹气甚猛，形甚露[2]，计粒而食，顺风而趋。虽怒，不能称兵以报之[3]。耻假力于人，誓手剑以屠黑卵。黑卵悍志绝众，力抗百夫。筋骨皮肉，非人类也。延颈承刀，披胸受矢，铓锷摧屈[4]，而体无痕挞[5]。负其材力，视来丹犹雏鷇也[6]。来丹之友申他曰[7]：“子怨黑卵至矣，黑卵之易子过矣[8]，将奚谋焉？”来丹垂涕曰：“愿子为我谋。”申他曰：“吾闻卫孔周其祖得殷帝之宝剑[9]，一童子服之[10]，却三军之众[11]，奚不请焉？”来丹遂适卫，见孔周，执仆御之礼[12]，请先纳妻子[13]，后言所欲。孔周曰：“吾有三剑，唯子所择；皆不能杀人，且先言其状。一曰含光，视之不可见，运之不知有。其所触也，泯然无际[14]，经物而物不觉。二曰承影，将旦昧爽之交[15]，日夕昏明之际，北面而察之，淡淡焉若有物存，莫识其状。其所触也，窃窃然有声[16]，经物而物不疾也。三曰宵练，方昼则见影而不见光，方夜见光而不见形。其触物也，騞然而过[17]，随过随合，觉疾而不血刃焉[18]。此

三宝者，传之十三世矣，而无施于事。匣而藏之，未尝启封。”来丹曰：“虽然，吾必请其下者。”孔周乃归其妻子，与斋七日。晏阴之间[19]，跪而授其下剑，来丹再拜受之以归。来丹遂执剑从黑卵。时黑卵之醉偃于牖下[20]，自颈至腰三斩之。黑卵不觉。来丹以黑卵之死，趣而退。遇黑卵之子于门，击之三下，如投虚。黑卵之子方笑曰：“汝何蚩而三招予[21]？”来丹知剑之不能杀人也，叹而归。黑卵既醒，怒其妻曰：“醉而露我，使我嗌疾而腰急[22]。”其子曰：“畴昔来丹之来，遇我于门，三招我，亦使我体疾而支强[23]，彼其厌我哉[24]！”

注释

①黑卵、丘邴章：人名，传说中春秋时期人，事迹不详。昵嫌：私仇。

②露：瘦弱。

③称兵：操起兵器。

④铓（máng）锷（è）摧屈：刀、剑的尖锋折断卷曲。铓、锷，是指刀、剑等锐器的刃端。

⑤痕挞：伤痕。

⑥雏彀（kòu）：雏鸟。

⑦申他：人名，传说中春秋时期人，事迹不详。

⑧易：轻视，蔑视。

⑨孔周：人名，传说中春秋时期人，事迹不详。殷帝：商代帝王。这里指成汤。

⑩服：佩带。

⑪三军：春秋时，大国多设三军，分别为左军、中军、右军。

⑫仆御之礼：仆役、马夫等下等人所应遵行的礼节。

⑬纳：接纳，这里有做抵押的意思。

⑭泯然：形容事物消失净尽、不见踪影的样子。

⑮昧爽之交：由暗转明之际，即黎明。昧，昏暗。爽，明亮。

⑯窃窃然：形容声音轻微。

⑰騞（huō）然：快速的样子。

⑱血刃：血沾刀口。

⑲晏：晴朗。

⑳偃：仰面而卧。牖（yǒu）：窗。

㉑蚩：痴呆貌。

㉒嗌（yì）：咽喉。急：疼痛。

㉓支：同“肢”。强：硬。

㉔厌（yā）：指厌胜。古代方士的一种巫术，能以诅咒制服人或物。

译文

魏国的黑卵因私仇杀死了丘邴章，丘邴章的儿子来丹想要报杀父之仇。虽然来丹胆气凶猛，但身体却十分瘦弱，数着米粒进食，顺着风才可行走。虽然满腔怒火，但无力提起兵器去报仇。可他耻于依靠别人的力量，发誓要亲自用剑将黑卵杀死。黑卵凶悍勇猛，力大超乎常人，完全可以以一当百。他的筋骨皮肉，都异于常人。他伸长脖子任凭刀砍，袒露胸膛任凭箭射，刀、剑的锋刃都折断卷曲了，而他的身体却完好无损。黑卵倚仗自己的体质气力，把来丹看成一只雏鸟。来丹的朋友申他说：“你对黑卵仇恨至极，而黑卵过于轻视你了，你准备怎么办呢？”来丹流着泪说：“希望你能帮我想想办法。”申他说：“我听说卫国人孔周的祖先得到了一把商朝大王的宝剑，即使小孩子佩带上它也会吓退三军将士，你为什么不去向孔周请求救助呢？”于是，来丹就去了卫国，拜见孔周，对孔周行了最为谦恭的礼节，他请孔周先接受自己的妻子儿女作为抵押，然后才讲出自己的要求。孔周说道：“我有三把宝剑，任你选择；但这三把宝剑都无法杀死人，姑且让我先说说它们的情况。第一把剑叫含光，看上去无法见到它的形状，挥动时不会感到它的存在。剑锋过处，毫无伤痕，刺过身体也毫无察觉。第二把剑名叫承影，在天色将亮未亮的早晨，或是光线半明半暗的黄昏，面朝北仔细地观察它，隐隐约约好像有物体存在，但不能辨认出它的形状。剑锋过处，只发出轻微的声音，划过身体而感受不到疼痛。第三把剑名叫宵练，白天时只见其影子而不见光芒，夜晚时只见其光芒而不见影子。用它砍削身体，剑锋一过，伤口随即愈合，虽然疼痛，但刀口却不沾血迹。这三把宝剑，至今已祖孙相传了十三代，却从没有使用过。一直装在匣子里珍藏，从来没有启封过。”来丹恳求说：“既然这样，我还是请求借用最下等的那一把。”孔周便归还了来丹的妻儿，又与他一起清心斋戒了七天。然后当天色半晴半阴的时候，孔周跪下将宝剑传授给来丹，来丹再拜，然后受剑而归。于是，来丹就带着宝剑跟踪黑卵。趁黑卵喝醉了仰卧在窗下的时候，来丹蹿进去将他从头颈到腰部连砍三剑。黑卵没有察觉。来丹以为黑卵已经死了，急忙退去。在门口遇到黑卵的儿子，来丹又挥剑连砍他三次，如同砍在虚空里一般。黑卵的儿子笑道：“你为什么傻乎乎地对我招了三次手?”来丹听了，知道这种宝剑果真无法杀人，只好叹息着回去了。黑卵酒醒以后，对老婆发怒说：“我喝醉酒，你却让我躺在露天，害得我喉咙疼，腰也酸。”他儿子说：“刚刚来丹到过这里，在门口碰到了我，对我招了三次手，也使得我身体疼痛，四肢僵硬，这家伙大概是对我们施了法术了吧!”

原文

周穆王大征西戎[1]，西戎献锟铻之剑、火浣之布 剑长尺有咫[3]，练钢赤刃[4]，用之切玉如切泥焉。火浣之布 必投于火；布则火色，垢则布色；出火而振之，皓然 皇子以为无此物，传之者妄。萧叔曰：“皇子果于自信 理哉!”

注释

①西戎：古代西北戎族的总称。

②锟铻：通“昆吾”，古剑名。火浣之布：用火洗濯的布，即今石棉布。浣，洗濯。

③咫：古代长度单位，周制八寸为一咫。

④钢：通“刚”，锋利。赤刃：钢质纯净的刀锋，不含一点儿杂质。

译文

周穆王大举征伐西戎部族，西戎向穆王进献了锟铻剑和火浣布。那剑有一尺八寸长，由纯钢锻制而成，剑锋无比锋利，用它来切玉石就像切断泥土那么简单。火浣布清洗的时候必须投入火中；布色如同火的颜色一般，而污垢则成为布的颜色；从火中将布取出来抖几下，布就会变得光洁如新，洁白如雪。皇子认为世上不存在这种东西，只不过是人们的误传罢了。萧叔说：“皇子太过于自信，也太过于怀疑实际了啊！”

力命第六

原文

力谓命曰："若之功奚若我哉?"命曰："汝奚功于物而欲比朕?"力曰："寿夭、穷达、贵贱、贫富，我力之所能也。"命曰："彭祖之智不出尧舜之上①，而寿八百；颜渊之才不出众人之下，而寿十八②。仲尼之德不出诸侯之下，而困于陈蔡；殷纣之行不出三仁之上③，而居君位。季札无爵于吴④，田恒专有齐国⑤。夷、齐饿于首阳⑥，季氏富于展禽⑦。若是汝力之所能，奈何寿彼而夭此，穷圣而达逆，贱贤而贵愚，贫善而富恶邪?"力曰："若如若言，我固无功于物，而物若此邪，此则若之所制邪?"命曰："既谓之命，奈何有制之者邪?朕直而推之，曲而任之。自寿自夭，自穷自达，自贵自贱，自富自贫，朕岂能识之哉?朕岂能识之哉?"

注释

①彭祖：古代传说中的长寿者。

②十八：一作"四八"，颜渊早亡，其寿命说法不一，但都说短命。

③三仁：三位仁人，指殷纣王时的三位大臣微子、箕子和比干。

④季札：春秋时吴国公子，非常贤能，吴王欲立之为太子，拒辞不受，被封于延陵，号延陵季子，深受各国贤者尊重。

⑤田恒：即陈成子，春秋时齐国大臣，陈釐公之子，名恒，一作常。

⑥夷、齐：指伯夷和叔齐。伯夷为商末孤竹国国君的长子，孤竹君初以叔齐为继承人。孤竹君死后，两人谦让王位，弃政赴周。武王灭商，二人又逃到首阳山，最终不食周粟而死。

⑦季氏：即季孙氏，春秋后期掌控鲁国政权的贵族。展禽：即柳下惠，本名获，又名季，字禽，鲁国大夫，以善于讲究礼节“坐怀不乱”而著称。

译文

人力对命运说：“你的功劳怎么能与我相提并论呢？”命运反问道：“你对万物有什么功劳竟然来同我比较？”人力回答：“人的长寿或短命、困苦或显达、高贵或卑贱、贫穷或富裕，这些都是我来决定的。”命运说道：“彭祖的智慧赶不上尧和舜，但能活到八百岁；颜渊的才能不在众人之下，却只活了十八岁。孔子的德行不在众诸侯之下，却受困于陈国和蔡国之间的荒野；殷纣王的品行远比不上微子、箕子和比干，却高居国君之位。贤者季札在吴国没有爵位，奸诈的田恒却专权齐国。伯夷和叔齐饿死在首阳山上，季孙氏却比柳下惠还要富贵。假若这是你能决定的，又为什么让彭祖长寿而使颜渊短命，让圣人受困而使倒行逆施的人显达，让贤者卑贱而使愚人尊贵，让善良的人贫穷而使作恶的人富裕呢？”人力答道：“如果照你说的，我对万物没有什么功劳，万物变成这种局面，难道是由你主宰的吗？”命运说道：“既然把我称作命运，又有什么主宰者呢？我使是非曲直自然发展。万物自然地长寿、自然地短命，自然地穷困、自然地显达，自然地尊贵、自然地低贱，自然地富有、自然地贫穷，我怎能明白其中的道理呢？我怎能明白其中的道理呢？”

原文

北宫子谓西门子曰："朕与子并世也，而人子达[1]；并族也，而人子敬；并貌也，而人子爱；并言也，而人子庸[2]；并行也，而人子诚；并仕也，而人子贵；并农也，而人子富；并商也，而人子利。朕衣则裋褐[3]，食则粢粝[4]，居则蓬室[5]，出则徒行。子衣则文锦，食则粱肉[6]，居则连榍[7]，出则结驷[8]。在家熙然有弃朕之心[9]，在朝谔然有敖朕之色[10]。请谒不及相[11]，遨游不同行，固有年矣。子自以德过朕邪？"西门子曰："予无以知其实。汝造事而穷，予造事而达，此厚薄之验欤[12]？而皆谓与予并，汝之颜厚矣。"北宫子无以应，自失而归。中途遇东郭先生。先生曰："汝奚往而反，偊偊而步[13]，有深愧之色邪？"北宫子言其状。东郭先生曰："吾将舍汝之愧[14]，与汝更之西门氏而问之。"曰："汝奚辱北宫子之深乎？固且言之[15]。"西门子曰："北宫子言世族、年貌、言行与予并，而贱贵、贫富与予异。予语之曰：'予无以知其实。汝造事而穷，予造事而达，此将厚薄之验欤？而皆谓与予并，汝之颜厚矣。'"东郭先生曰："汝之言厚薄不过言才德之差，吾之言厚薄异于是矣。夫北宫子厚于德，薄于命；汝厚于命，薄于德。汝之达，非智得也；北宫子之穷，非愚失也。皆天也，非人也。而汝以命厚自矜，北宫子以德厚自愧，皆不识夫固然之理矣！"西门子曰："先生止矣！予不敢复言。"北宫子既归，衣其裋褐，有狐貉之温[16]；进其茙菽[17]，有稻粱之味；庇其蓬室，若广厦之荫；乘其筚辂[18]，若文轩之饰[19]。终身逌然[20]，不知荣辱之在彼也，在我也。东郭先生闻之曰："北宫子之寐久矣[21]，一言而能寤，易悟也哉！"

注释

①人子达：人们给你尊贵的地位，动宾倒置结构。

②庸：用，这里指用其言。

③褐：粗陋的衣服。

④粢（zī）粝：粗糙的饭食。粢，稻饼。粝，粗米。

⑤蓬室：茅屋，泛指简陋的房屋。

⑥粱肉：泛指精致美好的饭菜。

⑦连欐：栋梁相连，指雄伟华美的房屋。欐，屋栋。

⑧结驷：四匹马互相牵引的车。

⑨熙然：和乐欢笑的样子。弃：指故意冷落。

⑩谔然：直言争辩，没有顾忌。敖：同“傲”，轻慢。

⑪请谒：拜访。

⑫厚薄：这里意思是人德行的好坏。验：应验，报应。

⑬偊偊：独行的样子。

⑭舍：通“释”，化解。

⑮固：通“姑”，姑且。

⑯貉（hé）：又称“狗獾”，是一种重要的毛皮兽。

⑰戎（róng）菽：大豆。

⑱筚（bì）辂（lù）：用荆条和树枝编制成的车子，即柴车。

⑲文轩：有花纹的轩车。

⑳逌（yóu）然：怡然自得貌。

㉑寐：睡眠，本文指迷乱、糊涂。

译文

北宫子对西门子说：“我与你同处一世，但人们只给你显达的地位；与你同生一族，但人们只对你非常尊敬；与你容貌相当，但人们只对你十分喜爱；与你言谈相似，但人们只采用你的意见；与你一道做事，但人们只相信你；与你一同做官，但人们只视你为高贵；同样是务农，但人们只让你富裕；同样是经商，但人们只让你获利。我穿的是粗陋的衣裳，吃的是粗糙的饭食，住的是茅棚草屋，出门只能徒步行走。而你穿的是锦衣绣服，吃的是精米美食，住的是高楼大厦，外出有四驾的马车。在家里你怡然自得地将我冷落在一旁，在朝时你侃侃而谈地对我摆出一副傲慢的神气。你我之间，互不往来，游玩不同行，已经有年头了。你自以为德行胜过我吗?”西门子回答：“我不知其中的缘故。你遇事总是困难重重，我遇事总是顺风顺水，这恐怕是德行好坏的应验吧？而你却认为自己的一切都与我相同，你的脸皮实在太厚了。”北宫子无话可说，只得神情恍惚地回家去。半路上碰到东郭先生。东郭先生问道：“你从哪里回来，为什么独自行走，脸上还带着羞愧之色呢?”北宫子就把情况告诉了他。东郭先生听了说：“我来化解你的羞愧，与你再到西门子家去问个清楚。”于是，东郭先生便问西门子：“你为什么如此过分地侮辱北宫子呢？姑且说说你的道理。”西门子说：“北宫子刚才说他的辈分、家族、年龄、相貌、言行举止都与我一般，但贱贵、贫富却与我大相径庭。我对他说：‘我不明白其中的缘故。你遇事困难重重，我遇事顺风顺水，这可能是两人德行好坏的应验吧？而你却认为自己的一切都与我无差，你的脸皮实在太厚了。’”东郭先生说：“你所认为的好坏仅仅是指才干德行上的差别，我所认为的好坏并非如此。北宫子的德行崇高但命运低贱；你命运高贵但德行卑下。你的显达，并非靠智慧所得；北宫子的穷困，并非是愚蠢带来的过失。这都是天命所致，并非人力所为。但你却以命运好而自矜，北宫子却以德行高而自愧，你们都没有认识到自然之理啊。”西门子说：“先生不要再说了！我不敢再说这样的话了。”北宫子回家以后，穿他的粗陋衣裳，觉得像狐裘貉袍一样温暖；吃他的大豆杂粮，感到像稻米细粮一样美味；住在他的茅屋，觉得像有高楼大厦的遮蔽；乘坐他的柴车，觉得像坐在华丽的马车里。一辈子怡然自得，不知道荣耀和耻辱在别人那里，还是在自己身上。东郭先生听说了便说：“北宫子糊涂了这么久，一句话就让他清醒过来，真是容易觉悟啊!”

原文

管夷吾、鲍叔牙二人相友甚戚[①]，同处于齐。管夷吾事公子纠[②]，鲍叔牙事公子小白[③]。齐公族多宠，嫡庶并行[④]。国人惧乱。管仲与召忽奉公子纠奔鲁[⑤]，鲍叔奉公子小白奔莒[⑥]。既而公孙无知作乱[⑦]，齐无君，二公子争入。管夷吾与小白战于莒，道射中小白带钩[⑧]。小白既立，胁鲁杀子纠，召忽死之，管夷吾被囚。鲍叔牙谓桓公曰："管夷吾能，可以治国。"桓公曰："我仇也，愿杀之。"鲍叔牙曰："吾闻贤君无私怨，且人能为其主，亦必能为人君。如欲霸王，非夷吾其弗可。君必舍之[⑨]！"遂召管仲。鲁归之齐，鲍叔牙郊迎，释其囚。桓公礼之，而位于高、国之上[⑩]，鲍叔牙以身下之，任以国政，号曰仲父。桓公遂霸。管仲尝叹曰："吾少穷困时，尝与鲍叔贾[⑪]，分财多自与；鲍叔不以我为贪，知我贫也。吾尝为鲍叔谋事而大穷困，鲍叔不以我为愚，知时有利不利也。吾尝三仕，三见逐于君，鲍叔不以我为不肖，知我不遭时也。吾尝三战三北[⑫]，鲍叔不以我为怯，知我有老母也。公子纠败，召忽死之，吾幽囚受辱；鲍叔不以我为无耻，知我不羞小节而耻名不显于天下也。生我者父母，知我者鲍叔也！"此世称管、鲍善交者，小白善用能者。然实无善交，实无用能也。实无善交实无用能者，非更有善交，更有善用能也。召忽非能死，不得不死；鲍叔非能举贤，不得不举；小白非能用仇，不得不用。及管夷吾有病，小白问之，曰："仲父之病病矣[⑬]，可不讳。云至于大病[⑭]，则寡人恶乎属国而可[⑮]？"夷吾曰："公谁欲欤？"小白曰："鲍叔牙可。"曰："不可。其为人也，洁廉善士也。其于不己若者不比之人，一闻人

之过，终身不忘。使之理国，上且钩乎君[16]，下且逆乎民。其得罪于君也，将弗久矣。”小白曰：“然则孰可？”对曰：“勿已，则隰朋可。其为人也，上忘而下不叛[17]，愧其不若黄帝而哀不己若者。以德分人谓之圣人，以财分人谓之贤人。以贤临人，未有得人者也；以贤下人者，未有不得人者也。其于国有不闻也[18]，其于家有不见也[19]。勿已，则隰朋可。”然则管夷吾非薄鲍叔也，不得不薄；非厚隰朋也，不得不厚。厚之于始，或薄之于终；薄之于终，或厚之于始。厚薄之去来，弗由我也。

注释

①管夷吾：春秋时期法家的代表人物，辅佐齐桓公称霸诸侯，礼让天下。鲍叔牙：春秋时齐国大夫，以知人著称。戚：亲近。

②公子纠：齐襄公之弟，齐桓公之兄。

③公子小白：即齐桓公，为春秋时第一位霸主。

④嫡庶并行：齐僖公宠爱母弟夷仲年的儿子公孙无知，令其礼秩与太子同，从而导致礼法混乱。嫡，宗法制度下家庭的正支。庶，宗法制度下家庭的旁支。

⑤召忽：人名，齐国大臣。

⑥莒：春秋时国名，都城在今山东安丘、诸城一带。

⑦公孙无知作乱：公孙无知本是齐僖公母弟夷仲年之子，僖公对其偏爱，赐予他的礼秩与太子一样。襄公即位后，废黜了公孙无知的秩服，公孙无知怨恨襄公，谋反作乱杀死襄公，自立为齐君，但不久就被杀死。

⑧带钩：衣带上的金属小钩。

⑨舍：通“释”，释放，赦免。

⑩高、国：齐国势力最强盛的大夫家族，齐桓公之所以能归国即位，还得益于高、国两大家族的协助。

⑪贾（gǔ）：做买卖。古代行商称商，坐商称贾。

⑫北：败北。

⑬病病：前一个“病”字为名词，疾病，后一个“病”字作动词，意为病情加重。

⑭大病：这里是“死”的委婉表达。

⑮属：嘱托，托付。

⑯钧：违背。

⑰上忘：在上的人忘掉自己。下不叛：在下的人不叛离自己。叛，叛离。

⑱国：指国家大事。

⑲家：指家庭私事。

译文

管仲与鲍叔牙二人相交为友，关系十分密切，他们一同住在齐国。管仲侍奉公子纠，鲍叔牙侍奉公子小白。当时齐国的公族子弟多受齐僖公的宠爱，嫡系和旁支的人都享有同样的待遇。齐国人为此而担忧齐国会出现内乱。于是，管仲与召忽陪着公子纠投奔鲁国，鲍叔陪着公子小白逃去莒国。不久，公孙无知发动叛乱，杀了齐襄公，齐国失去了君主，公子纠与公子小白争相赶回齐国抢夺王位。管仲和公子小白在莒国交战，途中管仲发箭射中了小白腰带上的铜钩。小白即位以后，就胁迫鲁国杀死了公子纠，召忽殉主自杀，管仲则被囚禁。鲍叔牙对齐桓公谏言说：“管仲才能出众，可以辅助您治理国家。”桓公说：“他是我的仇人，我要将他杀掉。”鲍叔牙说：“我听说贤明的君主没有私人的仇怨，况且一个人能为主人忠心办事，也一定能为君王忠心效力。如果您想要成就称霸诸侯的大业，非管仲辅佐不可。您一定要赦免他！”于是齐桓公召回管仲。鲁国放他回归齐国，鲍叔牙亲自到郊外迎接，将他的桎梏解除。齐桓公以隆重的礼节接待了他，他的地位超越了高、国两家贵族，鲍叔牙甘居下位，把国政之事委托于他，称他为仲父。齐桓公因此成为诸侯的霸主。管仲曾经感叹道：“我年轻时，曾与鲍叔合伙做生意，在分配钱财的时候往往自己多分一些，鲍叔不因此以为我贪心，而是知道我家境贫困。我曾为鲍叔谋划事业却使他遭遇窘困的处境，鲍叔不因此认为我愚蠢，因为他知道时机好坏不定。我曾三次出仕为官，三次被君主驱逐回来，鲍叔不因此认为我无能，因为他知道我没有遇到好时机。我曾三次作战三次仓皇而逃，鲍叔不因此认为我胆小，因为他知道我上有老母。公子纠失败，召忽自杀，我却情愿被囚受辱，鲍叔不因此认为我无耻，因为他知道我不羞于小节而耻于名声不能显赫于天下啊。生养我的是父母，理解我的是鲍叔啊！”这就是世人称道的管、鲍二人善于交友，小白知人善任的故事。但事实上并无所谓的善于结交，也无所谓善用贤能。事实上无所谓善于结交，无所谓善于任贤的原因，在于没有更值得结交的人，也没有更值得任用的贤能。召忽并非殉主而死，而是不得不自杀；鲍叔并非能举荐贤者，而是不得不举荐；小白并非能任用仇人，而是不得不任用。在管仲患病的时候，小白前去探望，对他说：“仲父你的病势如此严重，我也用不着避讳。如果你不幸去世了，寡人把国政托付给谁合适呢？”管仲问道：“您想托付给谁呢？”小白回答：“鲍叔牙可以托付。”管仲说：“不行。鲍叔牙为人清廉高尚，确实是一个贤良之士。但他对于德行才干不如自己的人，就不屑与之交往，一旦听说别人的过错，就终生耿耿于怀。如果让他治理国家，对上则忤逆于君主，对下则违逆于百姓。他冒犯您的日子不会太久了。”小白问道：“那托付给谁呢？”管仲回答：“倘使我的病不能痊愈，那隰朋可以接任。他的为人，能使在上的人忘掉自己，在下的人不叛离自己，只惭愧自己的德才赶不上黄帝，同情那些不如自己的人。以仁德来感化他人的人叫作圣人，用财物来救济他人的叫作贤者。因贤能而盛气凌人的，从来没有能得人心的；因贤能而谦虚待人的，从来就没有不得人心的。这样的人顺其自然，对于国事有所不闻，对于家事有所不见。若是我的病不能痊愈，那么隰朋可以接替我掌管国政。”然而，管仲并非有意鄙薄鲍叔，而是不得不鄙薄；也并非有意厚待隰朋，而是不得不厚待。开始厚待，或许到最后就变成薄待；开始薄待，也许到最后就变成厚待。厚待和薄待的相互转化，都不是由个人的意志所决定的。

原文

杨朱之友曰季梁。季梁得病，七日大渐[①]。其子环而泣之，请医。季梁谓杨朱曰："吾子不肖如此之甚，汝奚不为我歌以晓之?"杨朱歌曰："天其弗识，人胡能觉?匪祐自天，弗孽由人[②]。我乎汝乎！其弗知乎！医乎巫乎！其知之乎?"其子弗晓，终谒三医[③]。一曰矫氏，二曰俞氏，三曰卢氏，诊其所疾。矫氏谓季梁曰："汝寒温不节，虚实失度，病由饥饱色欲。精虑烦散，非天非鬼。虽渐，可攻也。"季梁曰："众医也。亟屏之[④]！"俞氏曰："女始则胎气不足，乳湩有余[⑤]。病非一朝一夕之故，其所由来渐矣，弗可已也。"季梁曰："良医也。且食之！"卢氏曰："汝疾不由天，亦不由人，亦不由鬼。禀生受形，既有制之者矣，亦有知之者矣。药石其如汝何?"

季梁曰："神医也。重贶遗之[⑥]！"俄而季梁之疾自瘳[⑦]。

注释

①渐：加剧，恶化。

②孽：罪孽。

③终：到处，周遍。

④屏：驱逐，驱赶。

⑤湩（dòng）：乳汁。

⑥贶（kuàng）：赏赐，馈赠。

⑦瘳（chōu）：病愈。

译文

杨朱的一个朋友名叫季梁。季梁患上了疾病，七天后病情恶化。他的孩子们围着病榻痛哭不止，并请求医生为他诊治。季梁对杨朱说："我的孩子们太不通情达理了，你何不为我唱首歌来开导他们呢？"杨朱便唱道："老天不知道，凡人怎知晓？福气不靠天，罪孽非人造。我也好，你也罢！谁都不能知道！医生也好，巫师也罢！你我岂能分晓？"季梁的儿子们不明就里，还是到处寻访，请来了三位医生。一位姓矫，一位姓俞，一位姓卢，分别为季梁诊断病因。姓矫的医生对季梁说："你体内的寒温没有调节好，虚实失去平衡，病因在于饥饱不均，纵欲过度。思虑烦扰，精神散乱，既不是天也不是鬼在作乱。虽然病势严重，但还是可以用药治愈好的。"季梁说："真是庸医。快给我撵出去！"姓俞的医生诊断道："你天生就胎气不足，乳汁又喝得太多。这种病并非一时形成，它是逐渐发展而成的，已经治不好了。"季梁说："真是良医。姑且留他吃饭！"姓卢的医生说："你的病既不由天，也不由人，更不是由鬼。一个人自从禀承天命获得了生命，接受了形体，就有自然在制约着，通达的人也有懂得这个道理的。药物针石对你又有什么用呢？"季梁听罢，说道："真是神医。重重地奖赏他，礼送他回去！"不久，季梁的病就自动痊愈了。

原文

生非贵之所能存，身非爱之所能厚；生亦非贱之所能夭，身亦非轻之所能薄。故贵之或不生，贱之或不死；爱之或不厚，轻之或不薄。此似反也，非反也；此自生自死，自厚自薄。或贵之而生，或贱之而死；或爱之而厚，或轻之而薄。此似顺也，非顺也；此亦自生自死，自厚自薄。鬻熊语文王曰："自长非所

增，自短非所损。算之所亡若何[1]？”老聃语关尹曰：“天之所恶，孰知其故？”言迎天意[2]，揣利害，不如其已。

注释

①算：谋划，推测，引申为智谋。若何：奈何。

②迎：预测未来。

译文

生命并非珍惜它就能长久保存，身体并非爱惜它就能永久健壮；生命也不因贱待它就会夭亡，身体也并不因蔑视它就会羸弱。所以珍惜生命或许就不能生存，贱待生命或许就不会死亡；爱惜身体或许不能变得健壮，蔑视身体或许不会变得羸弱。这前因后果似乎是相反的，其实并不相反；它们自然地生死，自然地强壮羸弱。或者珍惜生命就得以长存，贱待生命就会死去；或者爱惜身体就能健壮，轻视身体就会羸弱。这里的因果似乎是相顺的，其实并不相顺；它们同样也是自然地生死，自然地强壮羸弱。鬻熊对周文王说：“自然要变长的，并非是由于外力的增长；自然要变短的，也不是由于外力的减损。人的智慧对于生命又有什么作用？”老聃对关尹说：“天所厌恶的，谁知道这其中的缘故呢？”意思是说，与其推测天意，揣摩利害，不如顺其自然，不要干预。

原文

杨布问曰[1]：“有人于此，年兄弟也[2]，言兄弟也[3]，才兄弟也，貌兄弟也；而寿夭父子也，贵贱父子也，名誉父子也，爱憎父子也。吾惑之。”杨子曰：“古之人有言，吾尝识之，将以

告若。不知所以然而然，命也。今昏昏昧昧，纷纷若若，随所为，随所不为。日去日来，孰能知其故？皆命也夫。信命者，亡寿夭；信理者，亡是非；信心者，亡逆顺；信性者，亡安危。则谓之都亡所信，都亡所不信。真矣悫矣④，奚去奚就？奚哀奚乐？奚为奚不为？黄帝之书云：'至人居若死⑤，动若械⑥。'亦不知所以居，亦不知所以不居；亦不知所以动，亦不知所以不动。亦不以众人之观易其情貌，亦不谓众人之不观不易其情貌。独往独来，独出独入，孰能碍之？"

注释

①杨布：战国时人杨朱的弟弟。

②兄弟：此处比喻两者差别不大。下同。

③言：俞樾《诸子平议》释"言"为"訾程"，即资历。

④悫：诚实，忠厚。

⑤居若死：道德最高的人心如死灰。

⑥动若械：道德最高的人形同槁木。

译文

杨布问他的哥哥杨朱："这里有两个人，他们年纪相差无几，资历相差无几，才能相差无几，容貌相差无几；但他们的寿命长短相差很大，贵贱相差很大，名誉相差很大，爱憎相差很大。我对此感到不解。"杨朱回答说："古人有句话，我记下了，现在就告诉你吧。不知道为什么会这样而这样，这就叫天命。如今万物昏昏昧昧，纷纷扰扰，任凭你有所为，任凭你无所为。旧日子流逝了，新日子依然会来，谁能参透其中的缘由呢？都是命啊。相信天命的，就无所谓长寿短命；相信天理的，就无所谓是非对错；相信本心的，就不考虑顺境逆境；相信本性的，就不考虑安危祸福。这就叫什么都不信，什么都相信。率真诚实的态度，哪里会考虑何去何从？何哀何乐？何为何不为？《黄帝书》上说：‘道德至高的人，静坐时心如死灰，行动时形如槁木。’也不知道为什么静坐，也不知道为什么不静坐；也不知道为什么行动，也不知道为什么不行动。也不因为众人的关注而改变他的情态与形貌，也不因为众人的不关注而不改变他的情态与形貌。独往独来，独出独进，有谁能够阻碍他呢？”

原文

墨𡰥、单至、啴咺、憋懯四人相与游于世[①]，胥如志也[②]；穷年不相知情，自以智之深也。巧佞、愚直、婩斫、便辟四人相与游于世[③]，胥如志也；穷年而不相语术，自以巧之微也。𤠣㤋、情露、讓极、凌谇四人相与游于世[④]，胥如志也；穷年不相晓悟，自以为才之得也。眠娗、諈诿、勇敢、怯疑四人相与游于世[⑤]，胥如志也；穷年不相谪发，自以行无戾也[⑥]。多偶、自专、乘权、只立四人相与游于世[⑦]，胥如志也；穷年不相顾眄[⑧]，自以时之适也。此众态也。其貌不一，而咸之于道，命所归也。

注释

①墨𡰥（chì）：表面愚蠢而内心狡诈的样子。此处以人的性情、形貌作为假托的人名，以下皆是如此。单至：轻举妄动的样子。啴（chǎn）咺（xuān）：迂阔缓慢的样子。憋（biē）懯（fū）：急速匆忙的样子。

②胥：全，都。

③婩（nüè）斫（zhuó）：懵懂不悟的样子。便（pián）辟：逢迎谄

媚的样子。

④缪（qiāo）忣（qiā）：哀怨郁结的样子。情露：内情暴露，无所隐藏的样子。謇（jiǎn）极：说话口吃而性急的样子。凌谇（suì）：喜好凌辱责骂他人的样子。

⑤眠娗（tiǎn）：害羞不开通的样子。諈（zhuí）诿（wěi）：繁重不堪的样子，即以重任推诿他人。

⑥戾：违反。

⑦多偶：随和的样子，与人相处和谐。自专：独断专行的样子。乘权：乘用权势的样子。只立：孤独自立的样子。

⑧顾眄：回视。

译文

虚假奸诈的墨屎、胡作非为的单至、迂阔缓慢的啴咺、急躁冲动的憋憨，四人同在世间游逛，个个顺心如意；终年不互相了解情况，都自以为智慧是最高明的。巧言善辩的巧佞、朴实敦厚的愚直、懵懂不悟的婩斫、溜须拍马的便辟，四人同在世间游逛，个个顺心如意；终年不互相探讨道术，都自以为道术是最精湛的。阴险狡猾的缪忣、坦露胸怀的情露、性急口吃的謇极、恶言伤人的凌谇，四人同在世间游逛，个个顺心如意；终年不互相启发点拨，都自以为才干是最杰出的。羞涩腼腆的眠娗、不堪重任的諈诿、果敢刚强的勇敢、胆怯犹豫的怯疑，四人同在世间游逛，个个顺心如意；终年不互相指责批评，都自以为行为是最规矩的。谦卑随和的多偶、刚愎自用的自专、曲意逢迎的乘权、顾影自怜的只立，四人同在世间游逛，个个顺心如意；终年不互相侧听回视，都自以为是逢时走运的。这世界是千姿百态的。他们的面貌虽然不一，但同样都合乎于道，这是命运所决定的结果啊。

原文

佹佹成者[①]，俏成也[②]，初非成也。佹佹败者，俏败者也，初非败也。故迷生于俏，俏之际昧然[③]。于俏而不昧然，则不骇外祸，不喜内福；随时动，随时止，智不能知也。信命者于彼我无二心。于彼我而有二心者，不若掩目塞耳[④]，背坂面隍亦不坠仆也[⑤]。故曰：死生自命也，贫穷自时也。怨夭折者，不知命者也；怨贫穷者，不知时者也。当死不惧，在穷不戚，知命安时也。其使多智之人量利害，料虚实，度人情，得亦中，亡亦中。其少智之人不量利害，不料虚实，不度人情，得亦中，亡亦中。量与不量，料与不料，度与不度，奚以异？唯亡所量，亡所不量，则全而亡丧。亦非知全[⑥]，亦非知丧，自全也，自亡也，自丧也。

注释

①佹佹（guī）：几欲，将要。

②俏：通“肖”，相似。

③昧然：昏暗难辨的样子。

④掩（yǎn）：掩盖。

⑤背坂：背对城墙。隍：没有水的护城壕。

⑥知全：靠智力来保全。知，同“智”。

译文

差不多要成功了，看似成功，但原本并非成功。差不多要失败了，看似失败，但原本并非失败。因此迷惑大都产生于相似上，在相似的边界上事物最难分辨。如果对于表面上的相似性毫不糊涂，那就不会对外来的祸害而惊骇，也不会对自身的福泽感到欣喜；顺应时势而动，顺应时势而止，仅靠智力是无法明了的。相信命运的人对于外物和自身没有喜忧之感。对于外物和自身存在喜忧之感的人，不如闭目塞听，这样即使背对城墙，面向壕沟，也不会坠落下去。所以说：生死由命运定夺，贫富由时势定夺。埋怨短命夭折的人，是因为不知命运；抱怨贫困穷苦的人，是因为不知时势。面对死亡而不恐惧担忧，身处穷困而不悲伤忧戚，是因为知晓命运随遇而安。如果让老谋深算的人去衡量利害，估算虚实，揣度人情，他所得的为一半，所失去的也为一半。那些缺少谋略的人不衡量利害，不估算虚实，不揣度人情，他所得的为一半，所失去的也为一半。衡量与不衡量，估算与不估算，揣度与不揣度，两者之间有什么不同呢？只有无所衡量的，又无所不衡量的，才能保全本性而无所丧失。也不凭借着智力得以保全，也不凭借着智力而丧失本性，它们自然而然地保全，自然而然地消亡。

原文

齐景公游于牛山[①]，北临其国城而流涕曰："美哉国乎！郁郁芊芊[②]，若何滴滴去此国而死乎[③]？使古无死者，寡人将去斯而之何？"史孔、梁丘据皆从而泣曰："臣赖君之赐，疏食恶肉可得而食[④]，驽马棱车可得而乘也[⑤]，且犹不欲死，而况吾君乎！"晏子独笑于旁[⑥]。公雪涕而顾晏子曰[⑦]："寡人今日之游

悲，孔与据皆从寡人而泣，子之独笑，何也?”晏子对曰：“使贤者常守之，则太公、桓公将常守之矣；使有勇者而常守之，则庄公、灵公将常守之矣。数君者将守之，吾君方将被蓑笠而立乎畎亩之中⑧，唯事之恤⑨，行假念死乎⑩？则吾君又安得此位而立焉？以其迭处之迭去之，至于君也，而独为之流涕，是不仁也。见不仁之君，见谄谀之臣。臣见此二者，臣之所为独窃笑也。”景公惭焉，举觞自罚。罚二臣者各二觞焉。

注释

①齐景公：春秋时齐国国君，名杵臼。牛山：在今山东临淄一带。

②郁郁芊芊：草木繁盛的样子。

③滴滴：一作“滂滂”，大水流荡的样子。这里指时光飞逝，生命如江河流水，一去不复返。

④疏食：粗糙的粮食。

⑤驽马：劣马。棱车：用竹木所编的简陋的车子，供士人与庶人乘坐。棱当作“栈”。

⑥晏子：春秋时齐国大夫，字平仲，夷维（今山东高密）人，历仕灵公、庄公、景公三世。

⑦雪：擦拭。

⑧蓑笠：蓑衣和斗笠，一种用茅草或竹子编成的雨具。

⑨事：从事，指耕耘等农事。恤：担忧。

⑩行假：当作“何暇”。

译文

齐景公在牛山游历，面朝北方，眺望他的国都，热泪盈眶地感叹道：“多么美好啊，我的国家！草木茂盛，郁郁葱葱，可是人的生命如同江河匆匆流逝，总有一天我会永远地离开国土而死去，这有什么办法呢？假使从古至今就没有死亡这回事，寡人难道还会离开这儿再到别的地方去吗？”他身旁两位名叫史孔和梁丘据的近臣都跟着声泪俱下地说：“我倚仗君主的恩惠，有粗陋的饭食填饱肚子，有驽马栈车可以乘坐，尚且不愿死去，更何况我们的国君！”只有晏子在一旁发笑。景公擦干眼泪，面向晏子责问道：“寡人今日登临游览，触景伤情，史孔和梁丘据都跟着寡人一同伤心哭泣，你却独自发笑，这是为什么？”晏子回答：“假若让贤明的君主永恒地统治这个国家，那么太公和桓公就能永恒地统治它；如果勇猛神武的君主能永恒地镇守这个国家，那么庄公和灵公就能永恒地镇守它。如果这几位君主永恒地掌管这个国家，那您或许只能做个农夫，身披蓑衣、头戴斗笠站在田地之中，只顾为农事收成担忧，哪还有闲暇考虑死呢？您又怎能得到君主之位呢？正是因为历代君主一个个接替登位，又一个个相继死去，才轮到了您呀，现在您偏要为个人的生死而痛哭流涕，这是没有仁义的表现。我见到不仁不义的君主，又见到阿谀谄媚的臣子。见到这两种人，这就是我独自发笑的缘故呀。”景公惭愧不已，便举杯自己罚酒。同时又罚了那两位近臣各饮两杯酒。

原文

魏人有东门吴者[①]，其子死而不忧。其相室曰[②]：“公之爱子，天下无有。今子死不忧，何也？”东门吴曰：“吾常无子[③]，无子之时不忧。今子死，乃与向无子同，臣奚忧焉？”

注释

①东门吴：相传为魏国人，复姓东门。一说姓吴，因住在城东门而有名。

②相室：指管家。

③常：通“尝”，曾经。

译文

魏国有个名叫东门吴的人，他的儿子死了但他不因此而伤心。他的管家问道：“您对儿子的宠爱真是天下无人能及。如今儿子死了，您却毫无悲伤之意，这是为什么呢？”东门吴回答：“我以前没有儿子，没有儿子的时候我不伤心。现在儿子死了，就和以前没有儿子一样，我有什么可伤心的呢？”

原文

农赴时，商趣利，工追术，仕逐势，势使然也。然农有水旱，商有得失，工有成败，仕有遇否，命使然也。

译文

农民抢赶时令，商人追逐利益，工匠追求技艺，官吏争夺权势，这是事情的趋势使得他们这样的。然而务农遭遇水旱，经商会有盈利亏损，做工难免有成功有失败，当官也难免有顺逆之境，这就是命运所导致的。

杨朱第七

原文

杨朱游于鲁①，舍于孟氏。孟氏问曰："人而已矣，奚以名为？"曰："以名者为富。""既富矣，奚不已焉？"曰："为贵。""既贵矣，奚不已焉？"曰："为死。""既死矣，奚为焉？"曰："为子孙。""名奚益于子孙？"曰："名乃苦其身，燋其心②。乘其名者，泽及宗族，利兼乡党③；况子孙乎？""凡为名者必廉，廉斯贫；为名者必让，让斯贱。"曰："管仲之相齐也④，君淫亦淫，君奢亦奢。志合言从，道行国霸。死之后，管氏而已。田氏之相齐也⑤，君盈则己降，君敛则己施。民皆归之，因有齐国；子孙享之，至今不绝。""若实名贫⑥，伪名富。"曰："实无名，名无实。名者，伪而已矣。昔者尧舜伪以天下让许由、善卷⑦，而不失天下，享祚百年⑧。伯夷、叔齐实以孤竹君让而终亡其国⑨，饿死于首阳之山。实伪之辩，如此其省也。"

注释

①杨朱：战国初思想家，魏国人，又称杨子、阳生、阳子居。

②燋：同"灼"，烧灼。

③乡党：一万二千五百家为乡，周朝以五百家为党。后泛指乡里。

④管仲：名夷吾，任齐相，助齐桓公成就霸业。

⑤田氏：田常，即陈成子，春秋时期的齐国大臣。公元前481年，他杀死齐简公，拥护齐平公，自任相国，田氏掌握齐国政权。最终，田常的曾孙田和自封为诸侯，取代姜氏，成为齐的国君。

⑥若：应为"若然"，即如果这样。实名：指为善而不慕名利，有其实而无其名。

⑦许由：古代隐士。相传尧欲让给他君位，他拒受而逃至箕山，农作而生。尧又聘请他做九州的长官，他便去颍水边洗耳，表示不愿听闻此事。善卷：古代隐士。相传舜曾让给他君位，他以"日出而作，日入而息，逍遥于天地之间"而拒。

⑧祚：指王位、国运。

⑨孤竹：古国名。存于商、周时期。

译文

杨朱到鲁国游览，住在孟氏家里。孟氏问道："人不过就是这样，要名声做什么呢？"杨朱回答："凭借名声来致富。""你已经富有了，为什么还不肯停止呢？"杨朱答道："还要谋求尊贵的地位。""你已经很尊贵了，怎么还不肯停止呢？"杨朱答道："为了死后的名誉。""人都死了，还要名誉做什么呢？"杨朱说："为了子孙后代。""名誉对子孙有什么好处呢？"杨朱说："名誉就是靠身体劳苦、内心焦虑才获得的。凭借一个人的名誉能让福泽遍及宗族，利益遍施乡里；更何况是子孙呢？""凡是追求名誉的人一定廉洁，廉洁便会贫穷；凡是追求名声的人一定谦让，谦让就会地位卑贱。"杨朱说："管仲被任命为齐国的国相，君主淫乱他也淫乱，君主奢华他也奢华。顺从君主的意志，马首是瞻，因此他的治国之道得以推行，齐国得以称霸。但是他去世之后，管氏家族就从此没落。田成子被任命为齐国的国相，君主骄慢他就谦卑，君主搜刮他就施舍。因而老百姓都归附于他，他便夺取了政权；子孙后代得以享用其福泽，至今没有中断。”“依你所言，真实的名誉使人贫困卑贱，而虚假的名誉倒使人荣华富贵。”杨朱说：“务实的得不到名誉，求名的不务实。所谓名誉，都是虚假的而已。以前，尧、舜佯装将君位禅让给隐士许由、善卷，却并未失去天下，享受天子之位百年之久。伯夷、叔齐真诚地禅让孤竹国的君位，因而最终失去了国家，还饿死在了首阳山上。真诚和虚伪的分别，就是这样明了啊。”

原文

杨朱曰：“百年，寿之大齐[①]。得百年者千无一焉。设有一者，孩抱以逮昏老，几居其半矣。夜眠之所弭[②]，昼觉之所遗，又几居其半矣。痛疾哀苦，亡失忧惧，又几居其半矣。量十数年之中，逌然而自得亡介焉之虑者[③]，亦亡一时之中尔。则人之生也奚为哉？奚乐哉？为美厚尔，为声色尔。而美厚复不可常厌足[④]，声色不可常翫闻。乃复为刑赏之所禁劝，名法之所进退[⑤]；遑遑尔竞一时之虚誉，规死后之余荣[⑥]；偊偊尔顺耳目之观听[⑦]，惜身意之是非；徒失当年之至乐，不能自肆于一时。重囚累梏[⑧]，何以异哉？太古之人知生之暂来，知死之暂往；故从心而动[⑨]，不违自然所好；当身之娱非所去也，故不为名所劝。从性而游，不逆万物所好，死后之名非所取也，故不为刑所及。名誉先后，年命多少，非所量也。”

注释

①齐：限定。

②弭（mǐ）：消磨，止息。

③逌（yóu）然：怡然自得的样子。

④厌：满足。

⑤名法：指等级名分和礼法规矩。进退：指约束。

⑥规：谋划，准备。

⑦偊偊（yǔ）：独行的样子。顺：通“慎”，谨慎小心。

⑧重囚：严加囚禁。

⑨从：同“纵”，放纵。

译文

杨朱说：“一百岁，是人寿命的极限。能活一百年的，一千人里面很难挑出一个。如果有一个人能活到百岁，那么他在孩童襁褓和衰老年迈的阶段，就几乎占据了一生的一半时间。夜晚睡眠所消耗的时间，白天觉醒所浪费的时间，也几乎占据了剩余时间的一半。至于疾病痛苦，失意忧惧，几乎又占据了剩余时间的一半。估计仅剩的十多年中，能够怡然自得、无牵无挂的日子，也不过是短暂的刹那罢了。那么人生在世是为了什么呢？有什么快乐呢？不过是为了锦衣美食，为了歌舞美色呀。然而锦衣美食并不可以总是得以满足，歌舞美色也不可以总是得以玩赏。而人们还会遭到刑罚的禁止、奖赏的诱导，名誉的督促、礼法的阻遏；惶恐不安地去争夺一时的虚名，谋算着死后留下的荣誉；孤独小心地聆听观察，怜爱顾惜着身心的是与非；白白失去了有生之年最大的快乐，不能让自己的身心放纵片刻。这样同戴上沉重的手铐脚镣，关进深牢的囚犯有什么区别呢？远古时期的人懂得生命只是暂时的到来，懂得死亡只是暂时的离开；因此顺从心意而行动，不违背天性的喜好；并不遗弃自身的娱乐，所以不为名声所引诱。顺从天性而游玩，不违逆万物的喜好，不去博取死后的虚名，因此也不会受到刑罚的牵连。名誉的先来后到，寿命的长短多少，并非他们所考虑的。”

原文

杨朱曰：“万物所异者生也，所同者死也。生则有贤愚、贵贱，是所异也；死则有臭腐、消灭，是所同也。虽然，贤愚、贵贱非所能也；臭腐、消灭亦非所能也①。故生非所生②，死非所死；贤非所贤，愚非所愚，贵非所贵，贱非所贱。然而万物齐生齐死③，齐贤齐愚，齐贵齐贱。十年亦死，百年亦死。仁圣亦死，凶愚亦死。生则尧舜，死则腐骨；生则桀纣，死则腐骨。腐骨一矣，孰知其异？且趣当生④，奚遑死后⑤？”

注释

①非所能：不是个人能做主的。能，指主观能力的作用。

②非所生：生存并非个人能做主的。下文“非所死”“非所贤”“非所愚”等皆应有“能”字。

③齐：相等，等同。

④趣：趋向，往。

⑤遑：空暇。

译文

杨朱说："万物的差异在于生命，万物的相同点在于终归于死亡。生存时便有贤有愚、有贵有贱，这就是差异；死了便腐烂发臭、消失灭亡，这就是相同。即使如此，但造成贤愚、贵贱并不是个人能够做主的；归于腐臭、消灭也不是个人可以做主的。所以不是个人想要活着就能活着，个人想要死去就能死去；个人想要贤明就能贤明，个人想要愚昧就能愚昧，个人想要尊贵就能尊贵，个人想要低贱就能低贱。事实上，万物的生与死是一样的，贤与愚是相等的，贵与贱是同样的。活了十年终归是死，活了百年终归也是死。圣人贤者要死，恶棍愚人也要死。活着的时候贤明如尧、舜，死了不过是一堆腐骨；活着的时候残暴如桀、纣，死了也不过是腐骨一堆。全部是一样的腐骨，有谁可以知晓它们生前的差别呢？姑且享受今生的快乐吧，哪有空顾及死后的事情呢？"

原文

杨朱曰："伯夷非亡欲，矜清之邮[①]，以放饿死[②]。展季非亡情[③]，矜贞之邮[④]，以放寡宗[⑤]。清贞之误善之若此！"

注释

①矜清：矜持清高。邮：通"尤"，过分。

②放（fǎng）：至，到。

③展季：即展禽，春秋时鲁国人，亦称柳下惠，仕为士师，刚正不阿，不阿谀奉承。

④矜贞：矜持贞节。

⑤寡宗：宗族后代稀少。

译文

杨朱说：“伯夷并非心中没有欲望，而是过分地矜持清高了，以至于饿死在山上。展禽并非内心缺乏情感，而是过分地矜持贞节了，以至于族人稀少。清高和贞节耽误善良的人们竟到了如此地步啊！”

原文

杨朱曰：“原宪窭于鲁①，子贡殖于卫②。原宪之窭损生③，子贡之殖累身。”“然则窭亦不可，殖亦不可，其可焉在？”曰：“可在乐生，可在逸身。故善乐生者不窭，善逸身者不殖。”

注释

①原宪：春秋时鲁国人，一说为宋国人，孔子弟子，字子思，亦称原思，性情清高，穿着破衣，在草棚居住，子贡曾嘲弄他。

②子贡：春秋时卫国人，孔子弟子，姓端木，名赐，字子贡。殖：指货殖，经商，在此有“发财”之义。

③窭（jù）：贫困。

译文

杨朱说：“原宪在鲁国饥寒交迫，子贡在卫国经商致富。原宪的贫困使得生命受到损伤，子贡的经商使自己的身心劳累。”有人问道：“如此一来，贫困也不行，致富也不行，那么怎样才行呢？”杨朱回答：“在于使生命体验到快乐，在于使身心得到安逸。因此善于让生命得到快乐的人不会因贫困而伤身，善于使身心安逸的人不会因经商而劳累。”

原文

杨朱曰：“古语有之：‘生相怜，死相捐。’此语至矣。相怜之道，非唯情也；勤能使逸，饥能使饱，寒能使温，穷能使达也。相捐之道，非不相哀也；不含珠玉[①]，不服文锦，不陈牺牲[②]，不设明器也[③]。晏平仲问养生于管夷吾[④]。管夷吾曰：‘肆之而已，勿壅勿阏[⑤]。’晏平仲曰：‘其目奈何[⑥]？’夷吾曰：‘恣耳之所欲听，恣目之所欲视，恣鼻之所欲向，恣口之所欲言，恣体之所欲安，恣意之所欲行。夫耳之所欲闻者音声，而不得听，谓之阏聪；目之所欲见者美色，而不得视，谓之阏明；鼻之所欲向者椒兰[⑦]，而不得嗅，谓之阏颤[⑧]；口之所欲道者是非，而不得言，谓之阏智；体之所欲安者美厚，而不得从，谓之阏适；意之所欲为者放逸，而不得行，谓之阏性。凡此诸阏，废虐之主[⑨]。去废虐之主，熙熙然以俟死，一日、一月、一年、十年，吾所谓养。拘此废虐之主，录而不舍[⑩]，戚戚然以至久生[⑪]，百年、千年、万年，非吾所谓养。’管夷吾曰：‘吾既告子养生矣，送死奈何？’晏平仲曰：‘送死略矣，将何以告焉？’管夷吾曰：‘吾固欲闻之。’平仲曰：‘既死，岂在我哉？焚之亦可，沉之亦可，瘗之亦可[⑫]，露之亦可，衣薪而弃诸沟壑亦可[⑬]，衮衣绣裳而纳诸石椁亦可[⑭]，唯所遇焉。’管夷吾顾谓鲍叔、黄子曰[⑮]：‘生死之道，吾二人进之矣[⑯]。’”

注释

①不含珠玉：古人入殓死者时会将珠、玉、贝、米等物放入死者口中，因死者身份不同而有所区别。此处因谓“死相捐”，故不给死者嘴里含珠玉。

②牺牲：泛指古代祭祀所用牲畜。

③明器：即“冥器”，殉葬的器物，一般用陶或木、石制成。

④晏平仲：即晏婴，春秋时齐国卿相。

⑤阏（è）：遏制。

⑥目：细目，具体情况。

⑦椒兰：花椒和兰草，都有香气。

⑧颤（shān）：鼻通能够辨别气味。

⑨废虐：残害。主：主因。

⑩录：约束。

⑪戚戚然：忧惧的样子。

⑫瘗（yì）：埋葬。

⑬衣薪：用柴草遮挡。

⑭衮（gǔn）衣：古代公卿的礼服，绣有龙形。石椁（guǒ）：石头制的套棺。

⑮黄子：与管仲同时的齐国大臣。

⑯进：通“尽”，透彻。

译文

杨朱说：“古代有句话：‘活着的时候相互怜惜，死去之后相互抛弃。’这句话实在是至理名言呀。所谓怜惜，并不仅仅是动之以情；而是让劳苦的人得到安逸，挨饿的人能够吃饱，寒冷的时候能给他温暖，穷困的时候能使他显达。所谓抛弃，并非不为死者感到悲哀；而是不让死者嘴里含入珠玉，不给死者身上穿锦衣，不在祭奠时陈设祭祀食品，埋葬时不放入冥器。晏婴向管仲询问养生之道。管仲说：'养生之道的关键在于肆意放纵自己的欲望，不要阻碍，不要约束。'晏婴问道：'具体有哪些做法？'管仲回答：'放任耳朵想听就听，放任眼睛想看就看，放任鼻子想闻就闻，放任嘴巴想说就说，放任身体想去就去，放任意愿想干就干。耳朵想听的是悦耳的声音，但听不到，这叫作遏制听觉的灵敏；眼睛想看的是美丽的景色，但看不到，这叫作遏制视觉的明锐；鼻子想闻的是香草香料的气味，但闻不到，这叫作遏制嗅觉的通畅；嘴巴想讲的是人间的是非，但讲不得，这叫作遏制头脑的智慧；身体想要享受的是锦衣玉食，但得不到，这叫作遏制人身的安乐；意念想做的是放纵安逸，但做不得，这叫作遏制天生的本性。凡此种种遏制，都是残害身心的根源。摒除这些残害身心的根源，欢欢喜喜以待命终，哪怕只能活上一日、一月、一年、十年，也是我所谓的养生之道。拘泥于这些残害身心的根源之中，受它管束而不肯抛弃，悲悲戚戚地一直活到老，哪怕能活上百年、千年、万年，也不是我所谓的养生之道。'管仲说罢，又反问晏婴道：'我已经告诉你养生之道了，那么给死者送葬又该怎样呢？'晏婴回答：'送葬的事就容易了，有什么可说的呢？'管仲说：'我非要听你说说。'晏婴便答道：'既然已经死了，难道还由得自己吗？把尸体焚化了也可以，沉入水中也可以，埋入土中也可以，抛在野外也可以，裹上柴草扔进沟壑里也可以，穿着锦衣绣服安置到石头棺椁里也可以，总之，碰上什么就是什么吧。'管仲回头对鲍叔牙和黄子说：'生死之道，我和他已经彻底领悟了。'"

原文

子产相郑①，专国之政；三年，善者服其化，恶者畏其禁，郑国以治。诸侯惮之。而有兄曰公孙朝，有弟曰公孙穆。朝好

酒，穆好色。朝之室也聚酒千钟，积麴成封[2]，望门百步[3]，糟浆之气逆于人鼻。方其荒于酒也[4]，不知世道之安危，人理之悔吝[5]，室内之有亡，九族之亲疏[6]，存亡之哀乐也。虽水火兵刃交于前，弗知也。穆之后庭比房数十，皆择稚齿婑媠者以盈之[7]。方其耽于色也，屏亲昵，绝交游，逃于后庭，以昼足夜[8]；三月一出，意犹未惬。乡有处子之娥姣者[9]，必贿而招之，媒而挑之，弗获而后已[10]。子产日夜以为戚，密造邓析而谋之[11]，曰："侨闻治身以及家[12]，治家以及国，此言自于近至于远也。侨为国则治矣，而家则乱矣。其道逆邪？将奚方以救二子？子其诏之[13]！"邓析曰："吾怪之久矣，未敢先言。子奚不时其治也[14]，喻以性命之重，诱以礼义之尊乎？"子产用邓析之言，因间以谒其兄弟，而告之曰："人之所以贵于禽兽者，智虑。智虑之所将者[15]，礼义。礼义成，则名位至矣。若触情而动，耽于嗜欲，则性命危矣。子纳侨之言，则朝自悔而夕食禄矣。"朝、穆曰："吾知之久矣，择之亦久矣，岂待若言而后识之哉？凡生之难遇而死之易及。以难遇之生，俟易及之死，可孰念哉[16]？而欲尊礼义以夸人，矫情性以招名[17]，吾以此为弗若死矣。为欲尽一生之欢，穷当年之乐。唯患腹溢而不得恣口之饮，力惫而不得肆情于色；不遑忧名声之丑，性命之危也。且若以治国之能夸物，欲以说辞乱我之心，荣禄喜我之意，不亦鄙而可怜哉？我又欲与若别之。夫善治外者，物未必治，而身交苦；善治内者，物未必乱，而性交逸。以若之治外，其法可暂行于一国，未合于人心；以我之治内，可推之于天下，君臣之道息矣。吾常欲以此术而喻之，若反以彼术而教我哉？"子产忙然无以应之[18]，他日以告邓析。邓析曰："子与真人居而不知也[19]，孰谓子智者乎？郑国之治偶耳，非子之功也。"

注释

①子产：即公孙侨、公孙成子，春秋时政治家。

②麴（qū）：酒曲。封：土堆。

③望：至，这里表示距离。

④荒：沉迷，迷乱。

⑤悔吝：悔恨。

⑥九族：指本身以上的父、祖、曾祖、高祖和以下的子、孙、曾孙、玄孙。古时立宗法，以此为准。也有以父族四、母族三、妻族二为“九族”。

⑦稚齿：新生的牙齿，代指年少。婑（wǒ）媠（tuǒ）：柔弱美好貌。

⑧足：凑足，补满。

⑨娥姣：指女子貌美。

⑩弗获而后已：当为“必获而后已”之误。

⑪造：往，去。

⑫侨：子产姓公孙，名侨，字子产。

⑬诏：本用作上对下的告语，这里泛指“告诉”。

⑭时其治：抓住时机治理。

⑮将：凭借，秉承。

⑯可孰念哉：“孰可念哉”的倒装句，意谓还有什么可牵挂于心呢。

⑰矫：勉强克制。

⑱忙然：同“茫然”，若有所失的样子。

⑲真人：道家称谓修真得道的人，但此处是指本性直率天真的人。

译文

子产任郑国的国相，独揽着国家的政权；三年之后，好人服从他的教化，坏人惧怕他的禁令，郑国因此可以长治久安。各国诸侯都因郑国的强大而害怕。子产的一个哥哥名叫公孙朝，一个弟弟名叫公孙穆。公孙朝偏爱喝酒，公孙穆偏爱女色。公孙朝的庭院里藏有上千坛好酒，积蓄的酒曲堆积成山，离他家大门有百步之远，酒浆的香气就直冲入鼻。当他沉迷于喝酒的时候，根本顾不上世道的安危，人事的纷争，家业的有无，亲族的远近，生死的哀乐。就算水火兵刃一齐来到面前，也不为所动。公孙穆的后庭有数十间房排列整齐，通通住满了挑选来的年轻貌美的女子。当他沉湎于女色的时候，隔绝亲友，断绝交游，躲避到后庭之中，夜以继日地纵情享乐；三个月才出来一次，还感到意犹未尽。乡间凡有面容姣好的未嫁女子，他必定会用钱财招引，打发媒人去引诱，不弄到手决不罢休。子产没日没夜地为此担忧，便私下拜访邓析，同他商议道："我听说治理好自身才能推及全家，治理好全家才能推及全国，这是说做事要由近及远。我已经治理好国家了，但家庭却弄得混乱不堪。我不是把由近及远的道理颠倒过来了吗？有什么办法来挽救我那两位弟兄呢？你可要替我出出主意呀！"邓析回答："我对此也疑惑很久了，但没敢说出来。你为什么不找个恰当的时机，劝告他们认识到生命的重要性，启发他们明白礼义的尊严呢？"子产听取了邓析的意见，找时机见了这两兄弟，对他们说："人比禽兽尊贵的地方，就在理智和思虑。理智和思虑所依托的东西，就是礼义。具备了礼义，名誉地位就会随之而来。如果一味感情用事，沉溺于个人嗜好，那将会有性命之危啊。如果你们听从我的劝告，早上悔改，晚上就有官做。"公孙朝和公孙穆答道："这其中的道理我们早就明白了，也选择很久了，难道还要等你训诫后才知道吗？但凡生命是难以获得的，而死亡却是容易到来的。用难以获得的生命，来等待容易到来的死亡，还有什么可顾忌的呢？如果想靠尊重礼义来向人夸耀，用抑制自己的本性来沽名钓誉，我们认为如此做人还不如死了。生而为人就要享尽一生的欢乐，穷极有生之年的乐趣。只怕肚子太饱而让嘴巴不得开怀畅饮，精力衰竭而不得纵情淫乐；根本无暇去担忧名声的丑恶和性命的安危。而你却以治国的才能向我们炫耀，想凭浮夸的辞藻来扰乱我们的心思，用荣华富贵来诱惑我们改变意志，岂不是太鄙陋又太可怜了吗？我们再把道理做一次分辨。善于治理身外之物的，外物未必能够治好，而把自己搞得身心交瘁；善于治理身心的，外物未必会发生混乱，而使自己的本性得以安逸。凭你治理身外之物的方法，虽可一时推行于天下，但未必合乎于人们的本心；凭我治理身心的方法，完全可以在普天之下推行，连君臣之道都可以废除了。我们常想用这种治愈身心的方法来开导你，你还反而用自己治理外物的道理来教训我们吗？”子产听罢，茫然无话可说，一天他把这件事情告诉了邓析。邓析说：“你同本性率真的人住在一起却不自知，谁说你是个聪明人？郑国能够治理好不过是偶然罢了，并非你的功劳。”

原文

卫端木叔者[①]，子贡之世也[②]。藉其先赀[③]，家累万金。不治世故[④]，放意所好。其生民之所欲为，人意之所欲玩者，无不为也，无不玩也。墙屋台榭，园囿池沼，饮食车服，声乐嫔御，拟齐楚之君焉。至其情所欲好，耳所欲听，目所欲视，口所欲尝，虽殊方偏国[⑤]，非齐土之所产育者，无不必致之；犹藩墙之物也[⑥]。及其游也，虽山川阻险，涂径修远，无不必之，犹人之行咫步也。宾客在庭者日百住[⑦]，庖厨之下不绝烟火，堂庑之上不绝声乐[⑧]。奉养之余，先散之宗族；宗族之余，次散之邑里；邑里之余，乃散之一国。行年六十，气干将衰[⑨]，弃其家事，都散其库藏、珍宝、车服、妾媵[⑩]。一年之中尽焉，不为子孙留财。

及其病也，无药石之储；及其死也，无瘗埋之资。一国之人受其施者，相与赋而藏之[11]，反其子孙之财焉。禽骨釐闻之[12]，曰："端木叔，狂人也，辱其祖矣。"段干生闻之[13]，曰："端木叔，达人也，德过其祖矣。其所行也，其所为也，众意所惊，而诚理所取。卫之君子多以礼教自持，固未足以得此人之心也。"

注释

①端木叔：人名，孔子弟子端木赐（即子贡）的后代。

②世：后代。

③藉：借，凭借。先：祖先。赀（zī）：财物。

④世故：此指社会上的事务。

⑤殊方偏国：遥远的地方和偏僻的国家。

⑥藩墙：犹藩篱，围墙。藩，篱笆。

⑦百住：数量众多。住，当为"数"。

⑧庑：堂周的长廊屋舍。

⑨气干：气血躯干，指身体状态。

⑩妾媵（yìng）：古代诸侯之女出嫁，从嫁之妹与女侄称"妾媵"。

⑪赋：按人口出钱。藏：埋藏。

⑫禽骨釐：又作禽滑釐、禽屈釐，墨子弟子，战国初人。

⑬段干生：一作"段干木"，战国初魏国学者，姓段干，名木。魏文侯曾赐予他爵禄官职，被他严词拒绝。

译文

卫国的端木叔，是子贡的后代。依靠他祖先的财产，家产达万金之多。但他不经营社会事务，却放纵自己追求享受。凡是人们想做的，人们想玩的，他没有不去做，没有不去玩的。他家的墙屋台榭、园囿池沼、饮食车服、美声妙乐、娇妻艳妾，几乎可与齐、楚两国的君主相比拟了。至于他情欲所喜好的，耳朵想听的，眼睛想看的，嘴巴想尝的，即便远在异国他乡，不是齐国本土所生产的东西，都非弄到手不可；就像是对待自家围墙里的东西一样。他外出游玩时，即使山川险阻，路途遥远，也非去不可，就像在咫尺之间走路一样。庭院里来自四方的宾客，每日数以百计，厨房里的烟火长久不熄，厅堂里的声乐从未断绝。奉养门客剩下的东西，先施散给宗族；施散给宗族剩下的东西，再施散给乡里；施散给乡里剩下的东西，又施散给全国的人民。到六十岁时，他的身体渐渐衰弱，于是抛弃家业，把一切库藏、珍珠宝石、车马衣服、少妇美女全部施散出去。一年之中，家产施散完尽，没给子孙留下一点儿财产。等到他生病时，没有求医问药的钱；到他死后，没有买棺安葬的钱。一国之中只要是受过他施舍的人得知后，都纷纷出钱，然后一起埋葬了他，又把钱财返还给了他的子孙。禽骨釐听说了这件事，骂道：“端木叔太狂妄了，把他的宗族都辱没了。”段干生听说了这件事，赞道：“端木叔真是为人通达，德行超过了他的祖先。他的所作所为，无不令人感到惊骇，但实在是符合自然之理的。卫国的君子大多以礼教来管束自己，当然不能领会端木叔的用心了。”

原文

孟孙阳问杨子曰[①]：“有人于此，贵生爱身，以蕲不死[②]，可乎？”曰：“理无不死。”“以蕲久生，可乎？”曰：“理无久生。生非贵之所能存，身非爱之所能厚。且久生奚为？五情好恶，古犹今也；四体安危，古犹今也；世事苦乐，古犹今也；变易治乱，古犹今也。既闻之矣，既见之矣，既更之矣[③]，百年犹厌其多，况久生之苦也乎？”孟孙阳曰：“若然，速亡愈于久生；则践锋刃，入汤火，得所志矣。”杨子曰：“不然。既生，

则废而任之④，究其所欲，以俟于死。将死，则废而任之，究其所之，以放于尽⑤。无不废，无不任，何遽迟速于其间乎⑥？”

注释

①孟孙阳：杨朱的弟子。

②蕲（qí）：通“祈”，祈求。

③更：经历。

④废：置之不理，有放纵的意思。

⑤放（fǎng）：到，至。

⑥遽（jù）：恐慌，焦急。

译文

孟孙阳问杨朱道：“如果有一个人，珍惜生命爱护身体，以求不死，能做到吗？”杨朱回答：“人没有不死的。”“以求长生，能办到吗？”杨朱回答：“人没有长生不老的。生命并不因珍惜就能长，身体并不因爱惜就能健壮。再说，要长生干什么呢？人的情感与好恶，古今无异；躯体四肢的安危，古今无异；人间世事的苦乐，古今无异；社会的变革治乱，古今无异。既然已经听说过了，已经见识过了，已经经历过了，活上一百年尚且嫌它太多，何况长久地活下去该有多痛苦？”孟孙阳说：“既然如此，早死要胜过长生；那么去上刀山，下火海，赴汤锅，就是满足愿望了。”杨朱答道：“并非如此。人既然存活于世，就听之任之，尽可能满足自己的欲望，以待死亡。将要死去，也不要顾忌那么多，顺其自然，什么时候死，任由他去，直至命终。没有什么是不能放弃的，没有什么是不能放任的，何必要为生命的长短而忧心呢？”

原文

杨朱曰："伯成子高不以一毫利物①，舍国而隐耕。大禹不以一身自利，一体偏枯②。古之人损一毫利天下不与也，悉天下奉一身不取也。人人不损一毫，人人不利天下，天下治矣。"禽子问杨朱曰③："去子体之一毛以济一世，汝为之乎？"杨子曰："世固非一毛之所济。"禽子曰："假济，为之乎？"杨子弗应。禽子出语孟孙阳。孟孙阳曰："子不达夫子之心，吾请言之。有侵若肌肤获万金者，若为之乎？"曰："为之。"孟孙阳曰："有断若一节得一国④，子为之乎？"禽子默然有间。孟孙阳曰："一毛微于肌肤，肌肤微于一节，省矣。然则积一毛以成肌肤，积肌肤以成一节。一毛固一体万分中之一物，奈何轻之乎？"禽子曰："吾不能所以答子。然则以子之言问老聃、关尹，则子言当矣；以吾言问大禹、墨翟，则吾言当矣。"孟孙阳因顾与其徒说他事。

注释

①伯成子高：即伯益，古代嬴姓各族的祖先，相传擅长畜牧和狩猎，被舜任命为虞（掌管山林之官）。一说他为禹所重用，曾因助禹治水有功，禹死后传位于他，但他拒绝不受，故下文说他"舍国而隐耕"。

②偏枯：亦称"半枯"或"偏瘫"，即半身不遂。

③禽子：即禽骨釐，属墨家学派，主兼爱，故文中有诘难杨朱"贵生"之语。

④一节：一段肢体。

译文

杨朱说："伯成子高不愿意拔一根毫毛来施惠万物，因此抛弃国家，隐居种田。大禹不愿为自身谋取利益，因此疲劳过度，半身不遂。古代的人，对于拔一根身上的毫毛为天下谋利的事，他不愿意去付出，对于把天下的所有财物来奉养他自身的事，他也不愿意去获取。人人都不拔下自己身上的一根毫毛，人人都不刻意为天下人谋取利益，那么天下就太平了。"禽骨釐问杨朱道："取你身上的一根毫毛来救助天下，你干吗?"杨朱回答："天下本就不是一根毫毛就可以救助的。"禽骨釐说："如果可以救助，你干吗?"杨朱默不作声。禽骨釐出门去告诉了孟孙阳。孟孙阳说："你没理解先生的用心，让我来谈谈吧。假设有人损伤你的肌肤而同时让你得到万金，你干吗?"禽骨釐回答："愿意干。"孟孙阳又问："假如有人砍断你一段肢体而同时让你得到一个国家的补偿，你愿干吗?"禽骨釐沉默了许久。孟孙阳接着说："一根毫毛轻于肌肤，肌肤又轻于一段肢体。这是毋庸置疑的。但一根根毫毛积累起来便构成了肌肤，一块块肌肤积累起来便构成了肢体。一根毫毛只占身体的万分之一，难道就能够轻视它吗?"禽骨釐说："我无言以对。但是用你这番话去问老聃、关尹，那么你所说的就是正确的；用我的一番话去问大禹、墨翟，那么我的话又是正确的。"孟孙阳听罢，就转过头去，和自己的同伴谈别的事去了。

原文

杨朱曰："天下之美归之舜、禹、周、孔[1]，天下之恶归之桀、纣。然而舜耕于河阳，陶于雷泽[2]，四体不得暂安，口腹不得美厚；父母之所不爱，弟妹之所不亲。行年三十，不告而娶。

及受尧之禅，年已长，智已衰。商钧不才[3]，禅位于禹，戚戚然以至于死：此天人之穷毒者也[4]。鲧治水土[5]，绩用不就，殛诸羽山[6]。禹纂业事仇[7]，惟荒土功[8]，子产不字[9]，过门不入；身体偏枯，手足胼胝[10]。及受舜禅，卑宫室[11]，美绂冕[12]，戚戚然以至于死：此天人之忧苦者也。武王既终，成王幼弱，周公摄天子之政。邵公不悦[13]，四国流言。居东三年，诛兄放弟[14]，仅免其身，戚戚然以至于死：此天人之危惧者也。孔子明帝王之道，应时君之聘，伐树于宋[15]，削迹于卫[16]，穷于商周[17]，围于陈、蔡[18]，受屈于季氏[19]，见辱于阳虎[20]，戚戚然以至于死：此天民之遑遽者也[21]。凡彼四圣者，生无一日之欢，死有万世之名。名者，固非实之所取也。虽称之弗知，虽赏之不知，与株块无以异矣。桀藉累世之资，居南面之尊，智足以距群下，威足以震海内；恣耳目之所娱，穷意虑之所为，熙熙然以至于死：此天民之逸荡者也。纣亦藉累世之资，居南面之尊；威无不行，志无不从；肆情于倾宫，纵欲于长夜；不以礼义自苦，熙熙然以至于诛：此天民之放纵者也。彼二凶也，生有从欲之欢，死被愚暴之名。实者，固非名之所与也。虽毁之不知，虽称之弗知，此与株块奚以异矣[22]。彼四圣虽美之所归，苦以至终，同归于死矣。彼二凶虽恶之所归，乐以至终，亦同归于死矣。”

注释

①周：周公旦，周文王之子，周武王之弟。

②陶：制造陶器。雷泽：古泽名，又称“雷夏”。

③商钧：舜的长子，因商钧才能不足，所以舜将王位禅让给了禹。

④天人：天子。穷毒：窘迫苦毒。

⑤鲧（gǔn）：同“鲧”，传说中上古时期的部落首领，为禹的父亲。

他曾奉尧命治水，因用筑堤堵塞的方法，九年未成，后被舜杀死在羽山。

⑥殛（jí）：诛杀。羽山：在今山东郯城东北。

⑦纂（zuǎn）：继承。仇：指有杀父之仇的人，即舜。

⑧荒：沉迷，这里指专心。

⑨不字：不加抚育。

⑩胼（pián）胝（zhī）：老茧。

⑪卑宫室：建造低矮的宫室。

⑫美绂（fú）冕：十分华美的祭服。

⑬邵公：姓姬，名奭，周代燕国的始祖。

⑭诛兄放弟：周公旦执政后，他的兄弟管叔鲜和蔡叔度心怀猜疑，便联手殷纣王之子武庚发动叛乱。周公奉命讨伐，将管叔和武庚诛杀，将蔡叔放逐，三年平定了内乱，故云“诛兄放弟”。

⑮伐树于宋：《史记·孔子世家》：“孔子去曹，适宋，与弟子习礼大树下。宋司马桓魋（tuí）欲杀孔子，拔其树。”

⑯削迹于卫：《史记·孔子世家》载，孔子适卫，卫灵公“致粟六万”，不久，有人在灵公前诽谤孔子，灵公便派兵在孔子家中出入，以威胁孔子。“孔子恐获罪焉，居十日，去卫。”其后一度被聘请，但“灵公老，怠于政，不用孔子”。孔子又逃离了卫国。

⑰穷于商周：孔子去陈国，途经匡。匡人曾遭受鲁国阳虎的暴凌，见孔子貌似阳虎，便误将他抓住，囚禁了五天。穷，这里指困厄。商周，古地名，即今河南商丘一带的商朝旧地。这里专指“匡”。

⑱围于陈、蔡：孔子应聘游楚，陈、蔡两国大夫一道出兵把孔子围困在陈、蔡之间的野地里。

⑲受屈于季氏：孔子曾经被任用为季氏手下管理牲畜的小官，所以说“受屈”。

⑳阳虎：鲁国季氏的家臣，事季平子。

㉑天民：有道之民，但后文的“天民”是指天子。遑遽：惶恐慌张。

㉒株块：泛指土木。

译文

杨朱说："天下的美名都归虞舜、夏禹、周公、孔子所有，天下的恶名都归夏桀、殷纣所有。然而以前虞舜在河阳耕种、在雷泽制陶的时候，身体得不到片刻的清闲，嘴巴、肚子也得不到美味的食物；父母不疼爱他，弟弟妹妹不亲近他。三十而立那年，没有禀告父母就擅自娶了妻子。待到接受尧的禅让时，年事已高，智力已衰。他的儿子商钧没有治国的才能，他只好把帝位禅让给大禹，忧郁地直到死去：这真是天底下遭受苦难最多的人啊。鲧治理洪水，没有取得成绩，被舜杀死在羽山。大禹继承他的事业，替杀父仇人做事，专心治理洪水，孩子出生了他不去抚育，三次路过家门他不进；以至于把自己累成半身不遂，手足都长满老茧。待到接受舜的禅让登上帝位后，为了节俭而住低矮的宫室，却为祭祀鬼神制作华美的冠服，忧心忡忡地直到老死：这真是天底下遭受忧愁痛苦最多的人啊。周武王去世后，成王尚且年幼，他叔父周公旦便代行天子的政令。邵公疑心周公篡权而心怀怨恨，四处散播对周公旦不利的流言蜚语。周公旦因此避居东都洛阳三年，后来诛杀了谋反的哥哥，放逐了叛乱的弟弟，才保全自身免受其害，惶恐不安地直到死去：这真是天底下最担惊受怕的人啊。孔子深谙治国的道理，受到当时君主的聘请，却在宋国遭到大司马桓魋砍倒大树的威胁，只得仓皇出国；又在卫国遭到别人造谣中伤，只得销声隐迹；曾被囚禁在商周地方，被围困在陈、蔡之间，受季氏的委屈，遭阳虎的辱骂，忧心戚戚地直到死去：这真是天底下最凄苦困窘的人啊。以上这四位圣人，生前没有一天快乐，死后却获得了万世名声。所谓名声，本不是实际所需。死了以后，即使得到赞赏，他也不知道；即使得到奖赏，他也不晓得，和树桩土块没什么两样。夏桀凭靠祖宗的基业，身居高贵的帝王之位，智谋足以抗衡群臣，声威足以震慑海内；恣意享受耳目的欢娱，为所欲为，安闲快活地直到死去：这真是天底下最奢逸放纵的人啊。殷纣也借着祖宗的基业，身居高贵的帝王之位；威令没有人敢不实行，意志没有人敢不顺从；在深宫后庭中纵情享乐，在漫漫长夜中放纵情欲；不拿礼义来管束自己，快活恣意地直到死去：这真是天底下最放荡任性的人啊。以上两个凶残邪恶的家伙，生前纵情欢乐，死后背上愚昧残暴的恶名。所谓实际，本不是名声所能给予的。即使遭到谴责也不知道，即使遭到惩罚也不晓得，这和树桩土块没什么两样。那四位圣人贤者虽然得到天下人的赞颂，但是劳苦艰难一生直至终老，最终都归于死亡。那两个凶徒虽然得到天下人的痛恨，却欢乐快活一生直至终老，最终也不过同样归于死亡。”

原文

杨朱见梁王①，言治天下如运诸掌②。梁王曰：“先生有一妻一妾而不能治，三亩之园而不能芸③；而言治天下如运诸掌，何也?”对曰：“君见其牧羊者乎? 百羊而群，使五尺童子荷箠而随之④，欲东而东，欲西而西。使尧牵一羊，舜荷箠而随之，则不能前矣。且臣闻之：吞舟之鱼不游枝流；鸿鹄高飞，不集洿池⑤。何则? 其极远也⑥。黄钟大吕不可从烦奏之舞⑦，何则? 其音疏也。将治大者不治细，成大功者不成小，此之谓矣。”

注释

①梁王：即梁惠王，战国时魏国国君。

②诸：“之于”的合音。

③芸：通“耘”，铲草。

④荷（hè）：扛，拿。箠：鞭子。

⑤洿（wū）池：水停积不流的坑。洿，停积不流的水。

⑥其极远也：一说当作“其志极远也”。

⑦黄钟大吕：分别为古代十二律中的第一、第二律，音频很低，发声舒缓。烦奏之舞：用繁促复杂的音乐伴奏的舞蹈，即节奏紧促的舞蹈。

译文

杨朱觐见梁惠王，自称治理天下非常简单就像玩弄东西于手掌之中。梁惠王说："你自己家里的妻妾都不能管教得当，三亩菜园尚且耕耘不好；却自称治理天下简单得像在手掌中玩弄东西一样，这是什么道理？"杨朱回答："大王看到过牧羊人吗？上百头羊聚集在一起，让一个五尺高的孩童提着鞭子跟在羊群后面，让它们朝东就朝东，让它们向西就向西。假若让尧领一头羊走在前面，让舜提着鞭子跟在后面，那便寸步难移。我还听说：吞得下船只的大鱼，不在小河里漫游；腾飞于高空的鸿雁，不在水塘边栖息。这是什么道理呢？因为它们的志向十分远大。黄钟大吕的音律不能为节奏紧促的舞蹈伴奏，这是什么道理呢？因为它们的声音相当舒缓。将要治理国家大事的人不去做小事，要成就大业的人不建立小业，说的就是这个道理呀。"

原文

杨朱曰："太古之事灭矣，孰志之哉？三皇之事若存若亡，五帝之事若觉若梦，三王之事或隐或显，亿不识一。当身之事或闻或见，万不识一。目前之事或存或废，千不识一。太古至于今日，年数固不可胜纪。但伏羲已来三十余万岁①，贤愚、好丑，成败、是非，无不消灭；但迟速之间耳。矜一时之毁誉②，以焦苦其神形，要死后数百年中余名③，岂足润枯骨？何生之乐哉？"

注释

①但：仅仅，只。

②矜：顾惜，慎重。

③要：追求。

译文

杨朱说："远古时期发生的事情早就湮灭了，谁还记得呢？三皇时期的事情至今似有若无，五帝时代的事情至今令人如梦似醒，三王时代的事情至今似隐若现，这些事人们知道的不足亿分之一。当代的事情或闻或见，这些事情人们知道的却不到万分之一。眼前所见或存或废，这些事人们知道的不够千分之一。从太古至今，年头本就无法估量。从伏羲到现在就已三十多万年，此中的贤良、愚蠢、美好、丑陋，成败、是非，无不消亡毁灭；只不过时间或迟或早罢了。顾惜一时的荣誉诽谤，使身心陷于焦虑困苦，以追求去世后数百年中留下的名声，难道名声可以滋润枯朽的死人骨吗？这样活着又有什么乐趣呢？"

原文

杨朱曰："人肖天地之类①，怀五常之性②，有生之最灵者也。人者，爪牙不足以供守卫，肌肤不足以自捍御，趋走不足以从利逃害，无毛羽以御寒暑，必将资物以为养，任智而不恃力。故智之所贵，存我为贵；力之所贱，侵物为贱。然身非我有也，既生，不得不全之；物非我有也，既有，不得而去之。身固生之主，物亦养之主。虽全生，不可有其身；虽不去物，

不可有其物。有其物，有其身，是横私天下之身③，横私天下之物。不横私天下之身，不横私天下物者，其唯圣人乎！公天下之身，公天下之物，其唯至人矣！此之谓至至者也④。”

注释

①肖：好像。

②五常：人常有的五种品德，是自然界金、木、水、火、土五行之性的反映，五常即仁、义、礼、智、信。

③横（hèng）：粗暴，颠覆正理。

④至至：道德的最高境界。

译文

杨朱说："人类就像天地一样具有阴阳之分，禀受万物的五常之性，是万物中最有灵性的种类。人的指甲、牙齿不足以用来保卫自身，肌肉和皮肤不足以用来抵御外侵，快跑疾走不足以趋利避害，身上没有皮毛羽翼来防寒避暑，就必定要依靠外物来供养自身，使用智慧而不倚仗蛮力。因此，智慧之所以高贵，在于保全自身；力气之所以低贱，在于它会使我们侵犯外物。但是，身体并不归个人所有，既然得以生存，就不得不保护它；外物也不归个人所有，既然已经拥有了，就不必舍弃它。身体固然是生命的主体，外物也是供养生命的主体。虽然保护了生命，但不可因此占有自己的身体；虽然不必舍弃外物，但不可因此占有那些外物。占有外物，占有身体，便是将归于天下的外物和身体无理地占为己有。不无理地占有属于天下的身体和外物，大概只有圣人才可以做到吧！把归于天下的身体和外物化为公有，大概只有圣人才能做到吧！这就叫作道德达到最高境界的人啊。"

原文

杨朱曰："生民之不得休息，为四事故：一为寿，二为名，三为位，四为货。有此四者，畏鬼，畏人，畏威，畏刑：此谓之遁民也[①]。可杀可活，制命在外。不逆命，何羡寿？不矜贵，何羡名？不要势，何羡位？不贪富，何羡货？此之谓顺民也。天下无对，制命在内。故语有之曰：'人不婚宦，情欲失半；人不衣食，君臣道息。'周谚曰：'田父可坐杀。'晨出夜入，自以性之恒；啜菽茹藿[②]，自以味之极；肌肉粗厚，筋节腃急[③]，一朝处以柔毛绨幕[④]，荐以粱肉兰橘[⑤]，心痟体烦[⑥]，内热生病矣。商鲁之君与田父侔地[⑦]，则亦不盈一时而惫矣。故野人之所安，野人之所美，谓天下无过者。昔者宋国有田夫，常衣缊黂[⑧]，仅以过冬。暨春东作[⑨]，自曝于日，不知天下之有广厦隩室[⑩]，绵纩狐貉[⑪]。顾谓其妻曰：'负日之暄，人莫知者；以献吾君，将有重赏。'里之富室告之曰：'昔人有美戎菽，甘枲茎芹萍子者[⑫]，对乡豪称之。乡豪取而尝之，蜇于口，惨于腹，众哂而怨之，其人大惭。子，此类也。'"

注释

①遁民：违反自然本性的人。

②菽：豆类。茹：吃。藿：豆叶。

③腃（quán）急：蜷曲紧张。

④绨：丝织品的一种。

⑤粱肉：指精致美好的膳食。粱，通"梁"。兰橘：香甜的橘子，这

里指香甜的果子。

⑥痛（yuān）：忧郁。

⑦商：指春秋时的宋国，为商代的后裔，故称。侔地：一样耕地。侔，相等，一样。

⑧缊黂（fén）：麻絮衣。

⑨东作：古代五行学说以东方为木、为春，东作即春天农作。

⑩隩（yù）：通“燠”，暖，热。

⑪绵：丝绵。纩（kuàng）：絮衣服用的新丝绵。

⑫枲（xǐ）：麻。芹：芹菜。萍子：蒿苗，有青蒿、白蒿等。

译文

杨朱说：“人们之所以无法休息，是为了四件事的缘故：一是为了长寿，二是为了名誉，三是为了地位，四是为了财物。有了这四件事，人们就会畏惧鬼，畏惧人，畏惧权势，畏惧刑罚：这类人就是违背自然本性的人。或者死亡或者生存，他们的命运被外界支配。不违背天命，又何必羡慕长寿？不重视显贵，又何必爱慕名声？不追求权贵，又何必爱慕地位？不贪图富贵，又何必爱慕资财？这叫作顺从自然本性的人。这类人天下无敌，命运可以由自身来掌控。所以俗话说：‘如果人不结婚、不当官，七情六欲就会减半；如果人不穿衣、不吃饭，君臣之道就会被切断。’周代的谚语说：‘闲坐闷煞老农夫。’农夫们披星戴月地农作，对此也习以为常；喝豆粥，嚼豆叶，也自认为吃的是美味极品；他们皮糙肉厚，青筋暴露，骨节突出，可一旦让他们披上柔软舒适的毛皮，躺在绸缎的帐子里，享用精美的饭菜、甜美的果子，他们反而会感到心神不宁，以至于患上疾病。假使宋国和鲁国的君主与农夫一样耕地，那没多久也就身心俱疲了。所以田野农夫喜爱的食物，自以为是天下没有比这更好的了。从前宋国有一个农夫，总是穿乱麻破絮的衣服，勉强过冬。春天到了，他便下地耕作，让自己在太阳底下暴晒，不知道天底下还有高楼大厦、冬暖夏凉的房屋，也不知道有丝绸棉衣与狐貉皮裘。他转过头对妻子说：‘通过晒太阳来取暖的方法，没人知道；如果我将此方法告诉国君，肯定会得到重赏。’同乡的富人对他说：‘以前有人自以为大豆、麻茎、芹菜与蒿苗是天下最甘美的食物，对乡里富豪赞叹它们。富豪们拿来品尝，结果嘴巴被刺破，肚子也疼痛起来，大家都嘲弄并埋怨那个人，那个人也觉得十分惭愧。而你，就是这种人。’”

原文

杨朱曰：“丰屋美服，厚味姣色，有此四者，何求于外？有此而求外者，无厌之性。无厌之性，阴阳之蠹也①。忠不足以安君，适足以危身；义不足以利物，适足以害生。安上不由于忠，而忠名灭焉；利物不由于义，而义名绝焉。君臣皆安，物我兼利，古之道也。鬻子曰：‘去名者无忧。’老子曰：‘名者实之宾。’而悠悠者趋名不已②。名固不可去？名固不可宾邪？今有名则尊荣，亡名则卑辱。尊荣则逸乐，卑辱则忧苦。忧苦，犯性者也；逸乐，顺性者也。斯实之所系矣。名胡可去？名胡可宾？但恶夫守名而累实。守名而累实，将恤危亡之不救，岂徒逸乐忧苦之间哉？”

注释

①蠹（dù）：蛀虫。引申以喻世间祸害。

②悠悠者：众多的人。

译文

杨朱说："高大的房屋，美丽的服装，丰盛的美食，姣好的女色，有了这四样，还用向外寻求吗？有了这些还要向外寻求的人，人性实在是贪得无厌。贪得无厌的人性，是世间的祸害。忠诚不足以保护君主的安定，却恰恰会危及自身；仁义不足以让外物获利，却恰恰足以伤及性命。保护君主不依靠忠诚，那么忠诚的名声就灭绝了；施惠外物不凭借仁义，那么仁义的名声就消亡了。君主与臣下都得以安身，外物和自身同时获益，这就是古代的行事准则。鬻子说：'摒弃名声的人无所忧愁。'老子说：'名声是实体的附庸。'但芸芸众生仍然在不懈地追求名声。名声本就不可抛弃吗？名声本就不可当作附属吗？现在有名声的人就显贵荣耀，没有名声的人就低贱卑下。显贵荣耀，就能安逸快乐；低贱卑下，就整日忧愁困苦。忧愁困苦，违反了人的本性；安逸快乐，符合人的本性。这样看来，名声倒是实体所依赖的了。名声怎么能够抛弃？名声怎么可以做附庸呢？只不过厌弃那些死守名声甚至危害到了实体的行为罢了。死守名声以至于危害到实体，未来就要担忧世事的危险存亡、无法拯救，这难道仅仅只是安逸快乐与忧愁困苦这二者之间的事吗？"

说符第八

原文

子列子学于壶丘子林。壶丘子林曰：“子知持后，则可言持身矣。”列子曰：“愿闻持后[1]。”曰：“顾若影，则知之。”列子顾而观影：形枉则影曲[2]，形直则影正。然则枉直随形而不在影，屈申任物而不在我，此之谓持后而处先。关尹谓子列子曰：“言美则响美，言恶则响恶；身长则影长，身短则影短。名也者，响也；身也者，影也。故曰：慎尔言，将有和之；慎尔行，将有随之。是故圣人见出以知入，观往以知来，此其所以先知之理也。度在身[3]，稽在人。人爱我，我必爱之；人恶我，我必恶之。汤武爱天下，故王；桀、纣恶天下，故亡，此所稽也。稽度皆明而不道也，譬之出不由门，行不从径也。以是求利，不亦难乎？尝观之神农、有炎之德[4]，稽之虞、夏、商、周之书[5]，度诸法士贤人之言[6]，所以存亡废兴而非由此道者，未之有也。”严恢曰[7]：“所为问道者为富。今得珠亦富矣，安用道？”子列子曰：“桀纣唯重利而轻道，是以亡。幸哉余未汝语也。人而无义，唯食而已，是鸡狗也。强食靡角[8]，胜者为制，是禽兽也。为鸡狗禽兽矣，而欲人之尊己，不可得也。人不尊己，则危辱及之矣。”

注释

①持后：保持谦卑，不与人争先。

②枉：弯曲。

③度：法度或度量标准。

④神农：古代传说中农业和医药的发明者。有炎：炎帝，传说中上古姜姓部族首领，号烈山氏，一作厉山氏。一说，神农氏即为炎帝。

⑤虞：有虞氏，即舜。

⑥度（duó）：推测，揣度。法士：推崇法治的人士。

⑦严恢：人名。

⑧强（qiǎng）食靡角：为争夺食物而相互角斗。强，使用强力。靡角，当指以角相斗，即角斗。靡，通“摩”。

译文

列子向壶丘子林学习道术。壶丘子林说：“你知道保持谦让，才能称得上修身。”列子说：“愿恭听您谈谈保持谦让的道理。”壶丘子林说：“回头看一看自己的影子，就知道了。”列子回头观察自己的影子：影子随着身体弯曲而弯曲，随着身体挺直而挺直。由此看来，影子或弯或直取决于身体的动作，而不取决于影子本身，人处世的窘迫或通达取决于外物的制约，而不取决于自我的主观意志，这就是保持谦让才能使自己获得领先的道理。关尹对列子说：“言辞美妙，回音就美好；言辞丑恶，回音就粗鄙；身材修长，影子就修长；身材短小，影子就短小。名声就等于回音；举止就等于身影。所以说：小心你的言论，将有它的回声应和；谨慎你的作为，将有它的影子跟从。因此，圣人听到言论就能知道回响，观察以往的行为便可推测未来的命运，这正是圣人能够先知先觉的缘故。掌握行为法度在于个人，而验证它的客观效果却在于旁人。他人敬重我，我必定敬重他；他人憎恨我，我必定憎恨他。成汤、周武因为爱戴天下百姓，所以称王天下；夏桀、商纣因为厌恶天下百姓，所以亡国。这就是历史验证的结果。客观的验证和自身的法度都已明确而又不践行它，这正如外出不经过门口，行走不沿着道路一样。凭借这种违背常理的方法去求得利益，不是很难做到吗？我曾考察了神农与炎帝的德行，验证了虞舜、夏禹、商汤、周武的典籍，思量了那些崇法之士和贤明之人的言论，发现存亡兴废不遵照这条规律的朝代，在历史上是不会长久的。”严恢说：“那些学道的人只为了富有。如今我获得金珠财宝就能富有，何必用什么道呢？”列子回答：“夏桀、商纣只重视财富利益而轻视道，所以身死亡国。幸亏我还不曾对你说呢。生而为人却不懂得道义，只知道吃喝，就如同鸡狗。为了争食，相互角斗，胜者为王，这不过是禽兽罢了。干出鸡狗禽兽一般的勾当，却期望别人尊重自己，这根本不可能。等到人们都不尊重自己的时候，那么灾祸耻辱就临头了。”

原文

列子学射中矣①，请于关尹子②。尹子曰：“子知子之所以中者乎？”对曰：“弗知也。”关尹子曰：“未可。”退而习之。三年，又以报关尹子。尹子曰：“子知子之所以中乎？”列子曰：“知之矣。”关尹子曰：“可矣，守而勿失也。非独射也，为国与身亦皆如之。故圣人不察存亡而察其所以然。”

注释

①中：指射箭射中靶心。

②请：请教，请示。

译文

列子练习射箭已经能够射中靶心，便去请教关尹子。关尹子说："你知道你为什么能射中靶心吗？"列子回答："不知道。"关尹子说："那你的箭术还没到火候。"于是列子回家反复练习。过了三年，再去请教关尹子。关尹子问："现在你知道为什么能射中了吗？"列子回答："知道了。"关尹子说："可以了，牢记其中的道理不要违反它。不仅是射箭，治国和修身也都是如此。因此圣人不拘泥于观察事物存亡成败的表象，而要考究造成存亡成败的内在原因。"

原文

列子曰："色盛者骄①，力盛者奋②，未可以语道也。故不班白语道③，失，而况行之乎？故自奋则人莫之告。人莫之告，则孤而无辅矣。贤者任人，故年老而不衰，智尽而不乱。故治国之难在于知贤而不在自贤④。"

注释

①色：指气色、血气。

②奋：此处谓外强中干。

③班白：同"斑白"，指老年人头发花白。班，同"斑"。

④自贤：自以为贤，意即依赖个人的智慧和才能。

译文

列子说："血气方刚的人通常骄傲，体力充沛的人大都激愤，都无法同他们谈论道理。所以头发尚未花白的人来谈道，总是丧失道的本意，更何况去践行它呢？所以骄傲激愤的人，谁也不会去劝告。而无人来劝告，就变得孤立无援了。贤明的人知人善任，所以自己即使年老，治事的能力也不会衰退，智慧虽已耗尽，但思想并不迷乱。因此，治理国家难在能否知人善任，而不在于依赖个人的贤能。"

原文

宋人有为其君以玉为楮叶者[①]，三年而成。锋杀茎柯[②]，毫芒繁泽[③]，乱之楮叶中而不可别也。此人遂以巧食宋国[④]。子列子闻之，曰："使天地之生物，三年而成一叶，则物之有叶者寡矣。故圣人恃道化而不恃智巧。"

注释

①楮（chǔ）叶：构树叶。与桑叶相似，多有涩毛。

②锋杀（shài）茎柯：谓楮叶上茎脉和叶柄肥瘦得当，非常逼真。锋杀，亦作"丰杀"，意即"增减"，引申为肥瘦、大小。

③毫芒繁泽：谓楮叶上的细毛茂密而有光泽。

④食：指俸禄。此有获得俸禄之意。

译文

宋国有人用玉石来为君主雕刻楮树叶，过了三年才完成。茎脉和叶柄肥瘦得当，叶毛密布而有光泽，即使放在真的楮树叶中也难以分辨。这个人便凭此雕刻技术赢得了宋国的俸禄。列子听说此事，说："如果天地生育万物，需要三年才生长出一片叶子，那么有叶子的树木就很少了。所以圣人凭借自然规律来推行教化，而不是倚仗个人的智巧。"

原文

子列子穷，容貌有饥色。客有言之郑子阳者曰①："列御寇盖有道之士也，居君之国而穷，君无乃为不好士乎②？"郑子阳即令官遗之粟③。子列子出见使者，再拜而辞。使者去。子列子入，其妻望之而拊心曰④："妾闻为有道者之妻子皆得佚乐，今有饥色，君过而遗先生食⑤。先生不受，岂不命也哉？"子列子笑谓之曰："君非自知我也。以人之言而遗我粟，至其罪我也，又且以人之言，此吾所以不受也。"其卒⑥，民果作难而杀子阳。

注释

①子阳：人名，郑国之相。

②无乃：难不成。

③遗（wèi）：馈赠。

④望：埋怨，责怪。拊心：拍打胸口，表示恼怒的样子。

⑤过：探望，这里意为对待、款待。

⑥其卒：后来，最终。

译文

列子十分穷困，面露饥色。有门客对郑国国相子阳说："列御寇原是有道德的人才，在您的国家居住却过得贫困不堪，难道您不爱惜有才能的人吗？"子阳听后，当即派遣官员给列子送去粮食。列子出来见了使者，再三叩拜谢绝了赠送的粮食。使者离开了。列子走进内室，妻子怨恨地望着他，捶着胸口说："我听说有道之士的妻子儿女都能过上安乐的生活，现在却穷得面黄肌瘦，国相以礼相待，将粮食赠给你。你却不肯接纳，难道我的命就这样苦吗？"列子笑着对她说："并不是国相自发赏识我。他定是听从别人的话而送我粮食，将来也可能听从别人的话而加罪于我，这就是我不愿接受粮食的缘故。"后来，郑国的百姓果然发动叛乱而杀掉了子阳。

原文

鲁施氏有二子，其一好学，其一好兵。好学者以术干齐侯[1]，齐侯纳之，以为诸公子之傅[2]。好兵者之楚，以法干楚王[3]；王悦之，以为军正[4]。禄富其家，爵荣其亲。施氏之邻人孟氏同有二子，所业亦同，而窘于贫。羡施氏之有，因从请进趋之方。二子以实告孟氏。孟氏之一子之秦，以术干秦王。秦王曰："当今诸侯力争，所务兵食而已。若用仁义治吾国，是灭亡之道。"遂宫而放之[5]。其一子之卫，以法干卫侯。卫侯曰："吾弱国也，而摄乎大国之间[6]。大国吾事之，小国吾抚之，是求安之道。若赖兵权[7]，灭亡可待矣。若全而归之，适于他国，为吾之患不轻矣。"遂刖之[8]，而还诸鲁。既反，孟氏之父子叩胸而让施氏[9]。施氏曰："凡得时者昌，失时者亡。子道与吾同，

而功与吾异，失时者也，非行之谬也。且天下理无常是，事无常非。先日所用，今或弃之；今之所弃，后或用之。此用与不用，无定是非也。投隙抵时⑩，应事无方，属乎智。智苟不足，使若博如孔丘，术如吕尚⑪，焉往而不穷哉?”孟氏父子舍然无愠容⑫，曰：“吾知之矣。子勿重言!”

注释

①干：谋求。

②傅：指老师。

③法：指兵法。

④军正：军队中掌管法律的官长。

⑤宫：宫刑，也称腐刑，是使人丧失生育能力的一种刑罚。放：放逐。

⑥摄：胁迫，夹迫。

⑦兵权：用兵的权谋、策略。

⑧刖（yuè）：断足，古代的一种酷刑。

⑨叩胸：拊心，拍打胸口，表示恼怒。让：责备。

⑩投隙抵时：顺应时机，抓住机遇。投，犹迎合。隙，机会。抵，到达。时，适时。

⑪吕尚：即姜太公，周代齐国的始祖。传说他智勇双全，精通兵法，曾辅助周武王灭商有功。

⑫愠（yùn）容：含怒、怨愤的表情。

译文

鲁国姓施的人家有两个儿子，一个喜欢儒学，一个爱好军事。喜欢儒学的以学术向齐侯那里谋求任用，齐侯任用了他，命他担任公子们的老师。爱好军事的儿子去往楚国，以兵法向楚王谋求官职；楚王很欣赏他，令他担任军队中掌管法律的官长。于是他们的俸禄使家庭富裕，他们的官爵让亲戚们深感荣耀。施家的邻居孟家也有两个儿子，所学也与施家两个儿子相同，却陷于贫困的窘境。他们十分艳羡施家的富有，便前去讨教谋求功名的方法。施家二子将实际情况向他们一一说明。孟家的一个儿子前往秦国，以学术向秦王谋求任用。秦王说："如今诸侯凭借武力争夺天下，当务之急在于预备兵马粮草。如果用仁义来治理我的国家，一定是一条自取灭亡的道路。"于是对他处以宫刑，而后释放了他。另一个儿子前往卫国，以兵法向卫侯以求任用。卫侯说："我们是一个弱国，却夹在强国中间苟且生存。对于强国，我们要侍奉它；对于弱国，我们需要安抚它，这才是谋求国家安全的办法。如果依靠兵法策略，那么亡国是迟早的事。假使放你全身而退，你去了其他国家，必定会给我国造成不小的威胁。"于是将他的双脚砍断才放回鲁国。两个儿子返回家后，孟氏父子捶胸顿足地跑去责怪施家。施氏说："凡是顺应时机的就昌盛，违背时机的就灭亡。你们谋求官职的方法与我们相同，但是结果却和我们不同，这是违逆时机的缘故，并非你们的做法有误。况且，天下本无永远正确的道理，也没有永远错误的道理。以前所采纳的，现在可能就会被遗弃；现在被遗弃的，未来可能还被采纳。这里头的或有用或弃用并没有一定的是非对错。迎合时机，及时行动，应对事变，不拘泥于成法，才是有智谋的表现。如果智谋不足，即使你如孔子一般博学多才，如姜太公一般善用兵法，到哪里不会碰壁呢？"孟家父子顿时释然，怒气全消，并说："我们明白了。您不必再说了！"

原文

晋文公出会[1]，欲伐卫，公子锄仰天而笑。公问何笑。曰："臣笑邻之人有送其妻适私家者[2]，道见桑妇，悦而与言。然顾视其妻，亦有招之者矣。臣窃笑此也。"公寤其言[3]，乃止。引师而还，未至，而有伐其北鄙者矣[4]。

注释

①晋文公：春秋时晋国国君，名重耳，曾在践土称霸诸侯。

②私家：娘家，也指姊妹夫家。

③寤：领悟。

④鄙：边境地区。

译文

晋文公出兵会师，打算进攻卫国，公子锄在一旁仰天大笑。晋文公问他笑什么。他说："我笑我的邻居，他送妻子回娘家，途中遇见一个采桑的妇人，心生好感，就同她攀谈起来。然而回头再看自己的妻子，也正有其他男人在招引她。我暗自笑这件事呢。"晋文公领会了他话中的含义，于是搁置了出兵的计划。当他率领军队回国，还没有抵达，就发现果真有别的国家正举兵侵犯晋国的北部边境。

原文

晋国苦盗。有郄雍者①，能视盗之貌，察其眉睫之间，而得其情。晋侯使视盗，千百无遗一焉。晋侯大喜，告赵文子曰②："吾得一人，而一国盗为尽矣，奚用多为？"文子曰："吾君恃伺察而得盗，盗不尽矣，且郄雍必不得其死焉。"俄而群盗谋曰："吾所穷者，郄雍也。"遂共盗而残之③。晋侯闻而大骇，立召文子而告之曰："果如子言，郄雍死矣！然取盗何方？"文子曰："周谚有言：察见渊鱼者不祥，智料隐匿者有殃④。且君欲无盗，

莫若举贤而任之；使教明于上，化行于下，民有耻心，则何盗之为？”于是用随会知政⑤，而群盗奔秦焉。

注释

①郄雍：人名。

②文子：姓辛，名钘，老子的弟子。

③残：残害。

④智料：以智力来预测。

⑤随会：人名。知政：主持政事。

译文

晋国苦于盗贼之患。有个叫郄雍的人，能够识别强盗的形貌，只要观察他们的神色就能获得实情。晋侯便派他去识别强盗，辨认了千百个，其中无一遗漏的。晋侯大为惊喜，告诉赵国的文子说：“我得到一个人，全国的强盗几乎都被铲除干净了，还要用那么多捉捕盗贼的人干什么呢？”文子说：“主上凭借窥伺观察来捉拿强盗，强盗是捉不完的，而且郄雍一定死得很难看。”过了不久，强盗们会集商讨说：“郄雍已经把我们逼得走投无路了。”于是他们一起绑架郄雍并将他杀害了。晋侯听闻这个消息大为惊骇，马上召见文子，对他说：“确实像你说的那样，郄雍被杀了！然而究竟用什么办法来捉拿强盗呢？”文子说：“周人的谚语说：眼力可以看见深潭中游鱼的人必定不祥，以智慧能预料藏匿者的人必有灾殃。如果您想化解盗贼之害，不如选拔有贤德的人加以重用；于上政教昌明，于下教化风气，人民有了羞耻之心，还会去做强盗吗？”于是，晋侯便任用随会主持政事，强盗就纷纷逃往秦国去了。

原文

孔子自卫反鲁，息驾乎河梁而观焉。有悬水三十仞，圜流九十里，鱼鳖弗能游，鼋鼍弗能居，有一丈夫方将厉之[①]。孔子使人并涯止之[②]，曰："此悬水三十仞，圜流九十里，鱼鳖弗能游，鼋鼍弗能居也。意者难可以济乎?"丈夫不以错意[③]，遂度而出。孔子问之曰："巧乎?有道术乎?所以能入而出者，何也?"丈夫对曰："始吾之入也，先以忠信；及吾之出也，又从以忠信。忠信错吾躯于波流[④]，而吾不敢用私，所以能入而复出者，以此也。"孔子谓弟子曰："二三子识之！水且犹可以忠信诚身亲之，而况人乎?"

注释

①厉：涉水。

②并涯：沿着河岸。

③错意：留意，注意。

④错：通"措"，安置。

译文

孔子从卫国回鲁国，车马在河梁上歇息，他则下车眺望景色。只见眼前的瀑布从三十仞的高处飞泻而下，激起的漩涡有九十里，鱼鳖都不能在其中游动，鼋鼍不能在其中停留，但他看到一名男子正要涉水泅渡。孔子连忙派人沿着河岸去阻止他，说："这瀑布有三十仞高，漩涡达九十里，鱼鳖不能游动，鼋鼍不能停留。恐怕你很难渡过去吧？”那男子并不在意，于是渡过湍急的河水并很快上了岸。孔子问他说：“你是靠技巧吗？你有什么道术吗？你能在水中出入自如，这是什么道理呢？”那男人回答说：“我刚潜入水中时，就抱着忠诚的信念；等到我从水里浮出来的时候，仍抱着忠诚的信念。忠诚的信念让我安置在汹涌的波涛中，而我不敢有任何私心杂念，之所以能入水又能出水，就是这个道理。”孔子对弟子们说：“你们要记住！连水都能以忠信而亲近它，更何况是人呢？”

原文

白公问孔子曰[①]：“人可与微言乎[②]？”孔子不应。白公问曰：“若以石投水，何如？”孔子曰：“吴之善没者能取之。”曰：“若以水投水，何如？”孔子曰：“淄、渑之合[③]，易牙尝而知之[④]。”白公曰：“人固不可与微言乎？”孔子曰：“何为不可？唯知言之谓者乎！夫知言之谓者，不以言言也。争鱼者濡[⑤]，逐兽者趋，非乐之也。故至言去言，至为无为。夫浅知之所争者末矣。”白公不得已，遂死于浴室。

注释

①白公：春秋时期楚国大夫，名胜，平王之孙，太子建之子。

②微言：秘密之言，即密谋。

③淄、渑：皆为水名，在今山东境内。

④易牙：春秋时齐国人，长于辨味，曾以滋味说桓公，甚见亲近。

⑤濡（rú）：沾湿。

译文

白公问孔子道："可以与人秘密谋划吗？"孔子没有回答。白公说："把石头投入水中，会怎么样？"孔子说："善于潜水的人就可以得到。"白公说："把水倒入水中，又会怎么样？"孔子说："淄水、渑水汇合在一起，易牙只要尝一尝就能分辨出来。"白公道："如此看来，是不能与人讲隐秘之言了？"孔子说："有什么不能的呢？但是只有领会言谈中的真实含义才可以啊！所谓领会言谈中的真实含义，就是不用言语表达。捕鱼的人会被水沾湿衣服，追逐野兽的人需要拼命奔跑，但并不是他们甘愿去沾湿衣服或者奔跑。所以，最高境界的言论是抛弃言论，最高境界的行为是无所作为。见识短浅的人所争论的都是些细枝末节而已。"白公无法阻止自己密谋造反的念头，最终被迫死在浴室中。

原文

赵襄子使新穉穆子攻翟①，胜之，取左人、中人②；使遽人来谒之③。襄子方食而有忧色。左右曰："一朝而两城下，此人之所喜也；今君有忧色。何也？"襄子曰："夫江河之大也，不过三日；飘风暴雨不终朝④，日中不须臾。今赵氏之德行无所施于积，一朝而两城下，亡其及我哉！"孔子闻之曰："赵氏其昌乎！夫忧者所以为昌也，喜者所以为亡也。胜非其难者也，持之⑤，其难者也。贤主以此持胜，故其福及后世。齐、楚、吴、越皆尝胜矣，然卒取亡焉，不达乎持胜也⑥。唯有道之主为能持胜。"孔子之劲能拓国门之关⑦，而不肯以力闻。墨子为守攻，公输般服，而不肯以兵知⑧。故善持胜者以强为弱。

注释

①赵襄子：即赵无恤，赵鞅之子，春秋末年晋国大夫。

②左人、中人：翟国的两座城池。

③遽（jù）人：送捷报的信使。遽，古代的驿车，用于传递捷报、信件。

④飘风：疾风，暴风。

⑤持：守。

⑥不达：不明白，不懂得。

⑦拓：举。国门之关：国门的门闩。

⑧不肯以兵知：不自称精通兵法。

译文

赵襄子派遣新穉穆子攻打翟国，结果大胜，并攻占了左人、中人两座城池；前线派信使向襄子传上捷报。赵襄子正在用饭，听了消息，露出忧愁的神色。他的近臣说："短短一个早晨就攻下翟国两座城池，这是大快人心的好事；现在主上反而面露忧色。是为什么呢？"赵襄子说："江河潮水大，但不会超过三日；暴风骤雨不会持续一整天，太阳当空照不过一瞬便倾斜。现在我赵氏的德行还不够高大深厚，一个早上却攻下两座城池，灭亡之灾将要落到我的头上啊！"孔子听说后，说："赵氏马上就要昌盛起来了！他能预见到忧患就是带来昌盛的原因了，喜悦会导致今后的灭亡。要打胜仗并非难事，要保持胜利才是最困难的。贤明的君主就是用这种道理保持胜利的，所以他们的福泽能够延续后世。齐、楚、吴、越都曾获得胜利，然而最终都走向灭亡，这是不明白保持胜果的道理所致。只有懂得此道理的君主才能维持胜利。"孔子可以举起国都城门的门闩，但他不愿意靠力量闻名于世。墨子为宋国设守御以防备楚国的进攻，最终使公输般心悦诚服，但墨子不愿意靠兵法出名。所以善于保持胜利的人总是把自己的强大视作弱小。

原文

宋人有好行仁义者，三世不懈。家无故黑牛生白犊，以问孔子。孔子曰："此吉祥也，以荐上帝[①]。"居一年，其父无故而盲。其牛又复生白犊，其父又复令其子问孔子。其子曰："前问之而失明，又何问乎？"父曰："圣人之言先迕后合[②]。其事未究[③]，姑复问之[④]。"其子又复问孔子。孔子曰："吉祥也。"复教以祭。其子归致命[⑤]。其父曰："行孔子之言也。"居一年，其子又无故而盲。其后楚攻宋，围其城；民易子而食之，析骸而炊之[⑥]；丁壮者皆乘城而战[⑦]，死者太半[⑧]。此人以父子有疾皆免。及围解而疾俱复。

注释

①荐：进献祭品。上帝：天帝。

②迕：违背，忤逆。合：符合，应验。

③究：究竟，结果。

④姑：姑且。

⑤致命：这里指转达孔子的说法。

⑥析：分，分开。炊：烧火煮饭。

⑦乘：升，登。

⑧太半：大半，过半。

译文

宋国有个喜欢施行仁义的人，连续三代在这方面从不懈怠。有一天，他家的黑牛莫名其妙地生下一头白色的小牛犊，便向孔子请教。孔子说：

“这是吉祥事，可以将它进献给天帝。”一年后，这位父亲的眼睛无缘无故就瞎了。后来，家中的黑牛又生下了一头白色的小牛犊，父亲又叫儿子去请教孔子。儿子说：“上次问了他，结果你的眼睛瞎了，还问他做什么呢？”父亲说：“圣人的话往往都是先与现实相反，后才与现实相符合。这事还没个究竟，姑且再请教一下吧。”儿子又去向孔子请教。孔子说：“这是吉祥事。”又叫他将小白牛进献给天帝。儿子回家向父亲转达孔子的意见。父亲说：“那就按孔子的话去做。”一年后，儿子的眼睛也无缘无故瞎了。后来楚国攻打宋国，包围了宋国的国都；人们只能互相交换儿子杀了来充饥，将尸骨拆分当柴烧；青壮年全登上城墙作战，死亡人数过半。而只有这对父子因眼瞎而得以免除参战，得以保命。等到楚国围城的危机一化解，父子两人的眼睛又都痊愈复明了。

原文

宋有兰子者①，以技干宋元②。宋元召而使见。其技以双枝，长倍其身，属其胫③，并趋并驰，弄七剑迭而跃之，五剑常在空中。元君大惊，立赐金帛。又有兰子又能燕戏者④，闻之，复以干元君。元君大怒曰：“昔有异技干寡人者，技无庸⑤，适值寡人有欢心，故赐金帛。彼必闻此而进复望吾赏。”拘而拟戮之，经月乃放。

注释

①兰子：以杂耍技艺行走江湖的人。

②宋元：即宋元君。

③属：联接。胫：小腿。

④燕戏：类似于轻功的杂戏。

⑤庸：用。

译文

宋国有个以杂耍技艺行走江湖的人，凭着自己的技艺求见宋元君。宋元君召见了他，并观看了他的表演。只见这个人用两根比身体长一倍的木棍捆绑在小腿上，一会儿疾走，一会儿奔跑，同时手中轮流抛接着七把剑，并能让其中的五把剑始终在空中上下翻腾。元君惊奇不已，当即赏赐给他金银布帛。又有一个以轻功杂技行走江湖的人，能够像燕子一样快捷如飞，听说此事后，他也来求见元君。元君嗔怒说："上次有个凭着奇异的杂技来求见我的人，那技艺毫无实际用处，只是赶上我高兴，所以赏赐了金银布帛。这个人一定是听说了这件事才来的，也期望得到我的赏赐。"于是，宋元君命人把那个人关押了起来，并打算处死他，过了几个月才将他释放。

原文

秦穆公谓伯乐曰[①]："子之年长矣，子姓有可使求马者乎?"伯乐对曰："良马可形容筋骨相也。天下之马者，若灭若没，若亡若失，若此者绝尘弭辙[②]。臣之子皆下才也，可告以良马，不可告以天下之马也。臣有所与共担纆薪菜者[③]，有九方皋[④]，此其于马非臣之下也。请见之。"穆公见之，使行求马。三月而反报曰："已得之矣，在沙丘[⑤]。"穆公曰："何马也?"对曰："牝而黄[⑥]。"使人往取之，牡而骊[⑦]。穆公不说[⑧]，召伯乐而谓之曰："败矣，子所使求马者！色物、牝牡尚弗能知，又何马之能知也?"伯乐喟然太息曰："一至于此乎！是乃其所以千万臣而无数者也。若皋之所观天机也[⑨]，得其精而忘其粗，在其内而忘

其外；见其所见，不见其所不见；视其所视，而遗其所不视。若皋之相者，乃有贵乎马者也。”马至，果天下之马也。

注释

①秦穆公：春秋时秦国国君，公元前659—前621年在位，先后攻取十二国，称霸西戎。伯乐：春秋时善于相马者，姓孙，名阳。相传，伯乐原本是天上的星辰名，掌管天界之马，因孙阳善于相马，故时人称之为伯乐。

②绝尘：脚上不沾染尘土，形容奔跑速度极快。弭（mǐ）辙：形容拉车的马风驰电掣，看不到车轮驶过的印迹。弭，停止，消失。辙，车轮行过的印迹。

③缧（mò）：绳索。薪菜：拾柴草。

④九方皋：人名，姓九方，名皋，春秋时善于相马的人。

⑤沙丘：地名，在今河北平乡一带。

⑥牝（pìn）：动物中的雌性，与“牡”相对。

⑦骊：黑色。

⑧说：通“悦”。

⑨天机：天赋的品性。

译文

秦穆公对伯乐说：“您年事已高，您的子孙中有能相马的人吗？”伯乐回答说：“良马可以通过它的形体、外貌、筋骨判断。而天下无双的宝马并非如此，它的神气忽隐忽现，似有若无，这样的马只要飞快奔跑，四蹄就好像离开地面而不染灰尘，而车马所行之处也不见痕迹。在下的子孙只是下等人才，（他们）仅能识别良马，没能力识别天下最好的马。曾经与我一同挑担捡柴的朋友之中，有一个名叫九方皋的，此人相马的本领不比我差。请您召见他吧。”穆公召见了九方皋，并让他去寻求天下之马。三个月后他回来说：“已经找到了，此马就在沙丘。”穆公说：“是什么样的马？”回答说：“是一匹黄色的母马。”于是穆公派人去取那匹马，结果却是匹黑色的公马。穆公大为恼怒，召见伯乐并对他说：“真令人失望，您举荐的相马人！居然连颜色和公母都区分不开，又怎么能鉴别马的好坏呢？”伯乐长叹一声道：“竟然达到这种境界了！这恰恰证明他比我高明千万倍不止啊。九方皋观察的是马的天机禀赋啊，发现它的精髓而忽略了它的外在；关注他该关注的，不注意不该注意的；观察应该观察的方面，忽略不该观察的方面。像九方皋这样的相马人，比宝马还要珍贵啊。”马取来了，果真是一匹天下独一无二的好马。

原文

楚庄王问詹何曰[①]：“治国奈何？”詹何对曰[②]：“臣明于治身而不明于治国也。”楚庄王曰：“寡人得奉宗庙社稷[③]，愿学所以守之。”詹何对曰：“臣未尝闻身治而国乱者也[④]，又未尝闻身乱而国治者也。故本在身，不敢对以末[⑤]。”楚王曰：“善。”

注释

①楚庄王：春秋时楚国国君，公元前613—前591年在位，曾大败晋军，使鲁、宋、郑、陈等国归附，成为霸主。詹何：战国时期思想家。

②对：回应。

③社稷：指国家。

④身治：修养身心。

⑤末：末节，不重要的事情。

译文

楚庄王问詹何说："应该怎样治理国家呢?"詹何回答说："我只懂得修养自身，并不懂得如何治理国家。"楚庄王说："我得以供奉宗庙，掌管王权，希望可以学到将其长久保持下去的办法。"詹何回答说："我不曾听说修养自身可以做到完善而国家却治理不好的，也没有听说自身都管理不善而能把国家治理好的。所以，治国的根本在于修养自身，其他细枝末节我就不敢对您讲了。"楚王说："说得好。"

原文

狐丘丈人谓孙叔敖曰①："人有三怨，子知之乎?"孙叔敖曰："何谓也?"对曰："爵高者，人妒之；官大者，主恶之；禄厚者，怨逮之②。"孙叔敖曰："吾爵益高，吾志益下③；吾官益大，吾心益小④；吾禄益厚，吾施益博。以是免于三怨，可乎?"

注释

①狐丘：古邑名。丈人：长老。孙叔敖：春秋时楚国大夫，曾在楚国担任宰相三个月。

②逮：及，到。

③下：谦卑。

④小：小心，谨慎。

译文

狐丘之地的长老对孙叔敖说："有三件事常招人怨恨，你知道吗？"孙叔敖问："是什么呢？"狐丘长老答道："爵位高的，人们忌妒他；官衔大的，君主猜疑他；俸禄多的，招致的怨恨就会愈来愈多。"孙叔敖说："我的爵位越高，我的为人越谦恭；我的官衔越大，我的内心就越谨慎；我的俸禄越丰厚，我的施舍越频繁广泛。以此来免除这三种怨恨，行吗？"

原文

孙叔敖疾，将死，戒其子曰："王亟封我矣①，吾不受也。为我死②，王则封汝。汝必无受利地！楚越之间有寝丘者③，此地不利而名甚恶。楚人鬼而越人禨④，可长有者唯此也。"孙叔敖死，王果以美地封其子。子辞而不受，请寝丘，与之，至今不失。

注释

①亟：多次。

②为：如，若。

③寝丘：地名，在今河南境内。

④禨（jī）：吉祥，祈求保佑。

译文

孙叔敖卧病不起，去世前，训诫他的儿子说："楚王屡次要封赏我，我都不曾接纳。如果我死了，楚王就会封赏你。你千万不要接受楚王肥沃的封地！楚国和越国交界的地方有个寝丘，这个地方非常贫瘠，名声也不好。楚国人相信鬼神不会要它，而越国人事鬼神以求福泽也不会要它，所以只有此地可以长久拥有。”孙叔敖死后，楚王果真拿肥沃的土地封赏给他的儿子。孙叔敖的儿子没有接受，而是请求楚王封给寝丘这块土地，楚王答应了他，直至如今也没有失去这个地方。

原文

牛缺者，上地之大儒也[①]，下之邯郸，遇盗于耦沙之中[②]，尽取其衣装车，牛步而去。视之欢然无忧忞之色[③]。盗追而问其故。曰：“君子不以所养害其所养。”盗曰：“嘻！贤矣夫！”既而相谓曰：“以彼之贤，往见赵君，使以我为，必困我。不如杀之。”乃相与追而杀之。燕人闻之，聚族相戒，曰：“遇盗，莫如上地之牛缺也！”皆受教。俄而其弟适秦。至关下[④]，果遇盗；忆其兄之戒，因与盗力争。既而不如，又追而以卑辞请物。盗怒曰：“吾活汝弘矣[⑤]，而追吾不已，迹将箸焉[⑥]。既为盗矣，仁将焉在？”遂杀之，又傍害其党四五人焉。

注释

①上地：据下文，应为秦国地名。

②耦沙：水名，在今河北邢台沙河一带。

③忧忞（lìn）：忧虑与吝惜。忞，同“吝”。

④关：这里指函谷关，位于今河南灵宝东北。

⑤弘：宽宏大量。

⑥箸：同“著”，显露。

译文

牛缺是秦国上地的儒者，一次去赵国的都城邯郸，在耦沙碰上拦路打劫的，行李财物和车马被洗劫一空，他便空手步行而去。看上去无忧无虑。强盗对他的表现深感意外，就追上去问他缘由。牛缺说："君子不因为身外之物而损害自己的身心道德。"强盗说："唉！真是贤良的人啊！"过后强盗们相互议论说："此人如此贤明博学，假如拜见了赵国国君，必然会被重用，再谈及此事，国君就会派兵追剿我们。不如将他灭口，以消除祸根。"于是一起追上去杀死了他。燕国有人听说这件事后，就聚集门徒家人告诫说："如果碰上强盗绝对不能像上地的牛缺一样！"大家都接受了他的教诲。不久他的弟弟前往秦国。行至函谷关时，果真碰上了强盗；他记起哥哥的教诲，于是和强盗奋力争夺。争夺不成，他又追上去卑躬屈膝地求强盗把财物归还。强盗怒火冲天，说："我放你一条生路，已经够慈悲为怀了，你还无休止地向我追讨，行踪都要暴露了。既然做了强盗，还需要什么仁慈呢？"接着就把他杀了，还连带杀死了与他同行的四五个人。

原文

虞氏者，梁之富人也，家充殷盛，钱帛无量，财货无訾[①]。登高楼，临大路，设乐陈酒，击博楼上[②]。侠客相随而行。楼上博者射[③]，明琼张中[④]，反两㯓鱼而笑[⑤]。飞鸢适坠其腐鼠而中之[⑥]。侠客相与言曰："虞氏富乐之日久矣，而常有轻易人之志。吾不侵犯之，而乃辱我以腐鼠。此而不报，无以立慬于天下[⑦]。请与若等戮力一志，率徒属必灭其家为等伦[⑧]。"皆许诺。至期日之夜，聚众积兵以攻虞氏，大灭其家。

注释

①訾：度量，估算。

②击博：一种赌博方式，用棋十二枚，六白六黑，又用鱼两枚，两人互掷采行棋而相博。

③射：这里指投琼，也就是掷骰子。

④明琼张中：掷骰子中了彩。明琼，骰子上有五白齿的一面。琼，赌博用具，与后来的骰子相似。张中，投中。

⑤反两榆（tà）鱼：榆，同“榻”。鱼，赌博用具，击博中用鱼两枚置于棋盘上的“水”中。反两榆鱼，即翻二鱼，获六筹，为大胜。

⑥鸢：鹰一类的猛禽。

⑦憧：勇武。

⑧等伦：原指同辈的人，这里指等价。

译文

虞氏是梁国的富豪，家业殷实，家资充裕，家中的金钱布帛不胜枚举，资财货物不计其数。有一天，他与朋友登上高楼，面朝大街，奏乐摆宴，在楼上下棋赌博。有一群侠客从高楼下的街上路过。正赶上楼上赌博的人掷骰子中了彩，连胜两局而放声大笑。这时，恰逢空中的老鹰飞过，老鹰爪子下抓着的一只腐烂的老鼠掉落了下来，恰巧砸中楼下路过的一位侠客。侠客们相互议论道：“这个姓虞的，富足安乐的日子过得太长了，经常有鄙视他人的念头。我们并未冒犯他，他却用腐臭的老鼠来羞辱我们。此仇不报，我们的勇武之名将无法在天下树立。希望和大家同心协力，率领各自手下，一定要灭绝姓虞的全家以报仇雪恨。”大家纷纷赞同。到了约定的那天晚上，侠客们聚集同伙，个个拿出武器攻打虞氏，虞氏家族被彻底灭门。

原文

东方有人焉曰爰旌目，将有适也，而饿于道。狐父之盗曰丘[1]，见而下壶餐以铺之[2]。爰旌目三铺而后能视，曰："子何为者也？"曰："我狐父之人丘也。"爰旌目曰："嘻！汝非盗耶？胡为而食我？吾义不食子之食也。"两手据地而欧之[3]，不出，喀喀然，遂伏而死。狐父之人则盗矣，而食非盗也。以人之盗因谓食为盗而不敢食，是失名实者也。

注释

①狐父：地名，在今安徽砀山南。

②壶餐：一壶水泡饭。铺：通"哺"，给人喂食。

③欧：通"呕"，呕吐。

译文

在东方有个人，名字叫作爰旌目，他在去往他方时，因为过于饥饿结果昏倒在路旁。狐父城的强盗，叫作丘，见此情景就把自己壶里装的饭拿来喂给他吃。爰旌目吃了几口才缓缓睁开双眼，问丘说："你是什么人？"丘说："我来自狐父城，名叫丘。"爰旌目说："啊！你不是强盗吗？为什么喂饭给我吃呢？你们强盗的东西我坚决不吃。"接着两只手按在地上呕吐，没有吐出来，喀喀地咳了两声，然后就趴在地上死了。狐父城的丘确实是强盗，但食物却并非强盗。因为人是强盗就将食物一并当作强盗而不敢吃，这就是将名称与实物一概而论了啊。

原文

柱厉叔事莒敖公[①]，自为不知己，去，居海上。夏日则食菱芰[②]，冬日则食橡栗。莒敖公有难，柱厉叔辞其友而往死之。其友曰："子自以为不知己，故去。今往死之，是知与不知无辨也。"柱厉叔曰："不然；自以为不知，故去。今死，是果不知我也。吾将死之，以丑后世之人主不知其臣者也[③]。"凡知则死之，不知则弗死，此直道而行者也[④]。柱厉叔可谓怼以忘其身者也[⑤]。

注释

①莒敖公：春秋时莒国国君。

②菱芰：菱角。

③丑：讽刺。

④直道：这里指以德报德、以怨报怨的人之常情。

⑤怼：怨恨。

译文

柱厉叔侍奉莒敖公，不过柱厉叔认为莒敖公对自己丝毫不了解，便离开了莒敖公，搬到海边居住了。柱厉叔住在那里，夏天就吃菱角，冬天就吃橡栗。有一天，柱厉叔听闻莒敖公遭遇灾难，于是马上向他的朋友辞别，打算舍身去搭救莒敖公。他的朋友们规劝他说："你是因为莒敖公不了解你才离他而去的。现在又不惜性命去搭救他，既然如此，了解你与不了解你便没有区别了。"柱厉叔说："不是这样的；我自认为莒敖公不了解我，所以才离他而去。如今我为他而献身，足以证明他的确是不了解我。我将为他而死，以此来讽刺后代那些不了解自己臣下的君主。”凡是了解自己的便为他而死，不能了解自己的便不为他付出，这是遵循正道的人们的做法。柱厉叔可谓是--个为了怨恨而舍生忘死的人了。

原文

杨朱曰：“利出者实及[1]，怨往者害来。发于此而应于外者唯请[2]：是故贤者慎所出。”

注释

①及：得到。

②请：通“情”，情感。

译文

杨朱说：“将利益施与他人，自己就会收到实惠；若是将怨恨发泄给他人，就会给自己招来祸害。能从自身出发而在外界得到回应的，只有情感：所以贤明的人对自己的言行举止都非常认真严谨。”

原文

杨子之邻人亡羊，既率其党[1]，又请杨子之竖追之[2]。杨子曰：“嘻！亡一羊何追者之众?”邻人曰：“多歧路。”既反，问：“获羊乎?”曰：“亡之矣。”曰：“奚亡之?”曰：“歧路之

中又有歧焉，吾不知所之，所以反也。”杨子戚然变容，不言者移时[3]，不笑者竟日[4]。门人怪之，请曰：“羊，贱畜；又非夫子之有，而损言笑者，何哉？”杨子不答。门人不获所命。弟子孟孙阳出以告心都子。心都子他日与孟孙阳偕入，而问曰：“昔有昆弟三人，游齐鲁之间，同师而学，进仁义之道而归。其父曰：‘仁义之道若何？’伯曰：‘仁义使我爱身而后名。’仲曰：‘仁义使我杀身以成名。’叔曰：‘仁义使我身名并全。’彼三术相反，而同出于儒。孰是孰非邪？”杨子曰：“人有滨河而居者，习于水，勇于泅，操舟鬻渡[5]，利供百口。裹粮就学者成徒，而溺死者几半。本学泅，不学溺，而利害如此。若以为孰是孰非？”心都子嘿然而出。孟孙阳让之曰：“何吾子问之迂，夫子答之僻？吾惑愈甚。”心都子曰：“大道以多歧亡羊，学者以多方丧生。学非本不同，非本不一，而末异若是。唯归同反一，为亡得丧。子长先生之门，习先生之道，而不达先生之况也[6]，哀哉！”

注释

①党：亲族。

②竖：童仆。

③移时：过了一段时间。

④竟日：一整天。

⑤鬻渡：指靠摆渡为生。鬻，卖。

⑥况：比拟，打比方。

译文

杨朱的邻居丢失了一头羊，邻居不光领着自己的全家人去寻找，还请了杨朱的仆人帮忙一起去追寻。杨朱说：“哎呀！不就是丢了一头羊吗，怎么还要这么多人去追呢？”邻居说：“因为有很多岔路。”后来邻居回来了，杨朱问他：“找到羊了吗？”邻居回答说：“找不回来了。”杨朱接着问：“为什么找不回来呢？”邻居回答说：“因为岔路之中又有岔路，我们不知道应该往哪边追，所以只好回来了。”杨朱听完后脸色立刻变得很忧愁，很久没有说话，一整天也不见一点儿笑容。杨朱的学生们都感觉很奇怪，就问杨朱说：“羊是低贱的牲畜；况且又不是先生的，如今丢了一头羊却使您既不说话又没有笑容，这是什么缘故呢？”杨朱没有回答。学生便没有得到老师的指教。弟子孟孙阳出门把这件事告诉了心都子。几天后心都子和孟孙阳一起进入杨朱的房间，问老师说：“从前有三兄弟，在齐国、鲁国游学，他们向同一个人拜师学习，将仁义之道学习完后一起回家。他们的父亲问：‘仁义之道是怎样的？’老大说：‘仁义使我爱惜生命而把名誉放在次要的位置。’老二说：‘仁义使我不惜牺牲性命来成就名誉。’老三说：‘仁义使我的身体与名誉同时保全。’他们三个人所说的仁义之道完全相反，但都是出自儒家。到底谁对谁错呢？”杨朱说：“有一个人靠河边而居，非常熟习水性，擅长泅渡，依靠每天划船摆渡营生，收入可以供养百人的生活。于是背着粮食前来向他学习的人成群结队，可是其中被水淹死的几乎占一半。这些人本来是来学习游泳而不是来学习淹死的，然而结果利害反差却如此之大。你们认为谁是对的、谁是错的呢？”心都子听完后默不作声地走了出来。孟孙阳责备心都子说：“你为什么问得那么拐弯抹角，而先生又回答得那么晦涩难懂？把我搞得越发迷惑了。”心都子说：“大道因为岔路多而走失了羊，求学的人因为方法多而丧失了方向。学习的宗旨其实都是相同的，可是由于学习方法的繁多所以造成的结果差异却是如此悬殊。因此只有回归到相同的本原、返回到一致的观点，才能避免迷失方向。你在先生的弟子当中算是学习时间最久的了，每天都在研习先生的学说却不明白先生的譬喻，真是可悲啊！”

原文

杨朱之弟曰布，衣素衣而出。天雨，解素衣，衣缁衣而反①。其狗不知，迎而吠之。杨布怒，将扑之②。杨朱曰："子无扑矣！子亦犹是也。向者使汝狗白而往，黑而来，岂能无怪哉?"

注释

①缁衣：用黑色布料做成的衣服，与"素衣"相对，素衣指用白色布料做成的衣服。

②扑：打。

译文

杨朱的弟弟叫杨布，有一天，他身穿白衣服出门。天突降大雨，他就脱掉了身上的白衣服，换上了黑衣服回到了家。家里的狗没有认出来，迎上去一阵狂叫。杨布十分恼火，便要追打它。杨朱说："你不要打它了！你也是这样的。假若让你的狗白着出去，再黑着回来，难道你就不感到奇怪吗?"

原文

杨朱曰："行善不以为名，而名从之；名不与利期，而利归之；利不与争期，而争及之：故君子必慎为善。"

译文

杨朱说："做善事不为了求得名声，而名声却随之而来；有名声但不期望获得利益，而利益也会跟着归附；有了利益并不想要与他人相夺，而争夺却难以避免：所以君子做善事一定要小心谨慎。"

原文

昔人言有知不死之道者，燕君使人受之①，不捷②，而言者死。燕君甚怒，其使者将加诛焉。幸臣谏曰③："人所忧者莫急乎死，己所重者莫过乎生。彼自丧其生，安能令君不死也?"乃不诛。有齐子亦欲学其道，闻言者之死，乃抚膺而恨。富子闻而笑之曰："夫所欲学不死，其人已死而犹恨之，是不知所以为学。"胡子曰："富子之言非也。凡人有术不能行者有矣，能行而无其术者亦有矣。卫人有善数者，临死，以决喻其子④。其子志其言而不能行也。他人问之，以其父所言告之。问者用其言而行其术，与其父无差焉。若然，死者奚为不能言生术哉?"

注释

①受：受业，从师学道。

②捷：胜利。

③幸臣：宠臣，君王身边最受宠爱的臣子。

④决：通"诀"，诀窍，秘诀。

译文

从前有一个人自称知道长生不死的道术，燕国国君派人受业于他还没成功，说那话的人就死了。燕国国君十分恼火，非要把使者杀掉不可。燕君宠幸的近臣劝国君说："所有人最担忧的莫过于死亡，最珍视的莫过于自己的生命。现在那个说自己通晓长生不死道术的人都已经丢了性命，又怎么能让您长生不死呢？"燕君听后就赦免了使者。有一个叫齐子的人也想学那人长生不死的道术，听说那个人已经死了，于是捶着胸脯大为遗憾悔恨。一个叫富子的人听说后，嘲笑他说："你想要学的是长生不死的道术，可是那个自称知道长生不死道术的人都已经死了，你还要在这里追悔莫及，简直不明白自己到底想学什么。"一个叫胡子的人说："富子说的不对。确实有通晓道术而自己不能施行的人，也有能够施行而不懂道术的人。卫国就有一个擅长算数的人，临死时，把算数的秘诀传给了他的儿子。他的儿子明白了诀窍却不能施行。有人向他求教，他便把他父亲所说的话告诉了那人。求教的人按照他所传授的去做，表现就与他父亲并无二致了。如果是这样，那么死去的人为什么就不能说他通晓长生不死的道术呢？"

原文

邯郸之民以正月之旦献鸠于简子[①]，简子大悦，厚赏之。客问其故。简子曰："正旦放生，示有恩也。"客曰："民知君之欲放之，故竞而捕之，死者众矣。君如欲生之，不若禁民勿捕。捕而放之，恩过不相补矣。"简子曰："然。"

注释

①邯郸：地名，战国时为赵国都城。正月之旦：正旦，即正月初一。鸠：鸠鸽科部分种类的通称，常见的有绿鸠、南鸠、斑鸠等。简子：应为赵简子，春秋末年晋国正卿。

译文

邯郸地方的百姓在正月初一的时候向赵简子进献斑鸠，简子十分喜悦，重赏了他们。有个门客问简子为何这么做。简子说："正月初一放生，代表对生命有恩德。"客人说："老百姓知道您想要放生，于是竞相捕捉它，如此一来，被杀死的斑鸠反而更多了。您如果想要斑鸠们活命，不如制止老百姓去捕捉。像这样捉来再放走，放生的恩德也补偿不了伤生的罪过。"简子说："说得对。"

原文

齐田氏祖于庭①，食客千人。中坐有献鱼雁者②，田氏视之，乃叹曰："天之于民厚矣！殖五谷，生鱼鸟，以为之用。"众客和之如响。鲍氏之子年十二，预于次③，进曰："不如君言。天地万物与我并生，类也。类无贵贱，徒以小大智力而相制，迭相食；非相为而生之。人取可食者而食之，岂天本为人生之？且蚊蚋噆肤④，虎狼食肉，非天本为蚊蚋生人、虎狼生肉者哉？"

注释

①祖：为人设宴送行。

②雁：这里指鹅。

③预于次：参与宴会。预，干预，参与。次，位次。

④蚋：一种与蚊类似的昆虫，以吸取牲畜和人的血液为生，被叮咬后会感到奇痒无比。噆（cǎn）：叮，咬。

译文

齐国的田氏在厅堂上大摆宴席，赴宴的人数以千计。当中有人献上鱼和鹅，田氏看着这些鸡鸭鱼肉，有感而发："上天对待我们太优厚了！繁殖出那么多的五谷杂粮和鸡鸭鱼肉供我们来享用。"众位宾客都一致赞同田氏的说法。其中有个小男孩，是鲍氏的儿子，年仅十二岁，也来参加宴会，他上前对田氏说："我认为事实并非您所说的那样。天地万物与我们共同生存，各成其类。生物中类与类之间并没有什么贵贱之分，只不过这些生物凭借着各自个头的大小、智力的高低和体力的大小来相互制约，形成了一条食物链；而并不存在谁为谁而生存的道理。人类只不过拿了可以吃的东西来吃，难道是上天为了人类而让它们生长出来的吗？再说蚊虫叮咬人的皮肤，虎狼吃人的骨肉，难道也是上天为了蚊虫而生出人来、为虎狼而提供人肉的吗？"

原文

齐有贫者，常乞于城市。城市患其亟也①，众莫之与。遂适田氏之厩，从马医作役而假食②。郭中人戏之曰："从马医而食，

不以辱乎?”乞儿曰:“天下之辱莫过于乞。乞犹不辱,岂辱马医哉?”

注释

①亟:数次。

②假食:寄食、求食。

译文

齐国有一个十分贫困的人,经常在城里的集市上讨饭。集市上的人都很讨厌他时不时就过来讨饭,大家就不再施舍给他。于是他跑到了田氏的马厩,跟着马医干点儿杂活儿而得到一些食物。城里的人嘲弄他说:“你跟着马医干活儿混饭吃,难道不觉得耻辱吗?”讨饭的人说:“天下最耻辱的事莫过于讨饭了。我讨饭都不觉得耻辱,难道跟着马医干活儿混饭吃还会觉得耻辱吗?”

原文

宋人有游于道、得人遗契者①,归而藏之,密数其齿。告邻人曰:“吾富可待矣。”

注释

①遗:这里指作废。契:券契,契据。古代的券契多用竹木或金属制成,分成两半,中间有齿相合,双方各执一半作为凭证,其作用与现今的合同相仿。

译文

宋国有个人在大道上闲游时拾到了一个别人废弃不要的契据，带回家收藏了起来，还暗暗地细数了那契据上的齿印。他对邻居说："我发财的日子指日可待了。"

原文

人有枯梧树者，其邻父言枯梧之树不祥[1]，其邻人遽而伐之[2]。邻人父因请以为薪。其人乃不悦，曰："邻人之父徒欲为薪而教吾伐之也。与我邻，若此其险，岂可哉?"

注释

①邻父：邻居家的老人。

②遽：骤然，急。

译文

有个人家里的梧桐树枯萎了，他邻居家的老人说枯萎的梧桐树是不祥的，吓得那个人赶紧把梧桐树砍倒了。后来邻居家的老人向他请求将这棵砍下来的树送给他当柴烧。他听了很不高兴，说："邻居家的老人只不过是想要柴火才让我把树砍倒的。他和我是邻居，为人却如此阴险，做人怎么可以这样呢?"

原文

人有亡鈇者[①]，意其邻之子[②]，视其行步，窃鈇也；颜色，窃鈇也；言语，窃鈇也；动作态度无为而不窃鈇也。俄而扣其谷而得其鈇[③]，他日复见其邻人之子，动作态度无似窃鈇者。

注释

①鈇（fǔ）：通“斧”，斧子。

②意：怀疑。

③扣（hú）：同“搰”，挖掘。

译文

有个人遗失了一把斧头，他怀疑是邻居家的小孩偷的，看那个孩子走路的样子，像是偷斧头的；看那孩子脸上的神色，像是偷斧头的；听那孩子说出来的话，像是偷斧头的；他所有的动作态度，没有一样不像偷斧头的。过了不久，这个人在山谷里挖土，找到了自己遗失的斧头，改天再见到邻居家的孩子，所有的动作态度都不像偷斧头的人了。

原文

白公胜虑乱[①]，罢朝而立，倒杖策[②]，錣上贯颐[③]，血流至地而弗知也。郑人闻之曰：“颐之忘，将何不忘哉？”意之所属